초보아빠
육아스쿨

New Father: A Dad's Guide to the First Year
by Armin A. Brott

Copyright ⓒ 1998 by Armin A. Brott, All rights reserved.
Original English edition published in 1998 by Abbeville Press, USA.
Korean translation rights arranged with Abbeville Press, USA.
and Taurus Books, Seoul Through PLS Agency.
Korean translation edition ⓒ 2011 by Taurus Books, Korea.

이 책의 한국어판 저작권은 PLS 에이전시를 통해 Abbeville Press 사와의
독점 계약으로 황소자리 출판사에 있습니다.
저작권법에 의해 한국 내에서 보호를 받는 저작물이므로
무단 전재와 무단 복제를 금합니다.

초보아빠 육아스쿨

아민 A. 브롯 | 김세경 옮김

황소자리

| 서문 |

아빠들만의 육아법

언제 생겨났는지 알 수 없는 사회 통념 하나가 있습니다. 타고나기를 여성이 남성보다 아이를 더 잘 기른다는 믿음이지요. 그러나 이는 사실이 아닙니다. 남자도 여자 못지않게, 아니 사람에 따라서는 여자보다도 더 아이들을 잘 기르고, 아이들의 요구에 민감하게 반응할 수 있다는 사실이 많은 연구들로 입증되었습니다.

사람들이 모르는 점이 한 가지 더 있습니다. 대개의 경우 여자가 '더 나은' 부모가 되는 까닭은, 여자들이 육아에 훨씬 더 많은 시간을 쏟기 때문입니다. 부모와 자녀의 유대 관계는 부모가 자녀와 함께 보낸 시간에 정확히 정비례합니다.

《중간 지점에서의 교훈 Lessons at the Halfway Point》의 저자 마이클 레빈은 이렇게 말합니다. "피아노가 생긴다고 해서 피아니스트가 되지 않듯이, 아이가 생긴다고 부모가 되는 것은 아니다."

요점은 이렇습니다. 여자나 남자나 아이를 잘 키우려면 그만큼 시간을 투자해야 합니다. 다만, 엄마와 아빠의 양육 방식은 조금 다르죠. 몇 가지 예를 들어볼까요?

- 아빠들은 엄마들보다 아이들과 더 많이 놀아줍니다. 아이들은 아빠와 놀 때 더 활동적으로 노는 경향이 있지요. 뛰고 매달리고 던지고 차고……. 아이들에게 아빠는 좋은 놀이 상대이자 '인간 정글짐'인 셈입니다.
- 엄마들은 아이의 욕구와 필요에 예민하게 반응하는 반면, 아빠들은 아이의 독립심을 중시하는 편입니다. 그래서 아이들에게 도전할 여지를 더 많이 주게 됩니다. 아이가 높은 곳에 놓인 장난감을 내리려고 할 때 엄마들은 그것을 대신 내려주지만, 아빠들은 아이가 어떻게 하는지를 먼저 지켜보지요.
- 아이가 알아듣기 쉽게 말을 천천히, 간결하게 하는 엄마들에 비해 아빠들은 좀더 복잡한 문장을 구사합니다.
- 아빠들은 아이가 성장하면서 이 세상을 어떻게 살아갈 것인지를 중점적으로 고민합니다. 반면 엄마들은 자녀들의 감성 발달에 무게중심을 두지요. 아이의 시험 성적에 대한 반응을 예로 들어볼까요? 아빠들은 시험 점수가 아이의 미래에 어떤 영향을 미칠지를 고민하는 반면, 엄마들은 시험 점수가 아이의 감정에 어떤 영향을 미칠지를 고민합니다.
- 흔히 아빠는 바깥세상을, 엄마는 가정을 상징하지요. 이는 부모가 아이를 안는 모습에서도 드러납니다. 일반적으로 아빠들은 아이의 얼굴을 바깥쪽을 향하게 해서 안고, 엄마들은 아이의 얼굴을 안쪽으로

해서 안습니다.

물론 이 예들은 극히 일반적인 경향입니다. 엄마들 가운데도 아이와 거칠게 몸을 부딪치며 놀고, 복잡하고 어려운 언어를 쓰는 경우가 있습니다. 아이가 넘어지면 바로 일으켜 세우고, 아이 얼굴을 마주 보며 안아주는 아빠들도 많고요. 남녀의 차이를 얘기한 것은 단지 남성과 여성이 서로 다른 방식으로 아이를 양육한다는 점을 지적한 것일 뿐, 어느 쪽이 더 낫다는 의미는 아닙니다. 이렇게 서로 다른 방식에 둘 다 노출되는 것이 아이의 정서적·신체적 발달에 좋습니다.

따라서 아빠들에게는 엄마들과는 차별화된 정보를 제공해야 합니다. 그런데 이제껏 나온 육아 관련 책자나 비디오, 세미나, 잡지 기사들은 대부분 여성들의 요구에 맞춰져 있지요. 더 나은 부모가 되는 데 필요한 기술을 여성들에게만 제공한 셈입니다. 이런 부분에서 아버지들은 지금까지 무시를 당하고 있었던 것이지요.

이 책은 어떻게 다른가

아기는 성장이 빠르기 때문에 대부분의 육아서가 생후 12개월까지를 월별로 나누어 기술합니다. 이 책도 마찬가지입니다. 다만 다른 육아서들이 아기에만 초점을 맞추었다면, 이 책은 아기의 성장에 따른 아빠의 '변화'까지 주요하게 다루었다는 점이 다릅니다. 지금껏 거의 다뤄지지 않았던 부분이지요.

아버지가 된다는 것은 남자가 겪을 수 있는 가장 극적인 변화 중 하나입니다. 아버지가 되면서 자신이 누구인지, 무엇을 하고 있는 건지, 남자가 된다는 게 어떤 의미인지 다시 생각하게 되지요. 남자들도 여자들처럼 부모와 배우자, 친구, 동료들과 새로운 관계를 맺으면서 삶의 우선순위가 계속 달라집니다. 그런 점에서 아빠가 된 첫해는 남자로서 중대한 변화를 맞는 시기지요. 또한 아기와 아빠 관계의 기초가 형성되는 시기이기도 합니다.

아기에게 일어나는 일들

이 부분에선 아기의 발달에 중요한 네 가지 분야(신체, 지능, 언어, 감성·사회성)에 대해 설명합니다. 새내기 아빠로서 겪게 될 많은 것들이 아기와 직접적으로 연관되어 있습니다. 그러므로 아기의 성장과 발달에 대해 아는 것은 아빠로서 갖춰야 할 가장 기본적인 준비입니다. 다만 모든 아기들은 다른 속도로 성장하며, 정상적인 행동 범위는 매우 광범위하다는 점을 명심해야 합니다. 아기의 성장 발달 속도가 다소 더디다고 너무 걱정하지 마세요(정상 발달 속도보다 6개월 정도 뒤처질 때 소아과 의사와 상담하십시오).

아빠에게 일어나는 일들

지금까지 나온 육아서들은 대개 남자들이 아버지로서 겪는 경험을 무시했기 때문에, 많은 아빠들이 자신의 느낌이 비정상적인 것이 아닌지 의구심을 품었습니다. 이 책에서는 아기가 태어난 직후 아빠들이 겪게 되는 감정적·심리적 변화와 어려움들을 상세히 다룹니다. 이 어려움들을 이해하고 극복하려고 노력하다 보면, 어느 순간 성숙하고 준비된 아빠로서의 자신을 발견하게 될 것입니다. 그리고 대부분의 아빠들이 정상이지요.

엄마에게 일어나는 일들

좋은 남편이 되는 것이 좋은 아빠가 되는 출발점입니다. 이런 이유에서 책의 앞부분에서는 출산 후 아내에게 일어나는 변화를 살피고, 아내의 신체적·정신적·심리적 회복을 도울 수 있는 구체적 방안을 모색했습니다.

아이와 함께하기

이 부분은 아기를 이해하고, 아기와 깊고 가까운 관계를 형성하는 방법을 살핍니다. 하루에 단 30분을 아기와 같이하더라도 최고의 아빠가 될 수 있습니다. 아기와 함께할 수 있는 놀이와 음악, 아기에게 무엇을 어떻게 읽어주어야 하는지, 아기의 기질, 육아 규칙 등 다양한 주제가 이 대목에서 언급됩니다.

가족 문제

가족 문제는 이 책의 기본 **뼈대**입니다. 어떻게 보면 아기의 탄생은 진정한 '가족의 탄생'을 의미하기 때문입니다. 아기라는 존재는 태어나는 날부터 가족 구성원 전체에 크나큰 영향을 미칩니다. 아기의 울음과 엄마 혹은 아빠의 산후 우울증, 아기의 안전, 가족의 재정 문제, 적절한 육아법 등이 여기서 다룰 주제들입니다. 특히 '당신과 배우자' 부분에서는 출산이라는 일생일대의 경험을 한 아내를 이해하고, 출산 이후 변화된 관계에 적응해 나가는 구체적인 방법을 살핍니다.

아빠가 왜 육아에 참여해야 하는가?

간단합니다. 아기와 아내, 그리고 무엇보다 아빠 자신에게 좋은 일이기 때문입니다.

최고의 아빠가 최고의 아이를 만든다

많은 연구 결과들이 증명하듯이, 아빠가 육아에 많이 참여할수록 아이의 지능지수가 높은 것으로 나타났습니다. 생애 첫해에 아빠와 양질의 시간을 보내지 못한 아이가 이후에 아빠와 안정된 관계를 형성하는 데 어려움을 겪는 것은 어쩌면 당연한 결과입니다. 어려서 아빠의 부재가 명백했던 아이는 성장하면서 다른 아이들이 가치 있게 여기는 행동들에 서투릅니다. 아빠가 더 활발하게 아이와 어울릴수록, 아이는 신체적으로 더 조화롭게 성장합니다. 그리고 낯선 이들과도 편안한 관계를 형성하고, 스트레스를 더 효과적으로 조절합니다.

행복한 결혼 생활을 위해

가사 노동은 여성에게 커다란 스트레스입니다. 여기에 아기까지 태어나면 부인이 느끼는 스트레스는 상상 이상이 됩니다. 남편의 참여와 도움이 선택이 아니라 필수인 이유입니다. 남편이 가사와 육아에 더 적극적으로 참여하고 감정적으로 후원해줄수록, 아내는 더 행복해지고 그만큼 더 좋은 엄마가 됩니다. 그뿐인가요? 행복한 결혼 생활은 남자의 인생에서도 가장 중요한 부분입니다. 일반적으로 결혼 생활이 행복하다고 느끼는 남자들이 아빠 역할에 더 적극적이라는 연구 결과도 있지요.

아빠 자신을 위해

이 책에서도 계속 언급하겠지만, 아빠라는 역할은 인생 전반에 영향을 미치는 전혀 새로운 과제이자 도전입니다. 아빠가 되면서 이제껏 몰랐던 완전히 새로운 감정들을 느끼고 또 표현하게 되지요. 그러면서 다른 사람의 관점에 더 쉽게 공감하고, 사물을 다른 방식으로 인식하게 됩니다. 엄마들이 그렇듯이 말이죠.

믿기 어렵겠지만, 활발하게 자녀 양육에 동참하는 남성일수록 가정적으로나 사회적으로 성공할 가능성이 높습니다. 자기 자신에 대한 생각부터 달라지기 때문이죠. "아이를 키우는 일은 부모 자신의 가치를 가장 확실히 인식하고, 삶의 우선순위를 정하는 데 도움을 준다." 부성父性 연구의 선구자이자 저의 동료인 로스 파크Ross Parke의 말입니다. "양육에 요구되는 책임감은 자신감을 강화시킨다. 거꾸로 책임을 다하지 못하면 불안정하고 우울해질 수 있는데, 이때 아이는 훌륭한 스승이다. 아이를 통해 성숙한 아빠가 된다."

차례

서문・아빠들만의 육아법　5

> **생후 첫 주**
> **축하합니다. 아빠가 되셨습니다!**

아기에게 일어나는 일들 ………… 18
신체・지능・언어・감정・사회성

엄마에게 일어나는 일들 ………… 20
신체・감정

아빠에게 일어나는 일들 ………… 21
너 때문에 엄마가 죽을 뻔했어・이 아기가 진짜 내 아이일까?・나는 아들을 바랐는데…

당신과 배우자 …………………… 25
예상치 않은 제왕절개

아이와 함께하기 ❶ ……………… 27
첫인상・생애 첫 테스트・설레는 수유 시간・휴식・청각 테스트

아이와 함께하기 ❷ ……………… 33
아기의 행동양식・아기와 소통하기・천 기저귀 vs 일회용 기저귀・신생아 집중치료실의 아빠들

가족 문제 ………………………… 47
아기와 함께 집으로・아내의 회복기

아이와 함께하기 ❸ ……………… 49
이제 뭘 하지?・아기와 즐겁게 노는 법

수유하기 ………………………… 53
모유 수유・분유 수유・물, 설탕물, 전해질, 일반 우유, 산양유

아들에게만 있는 문제 …………… 58
포경수술을 했다면・포경수술을 하지 않았다면

병원을 찾아야 하는 상황 ………… 59

> **생후 1개월**
> **아기에 대해 알아가기**

아기에게 일어나는 일들 ………… 62
신체・지능・언어・감정・사회성

엄마에게 일어나는 일들 ………… 64
신체・감정

아빠에게 일어나는 일들 ………… 65
아빠의 재발견・자식에 대한 사랑은 본능?・아기가 아빠에게 관심이 없어요・매우 겁이 많은 아기

아이와 함께하기 ❶ ……………… 71
읽기와 언어교육・장난감과 놀이・시각적 자극・모빌・반사작용

당신과 배우자 …………………… 77
산후 우울증 치료하기・남자들도 우울하다・모유 수유

아이와 함께하기 ❷ ················ 85
울음 • 아기의 울음에 대처하는 부모의 자세
• 둘째나 셋째가 태어났다면 • 안전사고

생후 2개월
첫 번째 미소

아기에게 일어나는 일들 ············ 96
신체 • 지능 • 언어 • 감정 · 사회성

아빠에게 일어나는 일들 ············ 98
성관계에 대한 생각 • 스킨십 • 다시 처음처럼 • 성관계가 원활하지 않을 때 • 아빠 될 준비가 안 됐다고 느낄 때 • 초보 아빠들이 빠지기 쉬운 혼동 • 아빠로서 느끼는 낯선 공포 • 잠시 당신을 포기하세요

아이와 함께하기 ················ 106
아기의 감각 일깨우기 • 아기 마사지 하기 • 아기 머리통이 납작해요 • 꿈틀대기의 중요성 • 의사와 진해지세요 • 주사를 두려워하지 마세요 • 정상적인 발달 정도란? • 안전 문제 • 아기의 야간 근무? • 모유 수유를 지켜보는 큰아이

당신과 배우자 ················ 121
다정한 남편 되기 • 다정한 아빠로 다시 태어나기

생후 3개월
아기가 놀이를 시작합니다

아기에게 일어나는 일들 ············ 126
신체 • 지능 • 언어 • 감정 · 사회성

아빠에게 일어나는 일들 ············ 130
영아돌연사증후군 • 아버지와 나의 관계 • 책임감을 갖는다는 것

당신과 배우자 ················ 135
아내가 일터로 돌아간다면? • 직장맘의 모유 수유 • 젖을 빨던 아기에게 젖병 물리기 • 짜낸 모유를 어떻게 보관하고 먹일까? • 아기를 맡기는 복잡하고도 중요한 문제

아이와 함께하기 ················ 141
아기와 놀아주세요 • 기본 • 즐거운 실험 • 음악 • 읽기: 태어나서 생후 8개월까지 • 산책 나가기 • 각종 피부 트러블

생후 4개월
무럭무럭 자라는 아기

아기에게 일어나는 일들 ·········· 152
신체 • 지능 • 언어 • 감정 · 사회성

아빠에게 일어나는 일들 ············ 154
"아기 때문에 집에 일찍 가야 하는데요." • 모

유 수유가 아빠에게 미치는 영향 · 내 인생은
예전과 같지 않겠지? · 여자만이 느끼는 감정
· 남자가 된다는 것

아이와 함께하기 ················· 160
아기의 9가지 기질 · 기질에 관한 지식 활용
하기

당신과 배우자 ·················· 168
성관계 · 갑상선 문제

가족 문제 ······················ 170
충분한 수면 · 아기가 한밤중에 깨면? · 어떻
게 누구랑 재울 것인가 · 아기와 함께 잘 때
고려할 몇 가지 · 아기와 따로 잘 때 고려할
몇 가지

생후 5개월
일과 가정

아기에게 일어나는 일들 ············ 178
신체 · 지능 · 언어 · 감정 · 사회성

아빠에게 일어나는 일들 ············ 181
아기의 요구, 아빠의 반응 · 일과 가정 사이의
황금비율 · 근무시간 변화 주기 · 결코 꿈이
아닌 재택근무 · 재택근무 이야기 꺼내기 ·
일과 육아를 동시에

가족 문제 ······················ 188
이혼하고 재혼한 경우라면

아이와 함께하기 ················· 189
아기의 질투심 · 이유식 시작하기 · 이유식
먹이기 · 스스로 할래요 · 직접 요리하기 vs
구매하기

생후 6개월
나도 이제 어엿한 아빠!

아기에게 일어나는 일들 ············ 200
신체 · 지능 · 언어 · 감정 · 사회성

아빠에게 일어나는 일들 ············ 203
이제 어른이 된 것 같아 · 이제 아빠가 된 것
같아 · 질투심 · 앗! 이렇게 쉬울 수가?

아이와 함께하기 ················· 206
놀아주기

당신과 배우자 ·················· 211
긴장감 극복하기

가족 문제 ······················ 212
아기 맡기기 · 외부 보육시설

생후 7개월
새로운 사랑의 시작

아기에게 일어나는 일들 ············ 224
신체 • 지능 • 언어 • 감정 · 사회성

아빠에게 일어나는 일들 ············ 226
새로운 사랑의 시작 • 외톨이가 된 기분 • 다른 아빠들과 친해지기

아이와 함께하기 ······················ 230
훈육 입문 • 손가락으로 대화하기 • 치아 발달 • 집 안 곳곳에 숨어 있는 위험 요소들

생후 8개월
아빠로서 끊임없이 노력하기

아기에게 일어나는 일들 ············ 246
신체 • 지능 • 언어 • 감정 · 사회성

아빠에게 일어나는 일들 ············ 248
유연성과 인내 기르기 • 아이와 많은 시간을 보낸다는 것 • 만회하기는 쉽지 않다

아이와 함께하기 ······················ 254
책을 읽어주는 법 • 낯가림이 너무 심해요

가족 문제 ······························ 257
경제적 문제 • 경제적 문제를 지혜롭게 해결하는 방법

생후 9개월
차곡차곡 애정 쌓기

아기에게 일어나는 일들 ············ 262
신체 • 지능 • 언어 • 감정 · 사회성

아빠에게 일어나는 일들 ············ 265
아이와 좀더 가까워진 느낌 • 아빠와 아이의 애착

아이와 함께하기 ······················ 270
놀아주기의 중요성 • 두뇌 계발 • 아이의 신체 발달 운동 • 촉각과 시각을 함께 발달시키기 • 원인과 결과에 대한 훈련하기

가족 문제 ······························ 278
가사 분담 • 아이를 키우는 일은 얼마나 힘든 걸까? • 그러면 누가 일을 할 것인가? • 남자가 집안일을 덜 하는 까닭

생후 10개월
자아 정체성의 형성

아기에게 일어나는 일들 286
신체 · 지능 · 언어 · 감정 · 사회성

아빠에게 일어나는 일들 289
그 누구도 대신할 수 없어! · 또 다른 성취감 · 나는 안 보이나?

아이와 함께하기 291
아이에게 음악 들려주기 · 아이와 효과적으로 대화하는 방법 · 아이의 성 정체성

당신과 배우자 299
대화를 많이 하자

생후 11개월
여행을 떠나요

아기에게 일어나는 일들 302
신체 · 지능 · 언어 · 감정 · 사회성

아빠에게 일어나는 일들 305
아이 건강에 대한 염려

아이와 함께하기 308
자동차를 탈까, 기차를 탈까 · 여행 계획 짜기 · 무엇을 가져가야 하나? · 자동차 여행 · 비행기 여행

생후 12개월
자 이제 다 왔다, 나쁘지 않은데?

아기에게 일어나는 일들 318
신체 · 지능 · 언어 · 감정 · 사회성

아빠에게 일어나는 일들 321
끓는다 끓어

아이와 함께하기 324
교육도 업그레이드가 필요하다 · 물기, 꼬집기, 때리기 · 젖 떼는 시기 · 아이에게 젖을 더 먹여야 할 때는?

가족 문제 338
배우자와의 관계 변화 · 부모님과의 관계 변화 · 다른 관계의 변화

에필로그 · 아빠로서 당당하게 살아가기 345
감사의 말 349

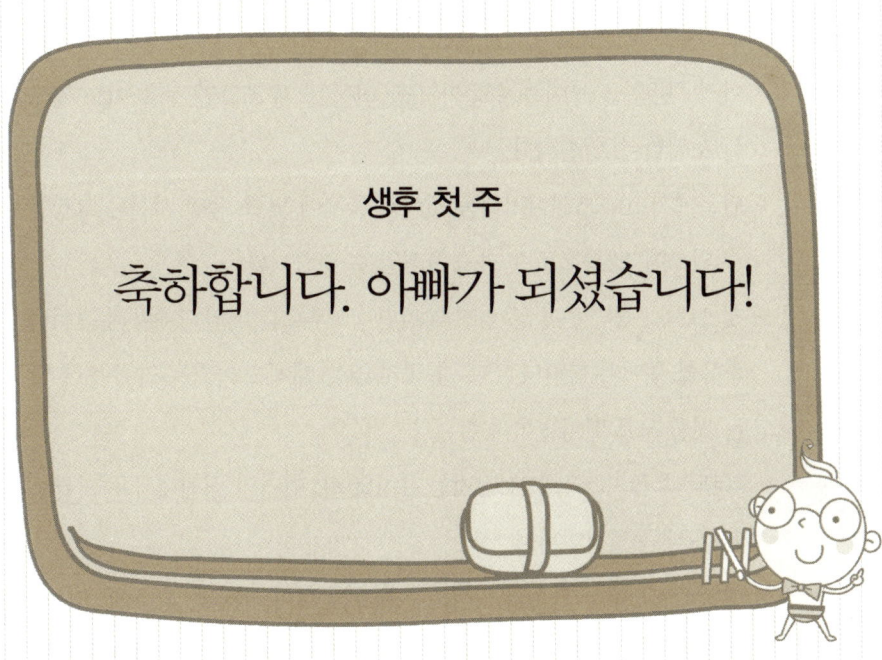

생후 첫 주

축하합니다. 아빠가 되셨습니다!

아기에게 일어나는 일들　1week

🐻 신체

- 아직 '반응'을 보이는 수준이지만, 아기는 제 조그만 몸을 어느 정도는 조절할 수 있습니다.
- 얼굴에서 20~25센티미터쯤 떨어진 물체에 몇 초 동안 시선을 고정할 수 있으며, 양쪽으로 고개를 움직일 수 있습니다.
- 첫 24시간 동안은 별로 먹지 않지만, 그 후로는 매일 7~8차례 젖이나 분유를 주어야 합니다. 우유를 먹지 않을 때에도 아기는 입 주변에 닿는 것을 모두 빨아들이려 합니다.
- 1분당 호흡 수 33회, 심장박동 수 120회. 아기의 신진대사는 어른보다 두 배쯤 활발합니다.
- 위나 장 등 내장 기관의 움직임은 더 빠릅니다. 아기는 하루에 18번쯤 용변을 봅니다. 이에 맞춰 4~7번 기저귀를 갈아주어야 합니다.
- 신진대사가 활발하니 얼마나 피곤하겠어요. 그래서 신생아는 하루 24시간 중 80~90퍼센트를 잠으로 보냅니다. 낮잠도 8번쯤 자고요. 물론 어른처럼 8시간만 자는 아기도 있습니다.

🐻 지능

- 놀랍게도 아기는 태어나는 순간부터 여러 가지 지적인 결정을 내릴 수 있습니다.

- 소리를 들으면 소리가 나는 방향을 가려낼 수 있습니다.
- 어른처럼 대개 단맛을 좋아하지만, 단맛과 신맛을 구분할 줄 압니다.
- 후각이 매우 민감합니다. 7일이면 엄마 젖과 다른 여성의 젖을 구분할 수 있습니다.
- 양쪽 눈이 각기 따로 움직이는 것처럼 보이지만, 아기는 관찰하는 것을 즐깁니다. 복잡한 것보다는 단순한 것을, 물체의 안쪽(입이나 코)보다는 경계선(턱이나 머리 모양)을 보는 걸 더 좋아합니다.
- 그러나 아직 다른 물체와 자신을 구분하지는 못합니다. 예를 들어, 아빠가 손을 잡으면 아기의 작은 뇌는 그 손이 자기 것인지 아빠 것인지 잘 모릅니다. 아기의 손목에 소리 나는 장난감을 채워주는 건 이 때문입니다.

언어

이 시기에 아기는 우는 것 외에 웅얼거리고 쿵쿵대고 끅끅거리는 듯한 소리를 냅니다.

감정 · 사회성

- 매 4시간마다 깨어 있는 시간은 30분 정도에 불과하지만, 아기는 이미 엄마 아빠와 접촉하려 애쓰고 있답니다.
- 아기는 사람의 목소리나 다른 소리, 특히 엄마나 아빠가 내는 소리를 들으면 조용해지거나 집중하려고 합니다.
- 신생아도 흥분이나 고통을 표현할 줄 아는데, 이런 감정은 누군가가 안아주면 쉽게 사그라집니다.

엄마에게 일어나는 일들 1week

🐻 신체

- '오로惡露'라고 하는 산후의 생식기 분비물이 약 6주에 걸쳐 핏빛에서 핑크빛, 갈색, 노란색으로 점차 변합니다.
- 제왕절개나 회음부 절개로 인한 고통이 6주 안에 사라집니다.
- 변비가 생깁니다.
- 출산 후 3일 정도 지나면 모유가 차며 유방이 아플 정도로 부풀어 오릅니다. 이때부터 본격적인 모유 수유가 가능한데, 젖꼭지가 부푼 상태가 2주쯤 지속됩니다.
- 점진적으로 체중이 줄어듭니다.
- 출산 과정이 길고 힘들었을수록 그 피로가 심하고 오래갑니다.
- 마치 출산 때처럼 한동안 아랫배가 아픕니다. 특히 모유 수유를 할 때 통증을 호소하는 이가 많은데, 이 증상은 7일 이내에 사라집니다.
- 임신 중에는 빠지지 않던 머리가 출산 후 빠지기 시작합니다.

🐻 감정

- 드디어 끝났다는 안도감을 느낍니다.
- 흥분과 우울이 동시에 찾아옵니다.
- 모유 수유를 잘할 수 있을지, 엄마 역할을 잘 해낼 수 있을지 염려하는 마음이 듭니다. 몇 주 지나면 이런 걱정은 자신감으로 바뀝니다.

- 아기에 대한 관심과 궁금증이 최고조에 이릅니다.
- 움직임이 편치 않아서 초조합니다.
- 성욕이 감소됩니다. 출산 이전에 이미 많이 사라진 상태이지요.

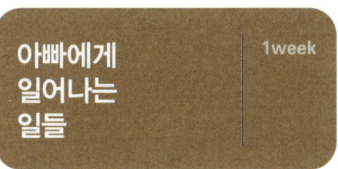

아빠에게 일어나는 일들 | 1week

축하합니다! 아빠가 되셨군요.

이제 아내 그리고 아내 뱃속의 아기와 함께했던 9개월간의 임신 기간이 끝났습니다. 아직 실감나지 않겠지만 새로운 가족이 생긴 것입니다. 기쁘기도 하지만 새로운 책임과 압력, 기대로 어깨가 무거울 것입니다. 아기의 탄생은 당신 인생에서 가장 위대한 일 중 하나입니다. 아직 실감도 나지 않고 이런저런 생각이 들겠지만, 아기의 존재는 불안감을 잠재우고 행복감을 줄 것입니다.

- 사랑.
- 흥분. 중독에 가까운 상태.
- 아기를 안고 만지고 흔들고 뽀뽀하고 싶은 욕구.
- 아기를 뚫어져라 바라보고 싶은 욕구.
- 성취감, 자존감, 경이감.
- 남자다움, 자신감.

- 아기와 아내에 대한 강한 유대감.
- 모든 것을 확실히 정돈하고자 하는 욕구.
- 아기가 누구를 닮았는지 하는 호기심.

1970년대에 마틴 그린버그Martin Greenberg 박사는 출산 과정을 마친 아빠들을 연구했습니다. 이는 당시로서는 흔한 일이 아니었죠. 연구 결과, 아빠가 된 남자들이 앞에서 열거한 감정들을 느낀다는 사실이 밝혀졌습니다. 이를 토대로 그린버그 박사는 '열중engrossment'이라는 용어를 고안해 냈는데, 이는 '아버지가 아기에게 열중하고, 몰두하고, 관심을 갖는다'라는 의미입니다.

아빠가 갓 태어난 아기와 접촉하는 순간은 엄마가 처음 모유 수유를 할 때의 감정과 일치합니다. 이때부터 아빠는 엄마 못지않게 아기를 돌보고, 관심을 쏟게 되지요. 그런데 이때 남성들이 흔히 갖게 되는 세 가지 부정적인 감정이 있습니다.

너 때문에 엄마가 죽을 뻔했어

큰 고통 없이 20분 만에 낳기. 아마 출산을 앞둔 모든 엄마 아빠의 바람일 것입니다. 그리고 예상대로 순산하면 출산과 아기의 탄생을 아무 사심 없이 기뻐할 것입니다. 그러나 유도 분만이나 긴급 제왕절개 등 출산 과정이 쉽지 않았을 때, 특히 이로 인해 엄마의 목숨이 위협받았을 때 출산은 아빠의 머릿속에 위험하고 부정적인 일로 각인됩니다. 아내에게 그토록 큰 고통을 안기고, 하마터면 사랑하는 아내를 잃을 뻔했다는 두려움이 아기에 대한 원망이나 비난을 낳습니다. 물론 무의식 속에 말이죠.

이처럼 아기를 힘들게 얻은 경우, 출산 후 몇 주 동안 아기에 대한 자신의 감정을 면밀히 점검해봐야 합니다. 그래서 마음속 깊은 곳에서 아기에 대한 원망을 조금이라도 발견한다면, 이를 긍정적인 감정으로 바꾸어야 합니다. 농담으로라도 "모든 게 아기 잘못이야."라든가 "아기가 나오길 거부했다."는 식의 말을 해서는 안 됩니다. 따지고 보면 아기의 잘못이 전혀 아니니까요. 이 시점에서 아무리 사소한 것일지라도 아기에 대한 부정적인 감정이 생기면 이후 아기와 아빠의 관계를 심각하게 왜곡할 수 있습니다.

이 아기가 진짜 내 아이일까?

딸들이 태어났을 때 제가 맨 먼저 한 일은 아기의 팔다리와 손가락, 발가락 개수를 세어보는 것이었습니다. 수족과 사지가 멀쩡하다는 것을 확인하고 나서는 아기의 코와 뺨이 절 닮았는지를 확인했지요. 그러고 나니 아내와 아기에게 약간 미안한 생각이 들더군요. 그렇게 손가락과 얼굴을 살피기 전에 아기를 먼저 안아줬어야 하는 게 아닐까 하고 말이죠.

그런데 대부분의 아빠들이 출산 직후 저와 비슷한 행동을 한다는 연구 결과가 있습니다. 아빠들이 이처럼 아기와 자신의 신체적 유사성을 살피고 진짜 자신의 아기가 맞는지를 확인하는 데는 이유가 있습니다. 아무리 병원을 같이 다니고 초음파 검사로 아기의 성장을 지켜보고 아기의 심장 소리를 듣고 발차기를 '목격'했다 할지라도, 아빠들에게 뱃속의 아기는 완전한 '현실'이 아니기 때문입니다. 패밀라 조던Pamela Jordan에 따르면, "아기가 탄생하는 순간을 지켜본다는 건 모든 아빠에게 매우 강력한 경험이며, 출산은 아기가 엄마의 뱃속에서 성장했음을 증명하는 일."이라고 합니다.

저도 솔직히 세 딸 중 단 한 명만이 제 턱을 닮고, 우리 집안의 신체적 특징인 '오리발'은 아무도 닮지 않아서 실망했습니다. 마침내 막내딸의 발가락 사이가 약간 물갈퀴 형태인 것을 보고는 얼마나 기쁘던지요!

나는 아들을 바랐는데…

누구나 나름대로 아이의 모습을 상상합니다. 그러나 막상 태어난 아기의 모습은 예상과 많이 다르고, 조금만 시간이 지나면 그런 다른 모습도 사랑스럽게 느껴지며 그 속에서 자신과 닮은 점을 발견하지요.

그런데 아이의 성별이 기대했던 바와 다르다면 어떨까요? 딸을 원했는데 아들이거나, 아들을 바랐는데 딸이거나. 스웨덴에서 나온 연구 결과에 따르면, 남자들은 일반적으로 자신이 바랐던 성별의 아이가 태어났을 때 아빠 역할에 더 만족감을 느낀다고 합니다. 기대와 다른 결과가 나와서 실망했을 때, 이 실망감이 아이를 사랑하는 데 방해가 될 수 있지요. 실제로 아이의 성별이 애초에 부모가 원했던 바와 다른 경우, 그렇지 않은 경우보다 유년기에 부모 자식 간에 문제가 생길 가능성이 더 높다고 합니다. 특히 아들을 원했는데 딸이 태어났을 때 그런 경우가 많지요.

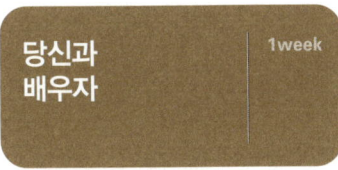

예상치 않은 제왕절개

자연분만을 자신했던 그녀. 그런데 결국 제왕절개로 아기를 낳았다면 이 사실이 한동안 아내의 마음을 괴롭힐 수 있습니다. 한편으로는 무사히 아기를 출산했다는 사실에 안도하면서도, 좀더 노력했다면 자연분만을 할 수 있지 않았을까 후회하고 수술을 받은 것을 실패라고 여길 수도 있지요. 이런 감정은 특히 분만 시간이 길어지거나 출혈이 심해서 갑자기 제왕절개를 받았을 때 흔하게 생깁니다.

만일 아내의 표정이나 말 속에서 이런 부정적인 감정이 조금이라도 느껴진다면 그대로 두어서는 안 됩니다. 진지하게 생각하고 말해주세요. 아기를 낳는 그녀의 모습이 얼마나 용감하고 대단했는지, 그 고통에 얼마나 의연히 맞섰는지, 만일 좀더 시간을 지체했다면 아기나 그녀가 위험할 수 있었고, 그것은 최선의 결정이었다고 말이에요.

너무나도 당연해서 굳이 말하지 않아도 될 것 같은 몇 마디 말이 때로 강력한 힘을 발휘합니다. 더군다나 당신은 그 과정 전체를 함께한, 아내가 겪어온 일에 대해 그 누구보다 잘 아는 사람입니다. 그런 사람이 해주는 말이 그 누구의 말보다도 더 큰 위안을 주겠지요? 아기에 대한 사랑은 진통을 몇 시간 동안 했는지로 판가름나지 않습니다.

제왕절개를 받으면 자연분만 때보다 당연히 회복이 더딥니다.

장애아 키우기

누구나 건강한 아기가 태어나기를 바라지만, 불행히도 삶은 바라는 것만 주지 않습니다. 최근 의료 기술의 발달로 장애아 출산이 획기적으로 줄어들었지만, 여전히 수많은 부모들이 고통스러운 상황을 맞이합니다. 장애아를 출산한 부모들은 대개 큰 충격을 받고 자책하거나 현실을 부정합니다. 아이를 일종의 실수로 여기고, 배우자를 비난하기도 하지요. 급기야 아이가 죽기를 바라기까지 합니다.

특히 부모가 고학력일수록 아이에 대한 기대가 큽니다. 그런데 장애아는 그들의 기대를 결코 충족시켜줄 수 없지요. 흥미롭게도 장애아 출산에 대한 엄마 아빠의 반응이 각기 다릅니다. 엄마는 장차 아이를 보살피면서 느낄 감정적 긴장감을 우려하고, 아빠는 양육비와 아이의 학업 성취도 등을 염려합니다. 장애아를 두는 것은 남성적 자부심을 훼손하는 일로 여겨지기도 하지요.

마이클 램Michael Lamb에 따르면, 결혼 생활이 더 행복하고 사회적 지원을 많이 받는 부부일수록 장애아를 더 쉽게 받아들인다고 합니다. 또한 남자의 부모가 장애아를 원만히 수용할수록 아빠도 아이를 잘 받아들인다고 해요. 특기할 점은, 장애아 아들이 딸보다 부모의 결혼 생활에 더 부정적인 영향을 미친다는 점입니다. 여기서 부모들이 딸보다 아들에게 더 큰 기대를 건다는 사실을 알 수 있지요.

- 며칠 동안 견딜 만할 수도, 극도로 고통스러울 수도 있습니다. 병원에서는 진통제를 투여할 것입니다.
- 간호사와 의사가 자주 방문하여 산모의 자궁이 단단해지고 제자리로 돌아가는지, 소변을 잘 보는지, 상처는 잘 아무는지 점검할 것입니다.

- 출산 후 1~3일 동안 장이 제대로 기능할 때까지 의료 장치가 필요할 것입니다. 장치가 제거되면 부드러운 유동식부터 먹기 시작합니다.
- 가능한 일어나서 돌아다니는 것이 좋습니다. 병원에서는 힘들더라도 출산 후 24시간 내에 움직여보라고 권합니다.
- 퇴원하기 전에 꿰매고 철침으로 고정한 부분을 제거할 것입니다. 의사가 병에 철침을 버리는 소리를 듣기 전까지 저는 그저 실로 꿰매기만 했을 거라고 생각했지요.

아이와 함께하기 ❶   1week

🐻 첫인상

아빠가 되기 전에는 내 아기가 천사 같은 모습으로 태어날 거라고 철석같이 믿었습니다. 텔레비전 광고에 나오는 아기들처럼 말이죠. 하지만 현실은 딴판이었습니다. 갓 태어난 아기들은 대개 이상하게 생겼거든요. 특히 자연분만으로 태어난 아기는 질 밖으로 빠져나오면서 무언가에 얻어맞은 것처럼 됩니다. 원뿔형 머리통에 얼굴은 기괴해 보일 지경이죠. 희고 끈적끈적한 액체가 잔뜩 묻어 있고, 눈은 부은 데다 등과 어깨에는 시커먼 털까지……

하지만 걱정하지 마세요. 몇 주가 지나면 아기의 코는 오똑해지고 머리도 둥글어집니다. 물론 제왕절개로 낳은 아기는 좀더 예쁜 모습으로 세상의 빛을 봅니다. 갓 태어난 아기의 온몸을 뒤덮고 있는 끈적끈적한 액체는 '태지胎脂'라고 하는데, 자궁 속 아기의 피부를 보호해주는 천연 크림 같은 것입니다. 아기의 눈이 부어 있는 건 세균 감염을 막으려고 의료진이 눈에 넣은 항생제 때문으로, 따뜻한 물로 닦아주면 가라앉습니다. 등에 난 솜털 역시 신생아의 특징으로, 곧 빠집니다.

새내기 아빠들 눈에 가장 이상해 보이는 것은 아기의 피부 상태입니다. 특히 목과 눈꺼풀의 반점, 이상하게 생긴 점, 자잘한 여드름 등은 상당히 걱정스러워 보입니다. 의사에게 문의하기 전에 다음 내용을 읽어보세요.

태반

저는 첫아이가 태어나기 전까지는 '태반'이란 것에 대해 진지하게 생각해본 적이 없습니다. 아기가 뱃속에 있을 때 아기의 생명을 유지해주는 생명줄 같은 것인데 말이죠. 이 태반은 아기가 세상 밖으로 나옴과 동시에 엄마의 몸 밖으로 빠져나옵니다.

출산 후 태반이 산모의 몸 밖으로 빠져나오는 데는 5분에서 1시간 정도 걸립니다. 그동안 산모의 몸은 조금씩 수축하지요. 이 수축 과정은 산모 본인조차 감지하지 못합니다. 대부분의 부모들이 이 태반이 어떻게 처리되는지 알지 못합니다. 구경조차 못한 채 병원 문을 나서는 게 일반적이죠. 비서구권 문화에서는 이 태반이 아기와 엄마 사이를 영구적으로 이어준다고 여겨 태반을 매우 소중하게 다룹니다.

페루의 시골 마을에선 아빠가 다른 사람이나 동물들이 발견하지 못하도록 아주 먼 곳에 가서 태반을 묻고 옵니다. 그렇게 하지 않으면 장차 아기에게 질투 어린 관심이 모아져 유행병이 돈다고 생각하지요. 남미 인디언

- **여드름**   아기 얼굴에 난 작은 여드름은 엄마의 호르몬이 제대로 발달되지 않은 아기의 땀구멍 등을 통해 들어가 생기는 것입니다. 절대로 짜거나 찌르거나 문지르지 마세요. 하루에 서너 차례 물로 닦고 말려주면 몇 달 안에 사라지니까요.
- **물집**   자궁 속의 아기 사진을 보면 아기들이 엄마 뱃속에서 자주 손가락이나 다른 신체 부위를 빤다는 사실을 알 수 있습니다. 종종 너무 세게 빨아서 물집이 생기는 것이지요.
- **황달**   아기 피부나 눈의 흰자위가 노랗다면 황달일 가능성이 높습

문화권에서는 아이의 삶이 태반과 함께 묻히는 물체에 영향을 받는다고 믿습니다. 그래서 남자 아이의 태반은 삽이나 송곳과 함께 묻고, 여자 아이의 것은 베틀이나 괭이와 함께 묻습니다. 필리핀에서는 아이가 지능이 뛰어나길 빌며 책과 함께 태반을 묻는다죠.

태반을 땅에 묻기만 하는 것은 아닙니다. 베트남에선 태반을 불임과 노화를 방지하는 약으로 사용합니다. 인도에선 태반을 만지면 불임 여성이 건강한 아기를 임신할 수 있다고 믿고요. 중국에서는 모유 수유를 하는 엄마가 태반을 끓여 만든 죽을 먹으면 모유의 질이 높아진다고 믿는답니다.

이것이 비서구권 문화에서만 일어나는 일은 아닙니다. 오늘날 프랑스 등 서구 국가들도 태반을 화장품이나 약품 재료로 활용합니다. 저도 큰애의 태반은 병원에 놓고 나왔으나, 둘째부터는 1년 동안 냉장고에 보관한 후 땅에 묻고 그곳에 나무를 심었습니다.

니다. '빌리루빈bilirubin'이라는 노란색 적혈구 부산물이 간에서 제대로 작용하지 못할 때 이런 현상이 생기지요. 신생아의 25퍼센트 정도(미숙아의 경우 이 비율이 더 높습니다)에게서 나타나는 증상으로, 출생 후 5일 안에 나타나 며칠 지나면 저절로 사라집니다.

- **반점, 얼룩, 모반** 신생아에게는 가운데에 하얀 돌기가 있는 색색깔의 반점들이 흔하게 나타납니다. 얼굴이나 발, 팔 등에 주로 나타나고, 대부분 그냥 놔두면 저절로 사라지지요.

- **유아지방관** 아기의 정수리 부분이 건조하고 누렇게 되는 지루성 피부염의 일종입니다. 노랗고 끈적끈적한 각질이 일어나서 비듬처럼 보이기도 합니다. 대부분 머리에 나타나지만 눈썹에 생기기도 합니다. 심각한 증세는 아니고, 전염도 되지 않습니다. 아기 샴푸로 씻어 주면 됩니다.

생애 첫 테스트

아기가 자궁 밖으로 나오면 부모는 강한 신체적 · 정신적 안도감을 느낍

		2점
A	외모와 피부 색깔	• 머리부터 발끝까지 모든 신체 부위가 분홍색이다.
P	맥박과 심장 박동수	• 분당 100 이상.
G	반사작용	• 신체의 반사점을 자극했을 때 크게 운다.
A	신체 활동	• 팔과 다리의 움직임이 활발하다.
R	호흡	• 호흡과 울음소리가 크다. 이는 폐 활동이 활발함을 의미한다.

니다. 엄마들은 당장에 젖을 물리고 싶어하지만, 출산 직후의 수유는 친밀감을 형성하는 차원에서 권장되는 것이지 실제로 아기에게 영양을 공급하는 행위는 아닙니다. 신생아는 첫 12시간 동안에는 배고프지 않거든요.

갓 태어난 아기는 그 자체로 부모에게 경이로움을 줍니다. 그러나 현실적으로 부모가 그런 감정에 빠져 있을 시간은 별로 없습니다. 의료진이 서둘러 아기의 건강 상태를 점검할 테니까요. 탄생 직후 아기는 몇 분 동안 생애 첫 테스트를 받게 됩니다. 그 결과가 바로 '아프가 점수Apgar score'입니다. 1950년대 초반에 마취의사 버지니아 아프가Virginia Apgar가 고안한 이 신생아 건강 점검 방식에 따라 의료진은 피부색을 포함한 외형, 맥박수, 반사작용, 신체 활동, 호흡 등 아기의 전반적인 건강 상태를 평가합니다. 단 한 차례로 그치지 않고 생후 1분과 5분에 각각 아프가 점수를 기록합니다. 점수표는 다음과 같습니다.

아프가 점수에 따라 아기에 대한 의료 관리 정도가 결정됩니다. 그러나 이 점수에 크게 개의치 마세요. 일반적인 평균치와 비교한 수치에 불과하니까요. 최고점은 10점인데 생후 1분에 7~10점을 기록했다는 건 건강하

1점	0점
● 몸통은 분홍빛인데 팔과 다리가 푸르스름하다.	● 몸 전체가 창백하고 칙칙한 푸른빛을 띤다.
● 분당 100 이하.	● 감지되지 않음.
● 반사점 자극에 약하게 울거나 훌쩍인다.	● 무반응.
● 팔과 다리가 적당히 움직인다.	● 움직임이 없다.
● 느리거나 약하고 불규칙한 호흡.	● 무호흡.

다는 증거입니다. 출산 과정에서 약간씩 멍이 든 발과 손가락 때문에 10점 만점을 받는 아기들은 거의 없지요. 4~6점을 받은 아기는 의료적 도움이 필요한 상태로, 산소를 공급하거나 목이나 폐에 남아 있는 점액을 제거해 주어야 합니다. 4점 이하는 자가 호흡이 어려워 인공적인 호흡 장치가 필요한 상태입니다. 엄마에게 투여된 진통제 때문일 수도 있고, 아기가 미성숙아로 태어났기 때문일 수도 있지요. 생후 5분째에 아프가 점수를 다시 매기는 것은 앞선 점수에 따라 실시한 의료 행위가 얼마나 효과가 있었는지를 측정하기 위함입니다. 점수가 오르지 않으면 5분 간격으로 계속 점검하게 됩니다.

이와 동시에 아기의 몸무게를 재고, 부모의 이름이 적힌 팔찌를 손목에 채웁니다. 목욕을 시키고 기저귀도 채우지요. 발지문을 찍고, 눈에 항생제 연고까지 바르고 나면 기본적인 처치는 다 끝난 셈입니다. 이제 아기의 생애 첫 사진을 찍는 일만 남습니다. 이때 제왕절개로 태어났거나 합병증이 발견된 아기는 휴식을 취하기 전 약간의 폐 흡입 시술을 받게 됩니다.

 설레는 수유 시간

많은 병원이 부모와 아기의 만남을 엄격히 제한하고 있습니다. 예를 들어, 모유 수유도 정해진 시간에 수유실에 방문해야 할 수 있지요. 신생아실에 들어간 아기는 일반적으로 젖병에 조제분유를 먹는데, 원하지 않으면 담당 조무사에게 이야기하면 됩니다.

 휴식

최근 신생아와 부모가 한 방을 사용하게 하는 병원이 늘었습니다. 아기와 함께 지내며 자유롭게 수유하고 아기를 돌볼 수 있는 것은 좋지만, 한편으로는 절대적인 휴식과 안정이 필요한 산모에게 무리를 줄 수가 있습니다. 출산 후 산모에게 가장 필요한 것은 휴식입니다. 간호사에게도 가능한 한 산모가 많이 잘 수 있도록 해달라고 부탁하세요.

 청각 테스트

건강한 아기 1,000명당 1명꼴로, 집중 보호가 필요한 아기 100명당 2명꼴로 청력을 잃습니다. 신생아 검사에서 청력 손실이 발견되면, 장차 언어 능력에 문제가 생기지 않도록 청력 보호 시술을 받아야 합니다. 이상을 빨리 발견하지 못해 두세 살까지 방치하면 치료는 더욱 힘들어집니다. 검사는 안전하고 빠르며 고통이 없어요. 많은 아기들이 검사를 받다가 잠이 들 정도입니다.

아이와 함께하기 ❷　1week

 아기의 행동양식

힘들게 얻은 귀한 아기. 그런데 아기를 집으로 데려와 며칠만 같이 지내보면 아기에게는 3가지 상태밖에 없는 것처럼 느껴집니다. 울 것 같은 상태, 우는 상태, 울지 않는 상태. 부모의 역할은 바로 아기를 세 번째 상태로 유지시키는 것입니다!

일반적으로 아기들에게는 6가지 확실한 행동양식이 있습니다. 《놀라운 탄생The Amazing Newborn》의 저자 마셜 클라우스 박사에게서 배운 것이지요. 저에게는 꽤나 유용한 정보였습니다. 여러분께도 알려드릴게요.

- **조용히 깨어 있는 상태** 출생 직후, 건강한 영아는 '조용히 깨어 있는 상태'에 돌입합니다. 이 상태는 평균 40분 간 지속됩니다. 첫째 주에는 이 상태로 하루의 10퍼센트를 보내는데, 이때 아기들은 거의 움직이지 않습니다. 아기의 에너지는 온통 보고 듣고 만지는 새로운 세상에 대한 정보를 흡수하는 데 쓰입니다. 눈으로 새로운 물체를 따라가고, 아빠의 표정을 흉내내기도 하지요. 아기도 진짜 살아 있는 사람이라고 느끼게 되는 순간이죠.
- **활동적으로 깨어 있는 상태** 이 단계에 이르면 아기는 작은 소리를 내고 팔, 머리, 몸, 얼굴, 눈을 활발히 움직입니다. 이런 움직임은 짧은 시간 안에, 몇 초 동안 지속됩니다. 이런 움직임이 부모가 아기의 욕구를 파악하도록 해준다는 연구 결과가 있는가 하면, 이 흥미로운 움직임이 부모와 아기 간의 상호작용을 증진한다는 주장도 있습니다. 어떤 경우이든 이 단계에서는 목과 등 근육 강화를 위해 잠시 동안 아기를 엎드려 놓아야 합니다.
- **울음** 신생아에게 울음은 자연스러운 일입니다. 울 때 눈을 뜰 수도 감을 수도 있으며, 얼굴은 빨개지며 팔다리를 힘차게 움직입니다. 눈물이 나오지 않는다고 거짓 울음이 아닙니다. 아기의 눈물관은 생후 3주째에나 생성되거든요.

아기를 안고 걸으면 대개 울음을 그치는데, 지금까지는 똑바로 안거나 흔들어주는 행동이 아기를 진정시킨다고 생각했습니다. 그러나 아기가 울음을 멈추는 것은 안는 자세 때문이 아니라 일으켜줄 때의 움직임 때문입니다.

울음은 결코 나쁜 것이 아닙니다. 아기와 부모 간의 의사소통을 돕고 중요한 운동을 하게끔 해주지요. 아무리 노력해도 아기가 울음을 그치지 않더라도 너무 걱정하지 마세요. 몇 분 지나면 저절로 그칠 테니까요.

- **졸림** 졸림은 아기가 잠에서 깨어나거나 잠들 때 일어나는 일종의 '전환' 상태라고 보면 됩니다. 뒤척뒤척 움직이며 눈은 흐릿하고 초점이 없지요. 그럴 때에는 가만히 내버려두는 것이 최상입니다.

- **조용한 수면** 조용하게 잠잘 때 아기의 얼굴은 편안하며 눈꺼풀이 감긴 채 움직이지 않습니다. 자세히 보면 입만 조금씩 움직이지요. 눈으로 보면 미동도 하지 않는 듯 보이지만, 아기 가슴에 살짝 손을 올려보면 가슴이 천천히 오르락내리락하는 걸 느낄 수 있습니다. 아기를 깨우지 마세요. 신생아는 태어난 첫 주의 90퍼센트를 잠을 자며 보내니까요.

- **활발한 수면** 잠을 자던 아기가 갑자기 눈을 떠서 화들짝 놀라기도 합니다. 아기는 자면서 웃거나 얼굴을 찡그리고, 무언가를 빨거나 씹는 시늉을 하지요. 경련처럼 몸을 떨기도 합니다. 이는 성인과 똑같습니다.

자는 동안 아기에게는 조용한 수면 상태와 활발한 수면 상태가 30분 간격으로 번갈아 나타납니다. 잠자던 아기가 손발을 휘젓거나 칭얼대더라도 잠시 내버려두세요. 간혹 깨어나기도 하지만, 다시 조용한 수면을 취하기도 하니까요.

　신생아가 단지 잠자고 울고 싸기만 한다고 생각하세요? 아기는 우리가 생각하는 것 이상으로 많은 일을 할 수 있답니다. 자궁 밖으로 나온 지 몇 시간도 지나지 않아서 아기는 주변 사람들과 소통을 시도합니다. 이와 관련하여 마셜 클라우스 박사가 실시한 흥미로운 실험이 있습니다. 박사는 동료를 시켜 태어난 지 8시간 된 아기에게 혀를 내밀어보게 했습니다. 그러자 아기는 몇 초 만에 흉내를 냈습니다. 박사는 다시 다른 의사 12명에게 돌아가며 아기를 안게 하고, 이번에는 혀를 내밀지 말라고 지시했습니다. 그렇게 여러 의사들을 거쳐 맨 처음 자신에게 혀를 내밀었던 의사의 품에 안긴 아기는 주저 않고 혀를 내밀었습니다. 태어난 지 몇 시간 안 된 아기도 자신의 친구가 누구인지 기억해낸 것입니다.

🐭 아기와 소통하기

　그저 앉아서 아기를 바라보고 아기가 하는 행동에 놀라고 기뻐하는 것만으로는 충분치 않습니다. 아기와의 관계를 진전시키려면 더 다양한 노력을 기울여야 하지요. 여기에 최상의 방법 몇 가지를 소개합니다.

- **안아주기**　영아는 누군가가 자신을 안아주기를 바랍니다. 가능한 아기와 살갗을 맞대고 따뜻하게 안아주세요. 바닥에 누워서 아기를 가슴 위에 눕히고 낮잠을 재우는 것도 좋은 방법입니다. 하지만 기억하세요. 이런 경우 외에 아기를 엎드려 재워서는 안 됩니다.
- **말 걸기**　아기는 부모가 하는 말을 알아듣지 못합니다. 사실 아빠

의 존재에 대해서도 잘 모르지요. 그러나 아빠가 아기에게 이런저런 이야기를 해주는 것이 아기의 언어 감각 발달에 도움이 되는 것은 확실합니다.

- **기저귀 갈아주기** 아기와 일대일로 접촉하는 데 이보다 좋은 일은 없습니다. 그냥 기저귀만 갈지 말고, 아기의 부드러운 배를 만져주고, 무릎을 간질이고, 작은 손가락에 입을 맞추세요. 생후 첫 달에는 매 두 시간마다 기저귀를 갈아주어야 합니다.
- **씻겨주기** 기어다니기 전까지는 아기 몸이 더러워질 일이 별로 없습니다. 목욕은 일주일에 세 차례가 적당합니다. 잦은 목욕은 아기의 피부를 건조하게 만들지요. 두 가지 예외는 있습니다. 얼굴과 엉덩이죠. 얼굴은 매일 깨끗한 물로 닦아주고, 기저귀를 갈아줄 때에도 매번 엉덩이를 씻어주세요.

아기를 씻길 때 주의해야 할 부위가 정수리에 있는 '천문泉門', 곧 숨구멍입니다. 이 말랑말랑하고 부드러운 부위는 두개골이 산도産道를 빠져나올 때 아기의 머리를 보호해주는 역할을 하지요. 그러나 너무 절절매지는 마세요. 천문을 덮은 피부는 꽤 단단해서 쉽게 상처를 입거나 하지 않으니까요.

천 기저귀 vs 일회용 기저귀

일회용 기저귀

미국에서는 연간 180억 개의 기저귀가 버려지는데, 이는 미국 내 전체 쓰레기양의 1퍼센트에 해당된다고 합니다. 일회용 기저귀는 비닐 재질로

기저귀 갈기 SOS

아기가 변기에 용변을 볼 때까지 1만 번 정도 기저귀를 갈아주어야 한다죠? 이 숫자는 남아일 때, 또 쌍둥이일 때 더 커진답니다. 1만 번을 갈아주어야 한다니 요령을 익혀두면 시간이 꽤 절약될 겁니다.

1. 기저귀를 갈기 전에 새 기저귀와 물, 수건, 깨끗한 옷 등을 준비해두세요. 처음부터 시중에서 파는 물티슈를 사용하지 마세요. 아무리 무알콜이라 하더라도 신생아가 쓰기엔 화학약품이 너무 많이 들어 있으니까요. 물수건이 필요하면 따뜻한 물에 적신 수건이나 탈지면을 이용하세요. 집 밖에서는 작고 부드러운 수건을 깨끗한 비닐봉지에 담아 쓰세요.
2. 집 안에서는 별 문제가 없는데, 집 밖에서 기저귀를 갈 때는 마땅한 장소를 찾아야겠죠. 가능한 깨끗하고 평평한 장소를 찾으세요. 요즘에는 화장실 안에 기저귀를 가는 접이식 탁자가 마련되어 있는데, 이 탁자나 탁자에 부착된 안전벨트를 100퍼센트 믿어서는 안 됩니다. 어느 순간에도 한 손으로는 아기를 꼭 붙잡고 있어야 합니다.
3. 아기의 발이 보이도록 하의와 양말을 벗기세요. 아기들은 기저귀를 갈 때 발장난 하는 걸 좋아해서 용변을 발에 잘 묻힌답니다.
4. 아기의 얼굴을 마주보며 눕히세요. 기저귀를 갈 때 얌전히 누워 있는 아기도 있지만, 몸을 뒤틀며 우는 아기도 있습니다. 천장에 모빌을 달아놓으면 기저귀 갈기가 더 수월해집니다.
5. 깨끗한 기저귀를 아기의 엉덩이 밑에 놓으세요. 원래 찼던 기저귀를 풀고, 아기의 발목을 잡아 조심스럽게 하체를 들어올린 후 기저귀를 빼냅니다. 기저귀를 빼낸 직후에 수건이나 천 기저귀로 아기의 생식

기를 덮어주세요. 아기가 놀라서 갑자기 소변을 볼 수도 있으니까요.
6. 항문과 생식기를 잘 닦아주세요. 차고 있던 기저귀에 깨끗한 부분이 있으면 그 부분으로 먼저 한 번 닦아 주세요. 여아는 생식기 세균 감염 우려가 있으니 앞에서 뒤로, 남아는 음낭 아래를 닦아줍니다. 아직 아기의 발목을 놓아서는 안 됩니다.
7. 땀띠 방지용 크림은 필요할 때만 발라 주세요. 생후 몇 주 동안은 로션 사용도 자제해야 합니다. 특히 파우더는 절대 사용하지 마세요. 발암물질이 포함돼 있을 뿐더러 흡입하면 폐에도 좋지 않습니다. 엉덩이에 꼭 파우더를 바르고 싶다면 녹말가루를 이용해보세요. 건강에 해를 끼치지 않을 뿐 아니라, 수분을 흡수하고 기저귀로 인한 발진을 줄여줍니다. 하지만 녹말가루가 효모균을 발생시킨다는 연구 결과가 있으니 유의하세요.
8. 기저귀를 잘 펴서 꼭 맞게, 그러나 피부를 조이지 않을 정도로 입히거나 채워주세요. 그리고 맨 위 가장자리를 접어서 탯줄을 자른 부위와 닿지 않게 해주세요.
9. 손과 발을 잘 닦아주세요. 물로 씻기기 어려우면 손 소독제 등을 준비하세요.
10. 옷을 입히세요.

쉬워 보여도 기저귀 갈기는 기술을 요하는 일입니다. 자꾸 하다보면 요령이 생기지요.

500년간 썩지 않지요. 생분해성 일회용 기저귀도 판매되고 있으나, 다른 쓰레기와 함께 땅속에 묻히면 결과적으로 똑같다고 합니다. 어떤 기저귀이든 일회용 기저귀가 분해되는 데는 오랜 시간이 걸린다는 얘기죠.

그러나 일회용 기저귀에는 외면하기 어려운 장점이 있지요. 바로 편리하다는 것. 집에서나 밖에서나 사용 후에 바로 버리면 된다는 편리성 때문

기저귀 안에서는 무슨 일이?

- **태변** 갓난아기가 먹은 것이 없는 상태에서 처음으로 싸는 똥이 태변입니다. 이 초록빛을 띠는 검정색 똥은 끈적거리고 배변 속도도 느립니다. 수유를 하고 생후 4일쯤 되면, 아기의 똥은 좀더 노란빛을 띠게 됩니다. 모유 수유를 하는 아기들은 더 묽고 겨자색에 가까운 똥을, 분유를 먹는 아기들은 상한 우유 냄새가 나는 희뿌연 똥을 눕니다. 아기 똥의 색깔이나 냄새가 조금 달라지는 건 정상입니다.
- **이른 사춘기?** 남자 아이건 여자 아이건 간에 생후 며칠간 생식기와 젖꼭지가 부풀어오를 수 있습니다. 젖이 몇 방울 떨어지기도 하지요. 여아들의 경우, 가끔 질에서 흰 분비물이나 간혹 적은 양의 피가 나오기도 하는데 걱정할 필요 없습니다. 이는 엄마에게서 받은 호르몬 수치가 높아서 생기는 현상으로, 출산 후 1~2주 안에 사라집니다.
- **잘린 탯줄** 아기의 배꼽에 남아 있던 탯줄은 생후 1~3주 안에 떨어져나갑니다. 기저귀 앞부분을 접어서 탯줄이 공기와 더 많이 접촉하게 하면 더 빨리 떨어지지요. 그때까지는 조심하는 수밖에 없습니다. 건조한 상태로 청결하게 말이죠. 목욕 후에는 탈지면이나 젖은 수건으로 살살 닦아주세요. 탯줄이 떨어지면서 약간 피가 나는 것은 정상입니다.

에 90퍼센트의 부모들(병원은 100퍼센트)이 일회용 기저귀를 사용합니다.

일회용 기저귀에는 또 다른 장점이 있습니다. 습기를 매우 효과적으로 흡수해서 아기들이 기저귀를 차는 데 별다른 불편을 느끼지 않는다는 점이지요. 아이러니하게도, 이 장점은 단점으로 작용하기도 합니다. 아기들의 배변훈련을 늦춘다는 것이죠. 실제로 천기저귀를 쓰는 아기들은 평균 24~30개월간 기저귀를 차는 반면, 일회용을 쓰는 아기들은 평균 36~40개월이 되어야 기저귀를 뗀다고 합니다. 그리고 일회용 기저귀는 습기를 효과적으로 제거하지만 흡수된 용변에서 나오는 박테리아와 암모니아가 그대로 남아 있어 습진이 발생할 가능성이 높답니다.

천 기저귀

아기들의 민감하고 순한 피부를 생각하면 천 기저귀가 가장 바람직하겠죠. 화학 성분이 잔뜩 들어간 비닐 재질이 아니니까요. 그러나 천 기저귀는 일회용에 비해 쓰기 불편하다는 단점이 있습니다. 일회용보다 더 자주 갈아줘야 하고, 집 밖에서는 더러워진 기저귀를 가지고 다녀야 하는 불편함도 있지요. 세탁의 어려움은 또 어떻고요. 물론 최근에는 새로운 소재와 기능, 디자인을 갖춘 천 기저귀들이 많이 선보이고 있습니다.

일회용 기저귀를 사용하더라도 천 기저귀를 12개 정도는 사두세요. 천 기저귀에 쓰이는 면 소재는 얇고 흡수성과 통기성이 뛰어나, 아기를 씻긴 후 수건 대용으로 쓰거나 아기를 안을 때 어깨나 가슴에 받치면 아주 유용하답니다.

개인적인 생각으로는 두 가지 기저귀를 함께 사용하는 것이 가장 좋은 것 같습니다. 낮에는 천 기저귀를 쓰고 밤이나 외출할 때에는 일회용을 쓰는 것이죠. 그리고 여유가 된다면 일회용 기저귀도 친환경 소재를 쓰는 것이 아기에게나 지구에나 좋은 선택이겠지요.

🐨 신생아 집중치료실의 아빠들

NICU Neonatal Intensive Care Unit는 말 그대로 건강에 문제가 있는 신생아들을 집중 치료하는 곳입니다. 32주가 되기 전 태어난 아기나 저체중아, 쌍둥이는 일반 병실에 가기 전에 신생아 집중치료실을 거쳐야 하지요. 물론 건강한 저체중아라면 집에 가기 전에 이곳에서 몸무게를 1~2킬로그램만 늘리면 되니까 크게 걱정할 필요 없습니다. 하지만 이 치료실에 들어가는 아기들 중에는 아픈 아기들이 많지요.

생사를 넘나드는 고통을 겪는 아기를 지켜보는 건 분명 두렵고 힘든 경험입니다. 많은 아빠들이 무력감과 압박을 느끼지요. 의료진도 아기와 산모에게만 집중할 뿐 아빠는 안중에 없습니다. 이런 상황에 처한 아빠들에게 도움이 될 만한 몇 가지 조언을 소개할게요.

- **지금 가장 중요한 것이 무엇인지 생각하세요** 아픈 아기와 산모, 의료진 사이에서 소외된 것 같은 기분이 들겠지만, 지금 중요한 것은 아기의 생명을 구하는 것입니다. 또한 출산이라는 어마어마한 육체적 고통을 겪고 나서 또다시 아픈 아기를 지켜보아야 하는 산모를 위로하고 빨리 회복시키는 것입니다.

- **주저하지 말고 질문하세요** 당신에게는 아기에게 무슨 일이 일어났는지 알 권리가 있습니다. 문제의 원인과 과정, 해결 방법 등을 알아야

만 대비하고 조정할 수 있습니다.

- **'캥거루 요법'에 대해 알아보세요** 1980년대만 해도 남미 콜롬비아의 조산아 사망률은 70퍼센트에 육박했습니다. 그래서 일부 의사들이 기존의 접근법과는 전혀 다른 방법을 시도했습니다. 바로 '캥거루 요법kangaroo care'이죠. 방법은 단순합니다. 모자와 기저귀만 착용한 조산아를 하루에 몇 시간씩 엄마나 아빠의 맨가슴에 엎어서 키운 것입니다. 캥거루처럼 말이죠. 그런데 그 결과가 놀라웠습니다. 조산아의 사망률이 30퍼센트까지 떨어진 것입니다.

미국뿐 아니라 다른 나라에서 비슷한 실험을 한 결과, 캥거루 요법을 받은 아기들이 더 잘 자고 인공호흡기를 빨리 뗄 뿐 아니라, 덜 울고 더 오랫동안 깨어 있었습니다. 체온 조절도 더 잘 되고, 몸무게도 빨리 늘어 퇴원 시기도 단축되었습니다.

캥거루 요법은 부모에게도 소중한 경험이 되었습니다. 아기를 맨살로 접촉하면서 아기에 대한 사랑이 더 커지고, 아기를 잘 기를 수 있다는 자신감이 생긴 것이지요. 이 요법을 실시한 엄마가 모유도 더 잘 나왔다고 합니다. 그러나 아직까지도 그리 대중적이지 않아서 이를 도입한 병원이 많지 않습니다. 아내와 상의하고 의료진과 상담하세요.

- **본인의 한계를 받아들이세요** 산모와 아기에게는 믿고 의지할 수 있는 남편과 아빠가 필요합니다. 초췌한 얼굴로 좀비처럼 돌아다닌다고 해서 나아지는 것은 아무것도 없습니다. 어떤 상황에서도 체력을 유지하세요. 길게 보고 본인의 건강부터 챙기는 게 모든 이에게 이롭습니다.

- **감정을 표현하세요** 남자와 여자는 감정을 발산하는 방식이 다릅니

신생아에게 발생할 수 있는 질병

질병	설명
페닐케톤뇨증 유전적: 선천성 효소계 장애로 단백질 대사 장애가 일어난다.	치료하지 않으면 뇌가 손상되고 지능이 저하된다.
갑상선 기능 저하증 유전적: 정상적 신체 기능을 유지하는 데 필요한 갑상선 호르몬이 충분히 생성되지 않는다.	신체적·정신적 성장이 저하된다.
갈락토오스 혈증 유전적: 갈락토오스가 글루코스로 대사되는 과정에서 생기는 선천성 대사이상증으로, 갈락토오스와 모유의 당을 분해하지 못한다.	눈과 뇌, 간 등이 손상되고, 신체적·정신적 발달이 저하된다. 심하면 사망한다.
겸상(鎌狀) 적혈구와 기타 혈액 질병 아기의 적혈구 세포에 영향을 준다.	아기가 일반적인 감염을 이겨 내지 못하고 사망할 수 있다.
비오틴 분해효소 결핍증 비타민 B군, 비오틴 재생.	비오틴 분해효소가 부족하면 감염이 잦고, 청각 장애와 혈액 및 기관의 역기능, 지능 저하 등이 나타나서 심하면 죽음에 이를 수 있다.
단풍당밀뇨증 소변과 땀에서 단풍당밀 냄새가 나고, 경련과 경직, 전반적인 근육 이완, 혼수상태 등을 유발하는 선천성대사이상증으로 특정 아미노산을 분해하지 못한다.	구토와 탈수, 발작과 뇌부종.
호모시스틴요증 선천적으로 시스타치오닌 합성효소가 결핍되어 생기는 질병으로, 아미노산 메치오닌과 호모시스틴이 체내에 축적되면서 발병한다.	지능 저하와 뼈 관련 질병.

빈도	치료
1만~25,000명당 1명.	태어난 지 3~4주 내에 발견하여 알라닌 함유량이 낮은 식사를 투여하는 것이 유일한 치료법이자 예방법이다.
4,000명당 1명.	꾸준한 치료를 하면 정상적인 생활을 할 수 있다.
5만 명당 1명.	선천성대사이상 검사로 조기에 발견하여 생후 1개월 이내에 치료를 받으면 정상적으로 성장할 수 있다.
아프리카계 미국인은 400명당 1명꼴, 다른 인종은 이보다 발병률이 낮다.	항생제를 투여하면 낫거나 완화된다.
7만 명~ 12만 5,000당 1명.	비오틴을 추가로 투여해주면 된다.
10만 명당 1명 이하. 미국의 필라델피아 등 특정 도시에서는 750명당 1명꼴.	측쇄 아미노산의 섭취를 제한하는 특수분유를 먹이고, 식이요법을 하면 정상아로 자랄 수 있다.
20만 명당 1명 이하(영국은 이보다 2배 이상 자주 발병함).	메치오닌을 제외한 비타민 B가 풍부한 식단이 치료법이다.

질병	설명
타이로신혈증 타이로신의 대사가 정상적으로 이루어지지 않아 체내에 독성 물질이 축적되어 생기는 유전병이다.	심각한 간과 신장 관련 질병으로 6~9개월 이내에 사망한다.
선천성 부신 과형성 부신과 성선(性腺)의 스테로이드 호르몬이 부족해져서 생기는 유전병.	체모가 지나치게 일찍 생성되고, 키가 자라지 않는다. 사춘기 때 2차 성징이 나타나지 않는다.
중쇄아실코에이탈수소효소 결핍증 지방을 에너지로 변환하지 못한다.	구토, 무기력, 호흡 정지 등의 증상을 일으켜 영아 돌연사와 관련이 있는 것으로 알려졌다.

다. 여자들은 슬픔을 표현하는 데 익숙하지만, 남자들은 그렇지 못하지요. 이것이 무관심으로 비칠 수도 있습니다. 아내에게 자신의 감정을 드러내고 이야기하세요. 고통과 슬픔을 공유하고 있다고 알려주세요.

잠시라도 아기를 만지는 게 허락되면 시간을 낭비하지 마세요. 목과 어깨, 등과 발을 10분씩 마사지 해주고, 팔다리를 5분씩 스트레칭 해준 아기가 그렇지 않은 아기보다 50퍼센트 정도 신체 발달이 빠르다고 합니다. 마이애미 약학대학교 터치연구소Touch Research Institute의 티파니 필드Tiffany Field 소장에 따르면, 지속적으로 만지고 주물러준 아기는 일주일쯤 입원 기간이 단축된다고 합니다.

빈도	치료
10만 명당 1명 이하.	간 이식 수술 전까지 특별 식단으로 관리해야 한다.
1만 명당 1명.	글루코코르티코이드(glucocorti-coid)와 미네랄로코르티코이드(mineralocorti-coid)를 평생 공급하고 사춘기에는 에스트로겐을 공급한다.
1만 명당 1명.	금식을 하면 안 되고, 자주 식사를 제공해주어야 한다.

가족 문제 | 1week

 아기와 함께 집으로

이제 당신의 삶은 이전과는 완전히 달라졌습니다. 한 여자의 남편이자 한 아이의 아빠가 된 것입니다. 그러나 부담 갖지 마세요. 이전처럼 배우자 역할에 충실하면 됩니다. 아내는 지금 몸을 회복하는 것 말고도 신경 써야 할 일이 한두 가지가 아닙니다. 아기를 집에 데려온 첫날, 저도 이런 저런 일을 처리하느라 정신이 없었습니다. 요리, 쇼핑, 세탁 말고도 지인들에게 전화하기, 손님맞이……. 이때 무엇보다 신경 써야 할 일은 아내와 아기가 푹 쉴 수 있도록 해주는 것입니다.

아내의 회복기

아기를 낳고 곧장 밭 매러 나갔다고요? 그건 불가능한 일입니다. 출산은 여성의 몸과 마음에 어마어마한 충격을 주는 일생일대의 '사건'입니다. 자연분만을 했다 하더라도 제왕절개 때와 비교해 회복 기간은 비슷합니다. 오히려 제왕절개가 회복이 더 빠르다는 이야기도 있습니다.

어떤 방법으로 분만을 했든, 출산 전의 몸 상태로 회복하는 데에는 꽤 많은 시간이 걸립니다. 피로감과 유방 통증, 자궁의 수축으로 생기는 복부 통증이 몇 달간 지속될 수도 있지요. 기본적으로 질 내 불쾌함과 출혈, 치질, 식욕 부진, 변비, 과도한 땀 분비, 여드름, 손의 무감각이나 얼얼함, 어지러움, 화끈거림 등의 증상이 출산 후 몇 주간 이어집니다. 의학적으로 출산 후 5주가 지나면 성관계가 가능하다고 하지만, 산모의 10~40퍼센트는 몇 달이 지나도 성관계를 고통스러워한다고 합니다. 여기에 길게는 6개월간 머리카락이 빠집니다.

몸만 힘든 게 아닙니다. 잘 움직이지 못하는 자신의 상태에 초조함을 느끼고, 산후 우울증을 겪기도 합니다. 아내가 엄마라는 새로운 역할에 잘 적응하도록 도와주어야 합니다. 아기와 가까워지고 자신감을 회복하도록 말이죠. 일반적으로 '산욕기産褥期'라 부르는 출산 후 6~8주간의 회복기에 어떻게 아내를 도와야 할까요?

1. 갑자기 많아진 일들을 한꺼번에 다 잘 처리하려고 욕심 내지 않도록 옆에서 얘기하고 도와주세요.
2. 집안일을 도와줄 사람을 찾으세요. 집이 지저분하면 예민해져서 서로 싸우게 됩니다.

3. 융통성 있게 행동하세요. 아기가 생기면 모든 일이 계획대로, 예정대로 돌아가지 않습니다. 특히 출산 후 첫 6주 동안은요.
4. 참고 또 참으세요. 이 모든 일이 처음인 것은 아내나 아기도 마찬가지입니다.
5. 아내의 감정에 귀를 기울이세요. 출산을 마친 여성은 몸뿐 아니라 감정적으로도 민감합니다. 어쩌면 몸보다 감정의 회복이 더 힘들 수 있다는 사실을 이해해야 합니다.
6. 아기와 둘이서만 시간을 보내세요. 아내에게 혼자만의 시간을 주고, 아기와 친밀감을 쌓는 기회가 됩니다.
7. 가능한 출산 직후에는 손님의 방문을 제한하세요. 아기를 만지기 전에 손을 씻는 건 기본 상식이겠죠.
8. 유머 감각을 발휘하세요. 두루두루 평안해집니다.

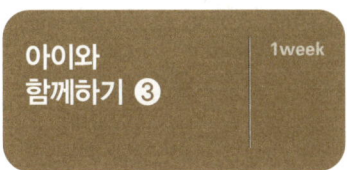

아이와 함께하기 ❸   1week

 이제 뭘 하지?

첫 아이를 집으로 데려온 직후, 우리 부부가 서로 마주 보며 거의 동시에 한 질문입니다. 자, 뭘 하면 좋을까요?

아기 옷 입히기

너무 연약해서 만지기조차 겁나는 아기에게 옷을 입히는 건 생각보다 어려운 일입니다. 그러나 겁내지 말고 도전해보세요.

- 신생아용 옷은 가슴에 여밈이 있어 양팔을 꿰어 입히는 구조로 되어 있습니다. 옷을 입히기 전에 손가락을 이용해서 소매를 말아 줘세요. 그러면 아기의 팔을 소매에 쉽게 꿸 수 있습니다.
- 엉덩이와 다리 부분이 똑딱단추로 되어 있어야 기저귀 갈기가 편합니다. 안 그러면 옷을 다 벗겨야 하니까요.
- 헐렁한 옷을 입히세요. 입히기도 편하고, 아기도 조이는 옷은 불편해합니다. 집 안에서는 내복이나 실내복만 입히니, 외출복은 생각보다 입힐 일이 별로 없습니다.

손톱과 발톱 손질

아기는 팔을 마구 움직이고 손톱도 예리해서 자칫하면 제 얼굴이나 몸에 상처를 내기 쉽습니다. 그래서 손싸개를 해주거나, 소매가 손을 충분히 덮는 옷을 입혀야 합니다. 물론 손톱도 정기적으로 손질해주어야 하지요.

- 먼저 도구를 준비하세요. 끝이 무딘 가위와 손톱 다듬는 줄 혹은 아기용 손톱깎이가 필요합니다.
- 아기가 잠들었는지 확인하세요. 아기가 깨어 있을 때 그 조그만 손톱을 다듬는 건 불가능합니다.
- 손가락 하나를 잡고, 첫 번째 마디를 살짝 눌러서 손톱의 형태가 잘

드러나도록 하세요.
- 손톱을 일직선 형태로 자르고 다듬어주세요. 그리고 가장자리를 부드럽게 다듬어주세요.

하다보면 노하우가 생깁니다. 저는 아기용 손톱깎이보다는 큐티클 제거용 가위가 더 편했습니다. 손톱을 먼저 다 자르고 나중에 다듬었죠. 손톱을 물어뜯어서 다듬는 방법은 좀 위험해 보입니다. 아기는 손톱이 빨리 자라기 때문에 2~3일에 한 번씩은 손톱을 다듬어주어야 합니다. 발톱은 한 달에 한두 번 만 손질해주고요.

🐨 아기와 즐겁게 노는 법

아기가 태어나면 당분간 축구나 술 약속은 잊어버리세요. 하루에 적어도 20분, 5분 단위로 4차례 이상 아기와 특별한 시간을 보내세요. 이야기를 나눠도 되고, 책을 큰 소리로 읽어주거나 안고 흔들어주는 것도 아기는 좋아합니다. 다양한 얼굴 표정을 지어보이거나 아기의 반사작용을 경험하거나, 소리를 내며 아기 눈을 바라보는 것도 좋은 방법입니다.

- 아기의 신호를 읽을 줄 알아야 합니다. 아기가 울거나 지루해하면 하던 일을 중단하세요. 많이 놀아주는 게 능사는 아닙니다. 너무 많은 자극을 받으면 아이가 흥분하게 되어 잠을 못 잘 수도 있어요. 일단 5분 정도로 놀이 시간을 제한하세요.
- 계획을 세워서 놀아주세요. 활동적인 놀이나 신체 활동은 아기의 몸 상태가 가장 좋은 시간(활동적으로 깨어 있는 상태)에 하고, 아기가 '조

애완동물

애완동물은 아기의 탄생을 반기지 않습니다. 집안 내 서열만 낮아질 뿐, 개나 고양이에게는 좋을 일이 하나도 없지요. 애완동물을 계속 키울 계획이라면 동물이 받게 될 충격을 최소한으로 줄여주어야 합니다. 동물이 새로운 존재에 적응하지 못하면, 자칫 아기에게 해를 입힐 수도 있으니까요.

아기를 집에 데려오기 전에 아기가 쓰던 용품을 집 안에 가져다 놓으세요. 냄새에 먼저 익숙해지면 아기가 왔을 때 저항감도 적을 것입니다.

엄마를 찾을 때, 아빠를 찾을 때

남자와 여자는 아기를 다루는 법도 참 다릅니다. 남자는 신체적인 에너지를 강조하고, 여자는 사회적이고 감정적인 면에 중점을 두지요. 아기는 이내 이 차이점을 감지하고 엄마 아빠에게 각각 다르게 반응합니다. 배가 고프거나 불안해지면 엄마를 찾을 것이고, 놀고 싶으면 아빠를 찾겠죠. 아빠의 역할이 엄마의 역할에 비해 결코 작지 않습니다. 아기는 엄마 아빠의 상호작용을 원하지 따로 점수를 매기진 않으니까요.

용히 깨어 있는 상태'일 때는 장난감이나 책을 활용하세요. 아기와 놀아줄 때에는 전화도 받지 말고 아기에게만 집중하세요.
- 격려해주세요. 말을 걸어주는 것 외에도 많이 웃어주세요. 비록 말은 이해하지 못해도 감정은 느낄 수 있습니다. 생후 며칠밖에 지나지 않

은 아기라도 부모와 공감하려고 노력한답니다.
- 조용한 분위기를 만들어주세요. 갑작스런 움직임이나 소리, 밝은 빛, 소음은 아기를 놀라게 합니다.
- 아기의 머리를 주의하세요. 아기는 몸에 비해 머리가 무척 크죠. 탄생 직후 머리와 몸의 비율이 1:4입니다. 어른은 1:7인데 말이죠. 게다가 목 근육이 아직 발달되지 않아 머리를 지탱하지 못합니다. 100일쯤 되어 목을 가눌 수 있을 때까지 항상 뒤에서 머리를 받쳐주어야 합니다. 아기를 갑자기 세게 흔들어서도 안 됩니다. 아기의 뇌가 영구적으로 손상될 수 있습니다.

모유 수유

아기에게

- 모유는 신생아에게 필요한 영양분을 골고루 갖추고 있습니다. 특히 모유에 들어 있는 몇 가지 중요한 지방산은 분유에는 없는 것입니다.
- 아기에게 필요한 영양소는 아기가 성장하면서 조금씩 달라집니다. 모유는 마술처럼 이를 채워주지요. 6개월 동안만 먹여도 아기가 튼튼해집니다.

- 모유는 음식 알레르기에 대한 면역력을 키워줍니다. 가족 중에 음식 알레르기가 있는 사람이 있다면, 최소한 6개월간은 아기에게 고형식을 주지 마세요.
- 모유를 먹는 아기는 호흡기, 대장 질환, 귀 감염, 천식, 아동기 암, 유아 돌연사 증후군 등의 위험이 적습니다.
- 모유는 엄마의 특정 질병에 관한 면역력을 아기에게 전달한다고 알려져 있습니다.

아빠와 엄마에게
- 무엇보다 편리합니다. 젖병을 씻거나 데울 필요가 없지요. 모유 수유를 하면 아기와 여행을 다닐 때 가지고 다닐 짐이 별로 없어요.
- 돈이 들지 않습니다. 아시다시피 분유는 비쌉니다.
- 엄마와 아기 사이의 유대감이 더 돈독해져요. 엄마 건강에도 큰 도움을 주고요. 모유를 먹이면 체중 감량과 자궁 수축이 더 수월해지고, 난소암이나 유방암의 위험도 줄어듭니다.
- 모유는 분유처럼 남아서 버릴 일이 없어 친환경적입니다.
- 아기의 똥에서 냄새가 덜 납니다.
- 한밤중에 분유를 타러 다닐 일이 없지요. 이는 특히 아빠들에게 중요한 점인데요. 그래도 아기가 울면 일어나서 아기를 엄마에게 안겨주는 일쯤은 도와주세요.

모유 수유에도 연습이 필요합니다
여자라고, 엄마가 되었다고 해서 누구나 쉽게 아기에게 젖을 물리고, 또 젖이 술술 잘 나오는 건 아니랍니다. 엄마나 아기나 모유 수유 요령을 익히기까지 최대 몇 주가 걸리기도 합니다. 아기는 엄마 젖을 어떻게 무는지 모르고, 엄마는 어떻게 물리는지를 모르죠. 그래서 처음에는 젖꼭지가 갈라지고 심지어 피가 날 수도 있는데, 이는 무척 고통스러운 일입니다. 하루에 10~15분씩 6~7차례 수유를 한다고 하면, 젖꼭지가 원래 상태로 회복되기까지 2주 정도 걸립니다.

출산 후 2~5일까지는 젖이 나오지 않지만, 아기가 괜찮을까 걱정할 필

모유 수유에 임하는 아빠의 자세

모유 수유는 엄마만의 일이라고요? 그렇지 않습니다. 아기와 엄마에게, 또 아빠에게도 좋은 모유 수유를 하려면 아빠들이 어떻게 해야 할까요?

- 모유 수유의 관건은 자세입니다. 엄마와 아기에게 가장 편안한 자세를 찾을 수 있도록 수유쿠션의 위치를 바꿔주는 등 옆에서 도와주세요.
- 아내 곁에 물컵을 가져다 두고, 물을 자주 마시도록 해주세요.
- 처음엔 제대로 젖을 먹이기가 쉽지 않습니다. 아기가 젖이 부족하다고 울고, 엄마는 애쓰다가 지쳐서 좌절하기 쉽죠. 잘하고 있다고, 포기하지 말라고 격려해주세요.
- 아내 곁에 앉아서 신문을 읽어주세요. 혼자라고 느끼지 않도록.
- 엄마가 먼저 자리를 잡고 앉으면, 아기를 안아서 안겨주세요.
- 젖을 먹고 있는 아기의 볼이며 팔다리를 살살 어루만져주세요. 이때 머리는 만지지 마세요. 미리 뒷부분을 만지면 반사작용으로 아기가 머리를 뒤로 젖힐 수도 있으니까요.

요는 없습니다. 신생아는 출생 후 첫 24~48시간 동안은 거의 먹지 않아도 견딜 수 있으니까요. 젖을 빠는 것처럼 입을 오물거리는 것은 배냇짓일 뿐입니다. 아기에게 필요한 영양소는 적은 양의 초유 속에 다 들어 있습니다. 초유는 산모의 젖가슴에서 맨 처음에 나오는 젖으로, 아기의 미성숙한 소화 체계를 도와줍니다.

힘들더라도 초유를 먹이는 데 성공하고 나면 좀 자신감이 생깁니다. 젖병으로 바꾸고 싶은 유혹에 시달리겠지만 포기하지 마세요. 꾸준히 노력하면 1~2주 뒤에는 언제 그랬냐 싶게 모유 수유가 편해질 것입니다.

 **분유 수유**

분유

엄마 젖을 대신하는 상품으로는 분유(가루우유)만 있는 것이 아닙니다. 시중에는 우유 원액이나 물을 타서 먹이는 농축액 등이 나와 있습니다. 영양 면에서는 모두 비슷하고, 이중 원액이 가장 간편하고 값이 비쌉니다.

그럼 분유는 얼마나 먹이는 게 좋을까요? 그 답은 '원하는 만큼'입니다. 배가 부르면 아기는 젖꼭지를 뱉어냅니다.

주스

모유를 먹이지 않는다면 주스는 먹이지 마세요. 과일 주스를 많이 마시는 아기들은 설사가 잦고, 주스의 단맛에 길들여져 우유를 거부하게 됩니다. 미국 영양학회The American Dietetic Association는 최소한 생후 6개월 전까지는 주스를 마시지 못하게 하고, 만 2세 전에는 제한하라고 권하고 있습니다.

트림 SOS

아기는 젖병으로 분유를 먹을 때나 엄마 젖을 먹을 때에도 언제나 우유를 공기와 함께 삼킵니다. 그런데 거의 누운 자세로 삼키기 때문에 이 공기가 몸 밖으로 배출되지 못하고 위장 안에 머무르게 되지요. 가끔은 아기가 스스로 트림을 하기도 하지만, 대부분은 트림을 하도록 도와주어야 합니다.

수유 도중이나 수유 후에 아기를 트림시켜주세요. 다음의 세 가지 방법 가운데 본인에게 맞는 방법을 선택하세요.

- 아기를 똑바로 마주 보게 일으켜 안고, 아기 머리를 어깨에 기대게 하세요. 그런 후 아기의 등을 살살 토닥이거나 쓸어주세요.
- 아기를 엎드린 자세로 무릎 위에 올려놓고, 머리를 잘 받친 채로 등을 살살 두드리거나 쓸어주세요.
- 아기 등을 가슴 쪽으로 안고 등을 살살 두드리거나 쓸어주세요.

어떤 방법이든지 아기 머리를 잘 받쳐주어야 한다는 사실을 명심하세요. 그리고 절대로 아기 등을 세게 두드리지 마세요. 위장을 조금만 자극해주면 공기가 빠져나옵니다. 가끔 트림하면서 우유를 되올리기도 하니까 손수건 하나를 준비하시고요.

이처럼 아기가 '젖은' 트림을 하는 것과 진짜로 토하는 것에는 차이가 있다는 사실을 명심하세요. 신생아는 원래 트림을 하면서 잘 토합니다. 그러나 평소보다 심하게 토하는 것 같으면 소아과를 찾으셔야 해요.

🐻 물, 설탕물, 전해질, 일반 우유, 산양유

아기의 상태에 따라 의사와 상담한 후 먹이세요.

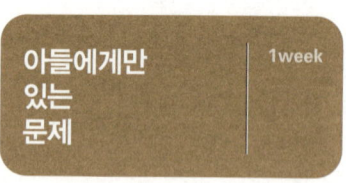

포경수술은 아직도 찬반 논쟁이 뜨거운 주제입니다. 특히 신생아 포경수술에 대해서는 많은 의사들이 부정적인 견해를 보이고 있지만, 수술을 권하는 의사도 있고 일찌감치 수술을 해주려는 부모도 있습니다.

🐻 포경수술을 했다면

아기의 음경이 며칠간 빨갛게 부어 있을 것입니다. 붓기가 가라앉고 상처가 다 낫기 전까지는 기저귀를 채울 때에도 각별한 주의가 필요합니다. 며칠 동안 기저귀에 피가 약간 비치더라도 별 문제는 없습니다. 대체로 음경을 건조하게 유지하고, 바셀린이나 항생제 연고를 바르고 거즈로 싸주세요. 소변이 묻지 않도록 말이죠. 그리고 의사의 지시사항을 잘 따르세요.

🐻 포경수술을 하지 않았다면

수술을 받지 않았다 하더라도 생식기는 세심하게 관리해주어야 합니다. 포피가 음경을 덮은 상태에서 순한 비누로 목욕을 시키세요. 음경의 귀두龜頭가 포피 밖으로 나와 있다고 해도 걱정할 건 없습니다. 미국소아과학회AAP, American Academy of Pediatrics에 따르면, 생후 6개월 미만 사내아이의 85퍼센트가 그런 상태니까요. 만 1세까지 50퍼센트, 3세까지 80~90퍼센트는 저절로 귀두가 포피 안으로 들어갑니다.

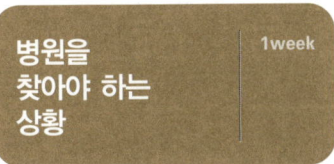

병원을 찾아야 하는 상황 1week

특히 첫아기가 태어나면 모든 게 걱정스럽습니다. 아기가 조금만 오래 울어도 "혹시?" 하며 마음을 졸이게 되지요. 소아과에서 나눠주는 자료가 가장 믿을 만하니 퇴원할 때 모두 챙겨두세요. 다음은 반드시 병원을 찾아야 하는 위급 상황입니다.

- 아기가 평상시와 달리 축 처져 있거나 반응을 잘 안 할 때.
- 아기가 너무 오래 울고 울음소리도 이상할 때. 긴 시간 동안 흥분하여 고음으로 울거나 흐느낄 때 혹은 장시간 숨 가쁘게 울 때.
- 포경수술 부위나 배꼽의 탯줄 부위가 빨갛게 부풀어 오르고, 피나 고름이 나올 때.
- 아기가 너무 오랫동안 잠을 잘 때. 초기에는 판단하기 어렵지만, 생후 며칠 뒤부터는 매 2~3시간마다 깨어나서 배고프다고 우는 게 정상입니다.
- 황달. 아기의 피부가 계속 누런빛을 띨 때. 황달은 신생아들에게 흔한

질병이지만, 방치하면 위험해집니다.
- 대소변 양이 너무 적을 때. 생후 3~4일 안에 최소한 2장 이상, 이후에는 매일 4장 이상의 기저귀를 사용해야 정상. 그렇지 않으면 탈수를 의심해야 합니다. 거무스름하거나 냄새가 심한 소변, 건조한 입과 혀, 푹 꺼진 눈, 무기력 등이 탈수의 다른 증상들이죠.

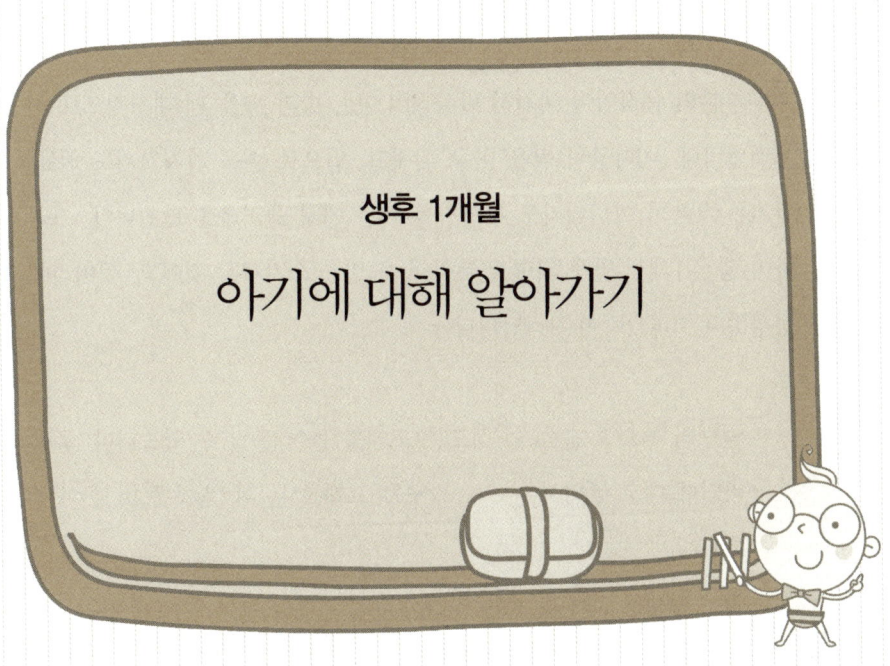

생후 1개월

아기에 대해 알아가기

아기에게 일어나는 일들 | 1Month

🐻 신체

대부분의 움직임이 여전히 반사적이지만, 발과 팔을 꽤 대칭적으로 허우적댑니다. 이따금씩 팔을 마구 휘젓고, 입으로 손을 가져가기도 하죠. 아기는 우유가 아니더라도 무언가를 빠는 데서 즐거움을 느낍니다. 그리하여 생후 1개월 말쯤 되면 일부러 손을 입으로 가져갈 것이고, 뒷머리에 성성하니 머리카락이 자라납니다.

- 엎드려 놓으면 숨을 쉴 정도는 고개를 들어 올릴 수 있습니다. 등을 바닥에 대고 누워서는 45도 각도로 고개를 든 채 몇 초쯤 버틸 수 있고요.
- 앉은 자세로 만들면, 등을 세워서 잠시 고개를 가눌 수 있습니다.
- 매 2~4시간 간격으로 젖이나 우유를 찾습니다. 대변은 하루에 두세 차례, 소변은 5~6회 정도 봅니다. 아직 용변 양은 많지 않아요.
- 아직 입체적으로 보지는 못해도 시력이 향상되어, 30센티미터 거리의 물체를 보고 집중할 수 있습니다.

🐻 지능

- 매 10~12시간마다 30~60분 정도 깨어 있습니다. 주변에 생기는 일들에 관심을 보이고, 그 관심을 표현하기 시작하지요. 익숙한 물체보

다는 새로운 것을 더 많이 쳐다보고, 흑백 대조가 분명한 무늬나 얼굴을 보면 좋아합니다. 생후 2개월째 접어들 무렵이 되면 움직이는 물체를 눈으로 좇을 수 있습니다.
- 무언가 빨거나 보고, 이해하는 대상으로 물체를 바라볼 뿐 보는 동시에 이해하지는 못합니다.

언어

- 성대가 발달하며 여러 가지 소리를 낼 수 있게 됩니다. 작은 탄성, 쉰 듯한 소리, 귀여운 옹알이를 이 시기에 들을 수 있지요.
- 매일같이 듣는 소리와 다른 종류의 소리를 구별합니다. 특히 엄마 아빠의 목소리가 들리면 그쪽으로 고개를 돌리지요. 누군가가 말을 걸어주면 좋아합니다.
- 그러나 여전히 주로 내는 소리는 울음소리입니다. 하루에 세 시간 정도 운다고 볼 수 있지요.

감정 · 사회성

- 부모는 아기의 표정을 보고 무슨 생각을 하는지 알아내려고 하지만, 아직은 이릅니다. 아기는 아직 무표정하니까요. 그러나 안아주고, 흔들어주고, 눈을 맞추어주면 좋아합니다. 날아가는 벌레를 유심히 보기도 하고, 전등을 켜거나 끌 때 옆에 있는 사람을 20초쯤 물끄러미 바라보기도 합니다.
- 아직은 놀이보다 잠이 중요한 시기입니다. 하루에 16~20시간쯤 자는데, 이 시기 아기에게 잠은 일종의 '자기방어' 수단이라고 할 수 있

죠. 너무 많은 자극을 받기 전에 신체 시스템을 닫아버리는 겁니다.
- 자신을 돌봐주는 사람에게 감정적 유대와 믿음을 갖기 시작합니다.
- 더 많은 관심을 받으려고, 혹은 과도한 관심에 대한 저항으로 울기도 합니다.

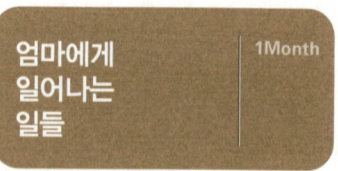
엄마에게 일어나는 일들 1Month

 신체

- 산후의 생식기 분비물인 오로가 점차 줄어듭니다. 핏빛에서 점차 갈색으로, 산후 3주쯤부터는 흰색으로 변하지요.
- 제왕절개 부위나 회음절개(자연분만의 경우) 부위의 고통이 감소합니다.
- 유방에 젖이 차서 부풀어 오릅니다.
- 땀과 소변량이 급격히 증가합니다. 다행히 신체 변화에 따라 방광의 기능도 향상되어, 산후 몇 주 안에 요실금은 사라집니다. 매일같이 '케겔 운동 Kegel exercise'을 하면 도움이 됩니다. '케겔'은 소변을 참을 때 사용하는 근육으로, 반복 수축시키면 질과 항문의 탄력이 회복됩니다. 이 운동을 하루에 수백 번씩 하면 좋아요.
- 머리가 빠지기도 합니다.
- 허벅지와 배 등에 선명하게 생겼던 '튼살'의 흔적도 점차 사라집니다. 유두 주변의 색소침착과 배꼽 아래에 생겼던 검은 선도 엷어집니다.

감정

- 불안과 우울함이 지속됩니다. 호르몬 탓일 수도 있고, 수면 부족이나 기력 저하 때문일 수도 있습니다.
- 겉보기엔 건강하고 행복한 아기 엄마의 모습이지만, 그 내면은 참으로 복잡합니다. 아기를 무사히 출산했다는 기쁨과 함께 자신이 잘하고 있는지, 좋은 엄마가 될 수 있을지에 대한 고민이 복잡하게 뒤섞여 있지요. 출산 후의 공허감과 어떤 슬픔, 미묘한 죄책감도 있을 수 있습니다.
- 언제나 혼란스럽고 정신이 없습니다. 그전에는 없던 건망증도 생깁니다. 전반적으로 얼빠진 사람 같습니다.
- 우울증(자세한 내용은 77~80쪽 참고)이 찾아올 수 있습니다.

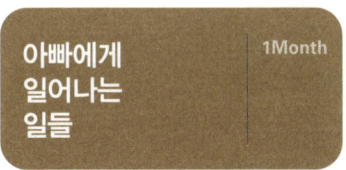

아빠의 재발견

신생아와 아빠의 상호작용을 연구한 결과는 놀랍습니다. 아빠도 엄마만큼이나 아기를 사랑하고, 관심을 갖고, 돌본다는 것입니다. 아빠들이 아기를 안고, 만지고, 뽀뽀하고, 흔들어주는 빈도가 엄마와 거의 비슷했습니다. 더 빨리, 더 자주 아기와 접촉한 아빠일수록 아기와의 상호작용이 더 빨리 시작되었지요. 그러나 출산 자리에 없었다고, 아기를 볼 시간이 별로 없다고 걱정할 것은 없습니다. 기회는 많고, 아기는 아빠를 기다리고 있답니다.

자식에 대한 사랑은 본능?

내 아기가 태어났다고 팔짝팔짝 뛰는 남자들이 이해가 안 간다고 해도 큰 문제가 있는 건 아닙니다. 한 연구 결과에 따르면, 이제 막 부모가 된 남녀의 25~40퍼센트는 자기 아기를 보고도 무덤덤하다고 합니다. 어쩌면 자식에 대한 무조건적인, 반사적인 사랑을 운운하는 것 자체가 난센스일지도 모릅니다. 출산 직후 15분 이내의 신체 접촉이 평생의 유대 관계를 좌우한다는 주장도 과학적으로 옳지 않다고 하지요.

내 자식이라고 해서 처음 보는 순간부터 애정이 샘솟는 건 아닙니다. 그렇다고 그 사람의 부성애에, 아빠 자격에 문제가 있는 건 더더욱 아니고요. 그러니 서두르지 마세요. 아기를 사랑해야 한다고 억지로 생각하지도 말고요. 아기에게 조금씩 다가가세요.

그런데 아기가 아픈 경우가 문제입니다. 미숙아나 집중 관리가 필요한 아기가 태어나면, 아빠들은 의식적이든 무의식적이든 아기에게 심리적 거리를 두려고 합니다. 그래야 힘들어하는 아내에게 버팀목이 되어주고, 최악의 경우에 상처를 덜 받을 것이라고 생각하는 것이지요. 그러나 사실은 그렇지 않습니다. 아빠가 신체적·정신적으로 가까울수록 아기가 더 빨리 건강해진다는 연구 결과도 있지요. 그러니 아기에게 적극적으로 다가가세요.

애착과 유대는 다르다

아기와 유대 관계를 맺는 건 중요합니다. 그러나 그것은 아기에 대한 일방적이고 일반적인 사랑입니다. 반면에 애착은 서로 끌려서 떨어지지 않는 쌍방향적인 감정입니다. 그래서 애착 관계의 형성이 중요합니다.

부모와 자식의 관계는 어른들 간의 관계처럼 평등하지 않습니다. 그러나 미묘한 방법으로 서로 균형을 이루지요. 부모가 아기의 신호를 읽어내고 욕구를 충족시켜주면, 아기는 부모를 의지할 수 있는 사람으로 인식합니다. 그래서 부모에게서 떨어지지 않으려 하고, 부모에게 자신의 메시지를 전달할 방법을 찾습니다.

심리학자 버트런드 크레이머Bertrand Cramer와 소아과 의사 T. 베리 브레이젤튼T. Berry Brazelton은 이 같은 정보의 교환을 '동시성 커뮤니케이션(의사소통)'이라고 이름 붙였습니다. 이들에 따르면, 아무리 불안정한 부모라도 아기와 애착 관계를 형성하면 자신의 부족한 부분을 어느 정도 조절할 수 있게 된다고 합니다.

부모와 이런 관계를 형성한 아기는 부모를 그 누구보다 좋아하고, 심리적 안정감을 바탕으로 매사에 자신감을 갖게 됩니다.

 아기가 아빠에게 관심이 없어요

생후 6~8주 아기에게 너무 많은 걸 바라지 마세요. 아빠는 미소를 지어주거나 뭔가 반응해주기를 바라지만, 아기는 아직 아무런 반응도 할 수 없습니다. 사실 이 시기의 아기는 우는 것밖에는 할 수 없어요. 그래서 다소 실망스럽고, 아빠가 됐다는 사실을 실감하지 못하죠. 그러나 아기에 대한, 자식에 대한 사랑은 주고받는 것이 아니잖아요. 아기에게 무의식적으로라

가슴으로 낳은 아기

요즘에는 불임 부부가 늘어 아기를 입양하는 경우가 많습니다. 이 경우, 양부모는 뭔지 모를 불안감과 미흡함 같은 걸 느낍니다. 자신이 직접 낳은 아기가 아니므로 친부모 같은 감정을 갖기 어려울 거라고 지레 걱정하는 것이죠. 그러나 이는 사실이 아닙니다.

이와 관련한 연구들은 양부모라도 아이에 대한 사랑은 친부모의 감정과 비슷하다는 걸 보여줍니다. 운이 좋아서 출산 직후의 핏덩이를 입양하든, 생후 8개월짜리를 입양하든, 생후 9개월 전에만 입양하면 아이와 양부모 사이에 친부모와 똑같은 애착 관계가 형성된다고 합니다.

물론 입양이 직접 낳아 기르는 것보다 쉬울 리는 없지요. 그러나 대부분의 어려움은 양부모가 갖는 선입견에서 나온다는 점을 기억하세요. 그에 비하면 입양아의 나이나 건강 문제 등은 사소하다고 할 수 있습니다. 신체적으로나 정신적으로 완전무결한 아기를 입양한다면 유대 관계를 맺기가 더 쉬울 겁니다. 하지만 입양은 대부분 생후 1년 미만에 이루어지고, 그 시점에 아기가 100퍼센트 건강한지를 확신하기란 불가능합니다. 임신 기간에 자연스럽게 형성되는 아기와의 유대감도 없지요. 그러나 입양은 아이를 가슴으로 낳는 것이라는 말을 떠올려보세요. 사랑으로 극복하지 못할 것은 없습니다.

도 거리를 두기 시작하면 나중에는 그 거리를 좁히기 어렵습니다. 왠지 아기와 교감하지 못한다고 느껴진다면 다음 내용을 참고세요.

- **관점을 바꾸세요** 신생아는 특정 소리나 맛, 냄새에 대한 선호를 표

현하지 못합니다. 사랑도 마찬가지죠. 그저 안아주면 울음을 그치고, 엄마 아빠의 품 안에서 잠드는 것을 좋아할 뿐이죠. 그리고 이러한 반응은 아기가 엄마뿐 아니라 아빠도 가깝게 느낀다는 증거입니다. 아기에게 뭘 바라지 말고 그저 느껴보세요. 아기의 부드러운 살결을 쓰다듬고, 조그맣고 여린 손가락을 보고, 아기에게서 나는 아련한 향내를 맡아보세요. 그러면 저절로 마음이 열릴 거예요.

- **관심을 가지세요**   이 시기의 아기는 바라는 것이 많지 않습니다. 욕구가 지극히 제한적이죠. 먹여주세요, 기저귀 갈아주세요, 안아주세요, 재워주세요……. 아기의 바람은 이 정도입니다. 그러니 아기가 무엇을 원하는지 조금만 관심을 기울이면 알아낼 수 있어요. 관심을 가지세요. 그렇게 해서 아기가 무엇을 바라는지를 알아내면 부모로서 자신감도 생깁니다. 그런 아빠에게 아기는 편안함을 느끼고 아빠의 손길을 기다리게 됩니다.

- **책을 보세요**   요즘에는 다양한 육아서들이 많이 출간되어 초보 엄마, 초보 아빠들에게 큰 힘이 되고 있습니다. 물론 책과 현실은 다르지만, 노력해서 얻은 지식은 쉬이 잊히지 않고 긴요하게 쓰입니다. 특히 아기의 성장 단계를 알아두면 불필요한 걱정과 기대를 차단할 수 있어 좋아요.

- **가까이, 더 가까이**   부모와 자녀 간의 유대 관계는 신체적으로 자주 접촉할수록 강화된다는 연구 결과가 많습니다. 아기의 건강에 해가 되지 않을 정도로 아기를 안고, 데리고 다니고, 만져주세요.

🐻 매우 겁이 많은 아기

생후 첫 주, 아기의 몸무게는 출생 때보다 약 10퍼센트 줄어듭니다. 몸에서 태변과 소변, 땀 등 수분이 빠져나가면서 나타나는 현상이죠. 몸무게는 2주쯤 지나면서 다시 늘어납니다.

그 이후, 즉 생후 1개월 뒤부터는 몸무게가 꾸준히 늘어야 정상입니다. 사실 놀라울 정도로 성장하죠. 한동안은 하루에 30그램, 한 달에 키가 2~3센티미터쯤 자라지요.

이제 소아과를 방문할 때마다 아기의 키와 몸무게, 머리 둘레를 잴 겁니다. 그 결과는 백분위 수로 표시될 텐데, 이 수치는 같은 월령의 다른 아기들과 우리 아기의 성장 속도를 비교할 수 있는 유용한 자료이죠.

하지만 숫자에 매달리지는 마세요. 키가 크다고, 몸무게가 더 많이 나간다고 반드시 좋은 것은 아니니까요. 또, 신체 부위별로 다른 성장률을 보이는 것은 지극히 정상적인 일입니다. 무엇보다 모든 표준형이 그러하듯, 아기의 성장도 '표준'대로 가지는 않습니다. 첫 몇 달간은 모유 수유를 하는 아기들이 분유를 먹는 아기들보다 몸무게가 더 나가다가, 그 이후에는 이 양상이 반대가 됩니다. 우리 아기가 하위 5퍼센트가 아니라면, 꾸준히 자라는 것이 중요한 것이지 숫자나 등수는 무시하셔도 좋습니다.

아이와 함께하기 ❶ — 1Month

엄마나 아빠가 아기를 위해 할 수 있는 가장 중요한 일은 '사랑받고 있다'는 느낌을 주는 것입니다. 이 책 36~37쪽에 소개한 활동들을 꾸준히 해주세요.

읽기와 언어교육

이 시기에는 어떤 것이든 읽어주어도 상관없습니다. 평소엔 쳐다보지도 않던 《전쟁과 평화》를 읽어주든, 주식 관련 책자를 읽어주든 차이는 없습니다. 어차피 아기는 내용을 이해하지 못하니까요. 중요한 것은 아기가 아빠의 목소리로 전해지는 감정과 언어의 소리 및 리듬에 익숙해지는 것입니다. 매일 규칙적인 시간에 정해진 장소에서 조금씩 읽어주세요. 언제나처럼 아기가 싫어하거나 다른 데 관심을 보이면 중단하고요. 5분만 읽어줘도 잘한 겁니다. 아기는 읽기 시간을 편안하고 조용한 시간으로 여길 거예요.

책을 읽는 대신에 노래를 불러줘도 괜찮아요. 아기는 아빠의 굵고 깊은 목소리를 좋아하죠. 만일 아기에게 2개 국어를 가르치려 한다면, 이때부터 서서히 시작해보세요. 단, 두 가지 언어를 명확히 구분해 써야 한다는 점 명심하시고요. 예를 들어 아빠는 영어를, 엄마는 프랑스어를 일관되게 사용해야 아기가 헷갈리지 않아요.

🧸 장난감과 놀이

이 시기의 아기에게 딸랑거리는 천 인형이나 손에 쥐는 장난감을 주는 것은 완전히 시간 낭비입니다. 아직 아기는 장난감에 아무런 관심이 없거든요. 그렇다고 아기가 놀고 싶어하지 않는 건 아닙니다. 장난감 대신 관심을 주세요. 그러면 아기가 언제 놀고 싶어하는지 알 수 있습니다. 앞에서 언급한 '활동적으로 깨어 있는 상태' 때 그런 일이 일어나죠. 아기는 놀고 싶을 때 아빠의 눈을 바라보며 울거나 평소와는 다른 옹알이를 하고, 혹은 꽥 소리를 지를 겁니다.

그런데 아기는 이내 놀이에 지칩니다. 그 신호를 알아채야 해요. 아기가 고개를 젓거나 몸을 돌리면 이제 그만하자는 뜻입니다. 그래도 계속하면 발버둥치며 울겠죠.

🧸 시각적 자극

이 시기의 아기는 아직 무언가를 손으로 잡거나 안지 못하기 때문에 거의 모든 정보를 눈으로 배웁니다. 아기를 시각적으로 자극하는 방법을 알아보죠.

- 아기 침대 안쪽이나 이부자리 옆 벽면에 깨지지 않는 거울을 붙여놓으세요.
- 처음 몇 달 동안은 흑백 대비가 강한 장난감이나 그림책을 보여주세요.
- 그림책을 보여줄 때에는 30센티미터쯤 떨어져서, 천천히 아기의 반응을 살피세요. 어떤 무늬나 그림을 좋아하는지 알 수 있습니다.

● 아기의 시선을 움직이는 놀이를 해보세요. 아기에게서 20센티미터쯤 떨어진 위치에서 시선을 끌 만한 물건을 하나 들고 천천히 한쪽으로 움직입니다. 아기의 시선도 덩달아 그 물건을 좇을 거예요.

무엇을 하든 아기의 기분을 살피고, 5분 이상은 하지 마세요.

 모빌

모빌은 아기 방에서 가장 흔하게 볼 수 있는 장난감입니다. 이 시기에 모빌은 탁월한 선택이죠. 하나는 침대 위에, 또 하나는 기저귀를 가는 곳 위에 매달아두세요. 모빌을 고를 때에는 다음 사항을 유의해야 합니다.

모양을 바꿀 수 있는 것을 선택하세요. 아기는 성장하면서 신체적 능력이 향상되고, 그에 따라 욕구도 다양해집니다. 그런데 모빌은 생각보다 비싼 편입니다. 해결책은? 아기의 성장에 맞춰 직접 제작해보는 겁니다.

모빌을 만들 때에는 아기가 그것을 밑에서 본다는 점을 기억하세요. 시중에 나와 있는 제품들은 종종 이 점을 놓치는 것 같아요.

이 시기의 아기들은 단순한 선을 좋아합니다. 줄무늬나 정사각형, 어떤 물체의 윤곽 등등. 복잡한 문양에는 관심이 없답니다.

아기의 얼굴에서 30~40센티미터 떨어진 위치에 모빌을 달되, 아기의 시선에서 약간 한쪽으로 치우치게 고정시키세요. 아기도 모빌 말고 다른 것을 보고 싶을 때가 있거든요.

 반사작용

"신생아는 첫 주 동안 두 가지 기본적이고 모순된 도전에 직면하게 된다."

아기의 반사작용 살펴보기

만일 당신이	아기는…
아기의 콧등을 살짝 치고, 밝게 불을 비추거나 얼굴 가까이에서 손뼉을 친다.	눈을 꼭 감는다.
갑작스럽게 큰 소리를 내거나, 높은 곳에서 낙하하는 듯한 느낌을 경험하게 한다.	발과 팔을 뒤로 젖힌다. 머리를 뒤로 떨어뜨리고, 눈을 크게 뜨며 운다. 그런 후 팔을 다시 몸에 붙이고 손가락을 꽉 쥔다.
팔다리를 쭉 펴준다.	팔다리에 힘을 주고 꼿꼿해진다.
고개를 잘 받치며 아기를 앉는 자세로 잡아 일으킨다.	눈을 깜빡이며 어깨에 힘을 주고 머리를 똑바로 세우려 한다.
고개를 잘 받친 상태에서 아기의 양쪽 겨드랑이 밑을 잡고 걸음마를 시킨다.	마치 걷는 것처럼 한 발을 올리고 다른 발도 올린다.
딱딱하고 평평한 곳에 아기를 엎드려 놓는다. 가슴을 받쳐주며 물속에서 해도 좋다.	머리를 한쪽으로 돌리고 살짝 올린다. 수영하는 것처럼 팔을 씰룩씰룩 움직인다.
손등이나 발끝을 건드리다가 살짝 콕 찌른다.	팔이나 발을 빼고 동그랗게 만다.
발이나 상체를 건드린다.	손을 치우려고 다른 쪽 발이나 손을 가져온다.
손바닥을 건드린다.	손바닥에 있는 것을 잡으려 한다. 아기가 손가락을 꽉 움켜쥐면 그 힘으로 아기를 일으켜 세울 수 있다.
발꿈치에서 발가락 쪽으로 발바닥을 가볍게 긁는다.	엄지발가락을 세우고 나머지 발가락을 발등 쪽으로 부채처럼 편다.
한쪽 뺨이나 입을 톡톡 친다.	자극이 있는 쪽으로 고개를 돌리고 입을 벌린다.

아기의 반사작용은 무의식적이며 정상입니다. 아기 스스로 혹은 외부 자극으로 일어나죠. 꽤 예측 가능한 방식으로 일어나기 때문에, 반사작용을 살피면 아기의 성장과 발달을 측정할 수 있습니다. 아기와 함께 놀며 아기에 대해 알아가세요.

의미	지속 기간
어떤 물체나 너무 밝은 빛으로부터 자신을 보호하려는 행동.	1~2개월
'모로 반사(moro reflex)' 혹은 '깜짝반사'라고 불린다. 어린 아기가 주변에 도움을 요청하려는 꽤 원시적인 방법.	3~4개월
아마도 안기지 않으려고 하는 몸짓일 것이다.	3개월
'차이나돌 반사작용(China doll reflex)'. 스스로 자세를 똑바로 하려는 시도.	1~2개월
걷는 것과는 상관없는, 자신을 방어하려는 발차기. '걸음마반사'.	약 2개월
'수영반사(Swimming reflex)'. 아기가 질식으로부터 자신을 보호하려는 행동.	2~4개월
고통으로부터 자신을 보호하려는 행동.	2~4개월
고통으로부터 자신을 보호하려는 행동.	3~4개월
'파악반사(Palmar reflex)'. 물체의 모양, 질감, 무게를 이해하는 데 도움을 주는 행동.	2~4개월
'바빈스키 반사(Babinski reflex)'. 유인원 시절 인류의 흔적.	1년
아기가 젖이나 우유를 빨도록 돕는다. '방향반사(rooting reflex)'.	3~4개월

만일 당신이	아기는…
아기의 얼굴 위에 물체를 살짝 올려놓는다.	입을 열심히 벌렸다가 다문다. 고개를 젖히고 팔을 마구 움직인다.
아기를 똑바로 눕히고 고개를 살짝 한쪽으로 돌린다.	고개를 돌린 쪽으로 팔을 곧게 펴고, 다른 쪽 팔과 발을 구부린다.

아동 심리학자 스탠리 그린스팬Stanley I. Greenspan의 말입니다. 여기서 첫 번째 도전은 자아 단속, 곧 새로운 환경에 침착하게 적응하여 압도당하지 않는 능력을 갖추는 것입니다. 두 번째 도전은 자신이 속한 세계에 관심을 갖는 것입니다.

아기에게 이 도전들은 결코 쉽지 않은 과제이고, 바로 여기에 부모의 역할이 있습니다. 부모는 아기의 요구를 들어주고, 동시에 아기에게 새로운 자극을 주어야 합니다. 아기도 가만히 있지는 않습니다. 살아가는 법을 배우려고 필사의 '몸부림'을 치죠. 바로 반사작용입니다. 그렇습니다. 아기가 그렇게 팔다리를 흔들어대는 데에는 다 이유가 있습니다.

아기의 반사작용은 아기의 행동을 이해하는 데 큰 도움을 줍니다. 특정한 반사작용이 사라지면 그만큼 아기가 자랐다고 보면 됩니다. 반사작용과 아기의 발달을 연결지어 관찰하는 것은 무척 흥미로운 일이죠.

반사작용 말고도 아기들이 보이는 반응 중에는 흥미로운 게 많습니다. 예를 들어, 아기는 가까이 접근하는 물체가 자신을 건드릴 것인지 아닌지를 판단하고 그에 따라 반응합니다. 다른 사람에게 아기를 안게 하고 좀 떨어진 거리에서 공을 던져보세요. 아기 쪽으로 공을 던지면 아기는 몸을 돌리거나 눈을 감고 팔로 얼굴을 막을 거예요. 하지만 엉뚱한 방향으로 날

의미	지속 기간
질식으로부터 자신을 보호하려는 행동.	5~7개월
'긴장성 경부반사(Tonic neck reflex)' 혹은 '펜싱 자세(fencer's pose)'. 아기가 몸의 각 부위를 사용하고, 자신의 손을 구별하도록 돕는다.	1~3개월

아오는 공은 무시해버리죠.

이런 반사작용을 실험해보고 싶다면 언제가 좋다고 했죠? 바로 아기가 '활발하게 깨어 있는 상태'일 때입니다. 아기의 머리를 조심하고, 너무 놀라지 않게 하세요.

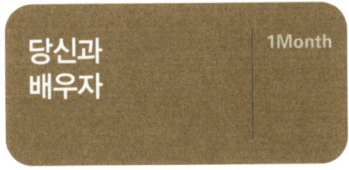

 산후 우울증 치료하기

아기를 낳은 여성의 50~80퍼센트는 위이 모를 슬픔과 스트레스, 급격한 기분 변화, 수면 부족, 식욕 감퇴, 화, 걱정 등의 심리적 변화를 경험합니다. 호르몬 변화로 찾아오는 이런 산후 우울증은 짧게는 몇 시간, 길게는 몇 주 동안 지속되다가 사라집니다.

그런데 최근 산후 우울증이 호르몬 작용과는 관련이 없다는 주장이 제기됐습니다. 산모들이 우울해하는 것은 출산과 관련하여 사회적으로, 특히 남편의 도움과 참여가 낮기 때문이라는 것입니다. 즉, 산후 우울증은 남자의 참여를 끌어들이는 여자들만의 방식이라는 거죠.

여기서 진실은 중요하지 않습니다. 아내가 우울증을 겪는다면, 무조건 아내를 지지해주는 수밖에 없습니다. 집 안에만 있게 하지 말고 잠시 밖에서 산책이라도 하게 하고, 입맛에 맞는 음식을 챙겨주세요.

명심하세요. 산후 우울증을 방치하면 심각한 우울증으로 발전할 수 있습니다. 산후 우울증을 겪는 여성의 10~20퍼센트가 그렇다고 합니다. 다음은 주요한 증상입니다.

- 출산 후 한두 달 동안 우울해하고 자주 화를 낸다.
- 슬픔, 의심, 죄책감, 무력함, 절망적인 감정 등으로 정상적인 생활에 어려움을 겪는다.
- 피곤한데도 잠을 못 이루거나, 아기가 깨어 있는데도 잠을 잔다.
- 식욕이 현저하게 변한다.
- 아기에 대해 과도하게 염려하거나 아기나 다른 가족에 대해 관심이 부족하다.

슬프게도 산후 우울증을 겪는 많은 여성들이 적절한 도움을 받지 못합니다. 무엇보다 당사자들이 자신의 상태를 인정하지 않으려 하지요. 그러나 우울증을 방치하면 몇 년간 이어질 수도 있습니다. 이럴 때 아내를 도울 수 있는 몇 가지 방법을 알려드릴게요.

- 우울증은 본인의 잘못이 아니고, 당신이 그녀를 사랑하고 있으며, 아

기도 엄마를 원하고, 지금까지 잘해왔고, 앞으로 모든 어려움을 함께 극복하자고 말해주세요.
- 아기와 보내는 시간을 더 늘리고, 집안일에도 적극 참여하여 아내가 너무 많은 일에 지레 지치지 않도록 해주세요.
- 자주, 규칙적으로 쉬라고 격려해주세요.
- 밤에 아기를 돌보는 일에 적극 참여하세요. 엄마에게는 그 무엇보다 잠이 절실한 시기입니다. 모유 수유를 한다면 아기를 아내의 품에 안겨주고, 수유가 끝나면 아기의 등을 토닥여주세요. 분유를 먹인다면 밤중이나 새벽에 한 번쯤 수유를 대신해주세요. 아기나 엄마나 행복해할 겁니다.
- 산모에게는 탄수화물보다는 단백질이 필요합니다. 단백질 위주의 식사는 혈당량 수치를 안정시켜서 기분이 저하되지 않도록 해주지요. 식욕이 없어 보일 때에는 단백질이 풍부한 셰이크를 만들어주세요. 감동 백 배랍니다.
- 혹시 우울해하거나 초조한 모습을 보인다면, 카페인을 멀리하고 물을 많이 마시도록 해주세요. 수분이 부족하면 없던 걱정도 생겨난답니다.
- 텔레비전 뉴스를 끄고, 가급적 신문도 멀리하게 하세요.
- 산모들의 모임이나 산후 우울증 모임을 찾아보세요. 비슷한 처지의 사람들끼리 만나서 얘기를 나누면 훨씬 더 위로가 되고 외로움도 줄어듭니다.
- 아내를 도와주는 틈틈이 당신도 휴식을 취하세요. 만일 당신이 쓰러지거나 아프면 아내를 도와줄 사람이 없어지는 겁니다. 그건 더 절망

적인 상황이겠죠.

통계를 보면 1,000명당 한두 명꼴로 산후에 정신적 질병을 겪는다고 합니다. 대개 출산 직후에 증상이 나타나며, 조금만 관심을 기울이면 누구든지 그 증상을 알아챌 수 있습니다. 기분 변화가 현저하고, 환각을 경험하거나, 현실감이 떨어지고, 엉뚱한 이야기를 하며, 심해지면 본인이나 아기를 해치기도 합니다. 산후 정신병은 약물로 치료할 수 있습니다. 신속한 조치가 필요해요. 아내의 증상이 심각하다면 얼른 책을 덮고 병원에 가세요.

남자들도 우울하다

산후 우울증은 대개 여성들의 질병이지만, 적지 않은 남성들도 우울함을 느낍니다. 남성의 우울증은 여성들처럼 호르몬 문제가 아닙니다. 물론 한 연구에 따르면, 아빠가 된 남성들의 테스토스테론 수치가 아기의 출산 직후보다 3분의 1 정도로 줄어든다고 하지만요.

이처럼 남성들이 기분이 저하되고, 울적함을 느끼는 것은 스트레스와 책임감, 경제적 문제, 급격한 삶의 변화 때문입니다.

작가 애덤스 설리반 S. Adams Sullivan 은 이렇게 말했죠. "직장에서 감동적인 축하 인사를 받는 건 단 며칠이다. 그러고 나면 이제 매일 퇴근 후 당신을 기다리는 것은 칭얼대는 아기와 스트레스로 힘들어하는 아내이다. 임신 기간 중에 건강하게 빛나던 아내의 아름다움은 찾아보기 어렵다. 그 와중에 수면 시간은 하루 4시간 반으로 줄고, 이마저도 한 시간 반 단위로 쪼개져 매일 직장에서 꾸벅꾸벅 졸다가 결국엔 쓰러진다."

다행히 모든 여자가 산후 우울증을 겪지 않듯 남자도 그렇습니다. 만일 기운이 없고 우울하다면 이 어려움도 곧 지나갈 것이라는 사실에서 위안을 얻을 수밖에요. 직장 일은 바빠질 것이고, 아기는 일상생활에 적응할 것이며, 아내도 임신 전의 모습으로 거의 비슷하게 돌아갈 거예요.

 모유 수유

모유 수유를 하면 분유를 먹일 때와는 다른 스트레스와 좌절, 신체적 고통을 겪게 됩니다. 최근 유타 대학의 연구팀은 크산틴 산화환원효소 xanthine oxidoreductase라고 불리는 특정 유전자가 모유 수유와 관련된 각종 문제를 일으킨다는 결과를 발표했습니다. 그러나 모유 수유 중 일어나는 문제들은 대개 적절한 수유 방법을 지도받지 못해서 생겨납니다. 유전적인 원인이든 본인 실수이든 모유 수유는 쉬운 일이 아니고 그만큼 포기하기도 쉽습니다. 다음은 모유 수유 중에 자주 일어나는 문제들입니다.

- **젖이 샌다**   모든 여성이 그런 것은 아니지만, 많은 경우에 젖이 불면서 시도 때도 없이 젖이 새게 됩니다. 특히 한쪽 젖을 먹일 때 다른 쪽 젖꼭지에서 젖이 나온다거나, 아기의 울음소리를 들으면 저절로 젖이 나온다는 여성이 많지요. 자고 일어났는데 옷이 온통 젖어 있었다는 얘기도 많이 합니다. 젖의 분비가 활발해져서 생기는 이 현상은 시간이 지나면서 점차 완화됩니다.
- **젖꼭지가 쓰라리다**   모유 수유는 아기나 엄마나 적응이 필요한 일입니다. 약간의 불편함은 정상이죠. 젖꼭지가 쓰린 것은 수유 횟수의 문제가 아니라 젖을 빠는 아기의 자세가 잘못되었기 때문입니다. 아

> ### 모유 수유와 약물 처방
>
> 　모유 수유를 하면 수유 기간 내내 약물 복용을 조심해야 합니다. 엄마가 먹은 약은 젖을 통해 아기에게 고스란히 전해집니다. 대부분의 약물은 안전하지만, 그렇지 않은 약도 있습니다. 반드시 의사에게 모유를 먹인다는 사실을 밝히고 약을 처방받으세요. 약물 때문에 모유 수유를 중지하지 마세요. 방법은 있으니까요.
> 　제 아내도 편두통이 있어서 발음도 하기 어려운 성분이 들어간 약들이 약장에 가득했죠. 의사들도 어떤 약이 안전할지 확실히 말해주지 못했습니다. 그래서 우리가 찾아본 것이 토머스 W. 해일의 《모유 수유와 약물 처방 *Medications and Mothers' Milk*》이라는 책이었습니다. 이 책에는 처방을 받아야 하는 약과 처방 없이 살 수 있는 약, 한방 치료, 불법 조제약 목록이 담겨 있어 모유 수유를 하는 부모에게 무척 유용합니다.
> 　국내에 출간된 책 중에서는 제일병원 모유 수유 교육팀이 펴낸 《모유수유 육아백과》(비전코리아)에 약물 복용 가이드가 제시되어 있습니다.

기가 젖가슴에 착 달라붙어 젖꼭지만이 아니라 유방 전체를 문다는 느낌으로 젖꼭지를 물어야 아프지 않습니다. 자세를 교정하고 상처를 치료하지 않으면 젖꼭지에서 피가 나게 되고, 이는 끔찍한 경험입니다.

- **젖가슴에 울혈이 생긴다**　아기를 낳고 1주일 안에 젖이 돕니다. 그러면 젖가슴이 고통스러울 정도로 커지면서 단단해집니다. 미열이 나기도 하죠. 그러나 걱정할 것 없습니다. 이제 수유를 할 수 있다는 신호니까요. 몸 안의 피가 몰려서 생기는 울혈은 초기에 흔하지만,

언제라도 생길 수 있지요. 울혈이 심하면 잠을 이루기도 어렵습니다. 울혈을 없애는 방법은 젖을 먹이든지 짜내서 유방을 비우는 것입니다.

- **젖이 막혀서 안 나올 때**   젖의 흐름이 원활하지 않을 때 이런 증상이 나타납니다. 유방 안에 이상한 멍울이 생기고, 멍울 위쪽 피부가 딱딱해지고 붉어지며, 열이 나기도 합니다. 젖이 막히는 것은 꽉 조이는 브래지어를 착용하거나, 수유 때 젖을 완전히 비워내지 않았기 때문입니다. 하루 이틀 지나면 저절로 증상이 사라집니다.
- **유방염**   유방염은 세균 감염의 일종입니다. 증상은 젖 막힘과 매우 유사하나, 훨씬 더 고통스럽고 감기 같은 증상을 동반하지요. 젖을 완전히 비워내지 않아서 생기기도 하지만, 대개는 질병에 대한 면역력이 떨어져서 발생합니다. 지친 상태에서 스트레스를 받고, 식사를 제대로 하지 않은 결과이지요. 유방염은 언제라도 생길 수 있지만, 모유수유 첫 달에 가장 흔히 발생합니다. 빨리 진단을 받으면 항생제로 쉽게 치료할 수 있지요. 그러나 치료 시기를 놓치면 종양으로 발전하여 수술을 해야 할 수도 있습니다.

만일 아내가 모유 수유와 관련해 어려움을 겪는다면 적극 도와주세요. 어떻게 도울지는 다음 내용을 참조하세요.

- **수유 자세가 편안한지 확인하세요**   요즘에는 다양한 기능을 갖춘 수유 쿠션이 출시되어 모유 수유의 어려움을 덜어주고 있습니다. 편안한 자세로 수유하는 자신만의 방법을 찾아야 합니다.

- **힘들어도 수유를 자주 하도록 격려하세요** 그래야 젖몸살이 안 납니다. 왼쪽과 오른쪽 젖가슴을 교대로 먹여야 하고, 매번 수유한 젖은 완전히 비워야 합니다.

- **모유 수유 전에 따뜻한 물수건으로 젖가슴을 덮어주세요** 젖가슴이 너무 부풀었으면 수유 전에 젖을 좀 짜내게 하세요. 수유 후에는 시원한 물수건을 덮어주세요. 젖몸살에는 차가운 양배추 잎을 가슴에 덮어주면 효과가 있습니다.

- **란시노 크림Lansinho cream을 준비하세요** 갈라지고 피가 나는 젖꼭지에는 이 만한 약이 없습니다. 물론 아기에게 해로운 물질은 들어 있지 않지요(우리나라에도 수입 판매 중입니다).

- **브래지어를 점검하세요** 혹시 수유용 브래지어가 아닌 일반 속옷을 착용하고 있지는 않은가요? 와이어가 들어 있고 꽉 조이는 일반 브래지어는 문제를 더 악화시킬 수 있습니다.

- **아기가 젖을 물 때 도와주세요** 아기가 젖꼭지만 물면 증상은 나아지지 않습니다. 아기가 입을 벌렸을 때 유륜(젖꼭지 주변의 검은 부위) 전체를 물도록 도와주세요.

- **젖이 원활히 나오지 않으면, 젖꼭지와 젖가슴을 살살 주물러주세요**

- **열이 계속 오르면 병원에 데려가야 합니다** 24시간 이상 통증이 지속되고 계속 열이 나면 병원에 가야 합니다. 항생제가 필요할 수도 있습니다.

- **포기하지 않도록 격려하세요** 모유 수유로 생기는 고통은 안 겪어본 사람은 모를 정도로 극심합니다. 하지만 수유로 인한 고통은 젖을 먹여야만 해결되지요. 중도에 그만두면 문제가 더 악화됩니다.

- **그래도 어려우면 전문가를 찾으세요** 병원을 찾아가 의사와 상담하고, 수유 지도를 다시 받으세요.

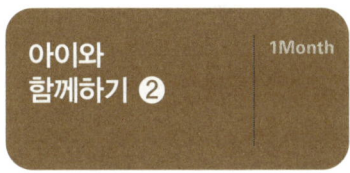

 울음

아기는 태어나자마자 의사소통을 하려고 합니다. 이는 좋은 소식입니다. 나쁜 소식은, 그 소통 방식이 울음이라는 것입니다. 아기가 자신의 의사를 전달하는 더 효과적인 방식을 배우는 데에는 꽤 오랜 시간이 걸리지요. 울음을 아기의 언어로 보면 아기들은 꽤나 수다쟁이입니다. 대부분의 신생아들은 눈만 뜨면 울어대지요. 깨어 있으면서 울지 않는 시간은 하루에 20분~1시간 정도에 불과합니다.

아기가 반드시 슬프고 불편하고 못마땅해서 우는 것이 아니라는 점을 이해해야 합니다. 아무리 달래려고 애쓰고 쩔쩔매도 아기는 부모의 마음을 알아주지 않지요. 그럴 때면 엄마나 아빠나 좌절하게 되고, 아무리 교양 있는 사람이라도 무력감과 분노를 느끼게 됩니다.

특히 엄마보다 아빠가 이런 감정에 취약한데요. 일반적으로 남성이 여성보다 사회화가 덜 된 채 부모가 되기 때문입니다. 남성들은 대개 아빠가 되고서도 자신의 양육 능력을 확신하지 못하는데, 아기의 울음은 아빠로서의 무능력을 확인해주는 것처럼 보입니다.

그러나 아기는 울어야 정상입니다. 만약 아기가 울지 않는다면 병원을 찾아야 하죠. 다음은 아기의 울음을 긍정적으로 받아들이는 몇 가지 비결입니다.

- **아기가 운다고 아내에게 떠넘기지 마세요** 어차피 우는 아기를 어떻게 달래야 할지 모르기는 아빠나 엄마나 마찬가지입니다. 각자 본능적으로 아기를 대하는 방식이 다를 뿐이죠. 우는 아기를 달래려고 애쓰다보면 내 아기에게 맞고, 본인에게 적합한 방법을 찾아낼 수 있습니다.
- **아기의 언어로 이야기하는 법을 배우세요** 적극적으로 육아에 동참했다면 이제는 내 아기의 울음소리와 다른 아기의 울음소리가 구분될 거예요. '피곤해요' '젖 줘요' '기저귀 갈아줘요'의 울음소리가 어떻게 다른지도 감이 오죠? 아기의 언어는 그렇게 다양하지 않지만, 울음소리를 들어보면 분명 다른 의미를 내포하고 있죠. 그리고 점차 '어휘'도 풍부해집니다. 이제 아기는 '끔찍하게 불편해요' '미치도록 지루해요' '화가 나서 죽겠어요' 식으로 구체적인 요구를 담아 울 거예요. 아기가 울 때 즉시 반응해주세요. 그러면 아기의 요구를 더 잘 알 수 있고, 잘못된 대응을 금방 수정할 수 있습니다.
- **아기를 더 안아주세요** 더 많이 안아줄수록 아기는 덜 웁니다. 당연한 일이죠. 하루에 2시간 더 안아주면 우는 시간이 42퍼센트 줄어든다는 연구 결과도 있습니다.
- **울음을 통해 아기의 일상을 이해하세요** 아기가 울 때마다 기록을 해두면 언제, 얼마나, 어떻게 우는지를 알 수 있습니다. 어떤 아기는

잠자기 전에 심하게 몸부림치며 울죠.

- **모유 수유를 하고 있다면 아내의 식단을 잘 관찰하세요**   아기가 갑자기 알 수 없는 이유로 울거나 울음소리가 평상시와 다르다면, 그날 아내가 뭘 먹었는지를 점검하세요. 브로콜리나 양배추, 우유의 성분이 모유로 전달되어 아기의 배를 아프게 할 수도 있거든요.

안아주고, 먹이고, 기저귀를 갈아주어도 아기가 계속 울 수 있습니다. 그럴 때는 다음 방법을 써보세요.

- **아기를 다르게 안아주세요**   모든 아기가 다 가슴으로 안아주는 걸 좋아하진 않습니다. 어떤 아기는 바깥을 향하도록 안아주는 걸 좋아하죠. 제가 아기를 키우면서 체득한 획기적인 방법을 소개할게요. 바로 '마법의 아기 안기 비법'입니다. 방법은 간단합니다. 우선, 아기를 마주보게 하여 손바닥 위에 앉힙니다. 이때 엄지로 아기의 배 부분을 지지하고, 나머지 손가락으로 엉덩이를 받쳐줍니다. 그런 다음 아기를 팔뚝의 안쪽으로 눕히세요. 그러면 아기의 머리는 자연스럽게 팔꿈치 안쪽에 오게 될 겁니다. 다른 손으로는 아기의 등을 쓰다듬거나 토닥여주면 거짓말처럼 아기가 울음을 그칠 거예요.

- **그때그때 다른 방법을 써보세요**   장난감이나 이야기, 노래, 무엇이든 시도해보세요. 그래서 아기가 울음을 그친다면 그 방법을 반복해주면 됩니다. 그러나 오늘 노래를 불러서 아기가 울음을 그쳤다고 해서 내일도 그러라는 법은 없어요. 그건 아기 마음이니까.

- **아기에게 무언가 빨 것을 주세요**   왜 영어에서 고무 젖꼭지를

'pacifier(달래는 사람)'라고 했을까요? 아기에게 고무 젖꼭지를 주지 않으면 아기는 그냥 손가락을 빨 거예요.

- **목욕을 시키세요**   일반적으로 아기는 따뜻한 물에 들어가면 기분이 좋아지지만, 모든 아기가 그런 것은 아닙니다. 우는 아기를 목욕시키기로 했다면 절대로 혼자서 하지 마세요. 가만히 있는 아기도 목욕시키기 어려운데 하물며!

- **좋은 아기띠를 마련하세요**   아무리 건장한 아빠라 할지라도 아기를 오래 안는 것은 팔과 등에 큰 무리를 줍니다.

- **산책이나 드라이브도 좋은 방법입니다**   아기를 유모차나 자동차에 태울 때에는 아기의 기분 변화를 잘 살펴야 합니다. 차에 태우면 바로 잠드는 아기가 있는가 하면, 카시트만 봐도 울음을 터뜨리는 아기도 있으니까요. 외출하기 어려운 상황이라면, 청소기를 돌리거나 세탁기를 작동시키고 그 소리나 진동을 느끼게 하면 신기하게 아기가 울음을 그칩니다. 천둥, 비, 파도 소리를 녹음해서 들려주어도 효과가 있지요. 자동차의 소리와 진동을 재현한 아기 돌보기 제품도 시중에 나와 있습니다.

아기의 울음에 대처하는 부모의 자세

10~20퍼센트의 신생아가 생후 2주부터 배앓이를 시작합니다. 그런 아기들은 하루에도 몇 시간씩 울어 부모들을 기진맥진하게 하죠. 밤새도록, 하루 종일, 점점 더 심하게 우는 아기처럼 부모의 신경을 마비시키는 것이 또 있을까요. 그러나 모든 일에는 끝이 있습니다. 심한 울음도 생후 6주경에 절정을 이루다가 석 달이 지나면 정상으로 돌아옵니다. 명심하세요. 부

모도 힘들지만 아기는 얼마나 힘들겠어요.

- **약국에 가세요** 아기의 배앓이를 진정시킬 수 있는 방법을 적극적으로 찾으세요. 병원에도 가고, 약국에 가서 약사와도 상담해보세요.
- **교대로 아기를 돌보세요** 마틴 그린버그 박사는 생후 1개월을 '공포의 울음기'라고 했습니다. 그만큼 부모에게는 힘든 시기란 것이죠. 그런데 둘 다 고통받을 필요가 있을까요? 같이 아기를 돌볼 때에는 30분이나 1시간 단위로 교대하세요. 잠깐씩 쉬어주면 아기의 울음소리가 훨씬 더 견딜 만해집니다.
- **분유를 먹인다면 제품을 바꿔보세요** 아기의 배앓이가 우유 알레르기와 관련이 있다는 주장도 있거든요. 탈지유가 추천할 만합니다.
- **아기의 배를 따뜻하게 안아주세요** 아기의 배가 가슴에 오도록 안아주세요.
- **아기를 안는 횟수를 줄여보세요** 어떤 의사들은 신경계가 아직 덜 발달한 아기를 자주 안고 쓰다듬으면 아기의 몸이 그 자극을 처리하지 못해서 더 울게 된다고 주장합니다.
- **따뜻한 물주머니를 활용하세요** 그 위에 아기를 엎드려 놓으면 아기의 배가 따뜻해질 겁니다. 옆에서 등을 쓰다듬어주세요.
- **마사지를 해주세요(109~111쪽 참조)**
- **이불이나 싸개로 꼭 싸주세요** 푹신하게 싸주면 편안함을 느낄 수도 있어요.
- **아기가 울도록 내버려두세요** 온갖 방법을 다 동원해봐도 아기가 20분 이상 계속 운다면, 아기를 침대에 눕혀두고 좀 쉬세요. 그리고

5분쯤 지나도 아기가 울음을 그치지 않으면 아기를 안아서 10분 동안 또 다른 방법으로 달래세요. 이런 식으로 반복해보세요. 단, 이렇게 울도록 내버려두는 건 최후의 방법임을 명심하세요. 아기의 울음에 즉시, 애정을 담아서 반응한 뒤에도 아기가 계속 울 때 마지막으로 이렇게 해보라는 겁니다.

- **도움을 청하세요**   몇 분, 몇 십 분씩 내리 우는 아기를 대하는 것은 대단한 인내가 필요한 일입니다. 분노와 좌절감이 동시에 밀려들죠. 아기의 울음소리를 들으며 온전한 정신을 유지하며 기분을 조절하기란 대단히 어렵습니다. 그렇다고 아기에게 손을 대서는 안 되겠죠. 이제 인내심이 바닥을 드러냈다면 전화기를 들고 도움을 청하세요. 아내나 부모님, 친구, 의사, 이웃, 동료… 누구라도 좋아요. 아기가 심하게 울 때 도움을 줄 수 있는 사람들을 전화기에 입력해놓으세요.
- **아기의 울음은 누구의 책임도 아닙니다**   장시간 아기의 울음소리를 듣다보면 아기가 당신을 골탕 먹이려고 일부러 운다고 생각할 수도 있습니다. 말도 안 되는 소리지만, 극심한 스트레스는 판단력을 흐리게 하죠. 그리고 더는 아빠 노릇을 못하겠다, 나한테는 아빠 자격이 없나보다, 이렇게 극단적으로 생각할 수도 있습니다. 아주 짧은 시간 그렇게 생각했더라도 그런 생각이 이후 아이를 대하는 태도에 영구히 영향을 줄 수도 있음을 명심하세요.

둘째나 셋째가 태어났다면

첫아이 때는 없던 고민이 둘째나 셋째 아이가 태어나면 생깁니다. 바로 형제들 간의 미움과 질투지요. 방치하지 말고 부모가 나서서 적극적으로

도와주세요. 아이에게는 새로 생긴 동생에게 적응할 시간이 필요합니다.

아이들은 자신이 누나 혹은 언니나 형이 되었다는 사실에 흥분하지만, 이내 동생이 자신에게 득보다는 해가 되는 존재라고 느낍니다. 무엇보다 동생은 잠시 왔다가 사라지는 존재가 아니란 걸 알게 되지요.

그래서 분노하고 울고 짜증을 내고 질투하고 때립니다. 이런 아이들에게 화를 내기보다는 그런 감정을 이야기나 그림으로 표현하게 하세요. 어떤 아이들은 다시 아기가 되려고 합니다. 아기처럼 말하고, 손가락을 빨며, 잘 가리던 용변도 그냥 옷에다 해버리죠. 더 많이 안아달라고 떼쓰고, 동화책을 읽어달라고 울어 부모로서는 난감하기만 합니다. 갑작스런 '침입자'의 등장에 당황하고 분노하는 아이들을 어떻게 인도해야 할까요?

- **처음부터 육아에 동참시키세요**   아기가 태어나면 바로 전화를 해주고, 퇴원해서 집에 오면 아기를 안아보게 해주세요. 병원에 있는 동안에도 아이를 오게 해서 새로 태어난 동생을 보여주세요. 아기가 가족이 됐음을 인식시키고, 아기 돌보기와 관련된 간단한 심부름을 시키세요.
- **그러나 강요하지는 마세요**   아이에게 동생의 기저귀를 갈게 하거나 목욕, 수유, 유모차 밀기 등 여러 가지 도움을 청하는 건 좋은 방법이지만 강요하지는 마세요. 동생이 더 중요하고, 자신은 아기를 돌보는 데 필요한 존재일 뿐이라는 생각이 들 수도 있거든요.
- **현실을 있는 그대로 보여주세요**   무엇보다, 아기는 귀엽지만 같이 있을 때 즐거움만을 주는 존재가 아님을 알려주세요. 처음 얼마 동안은 그저 싸고 먹고 울 뿐이죠. 아기란 원래 그런 존재임을 말해주고,

아이의 어릴 적 사진을 보여주며 그때 엄마 아빠가 얼마나 사랑해주었는지를 얘기해주세요. 아기와 함께 외출하면 사람들이 아기에게 큰 관심을 보일 거라는 사실도 미리 귀띔해주세요.

- **구체적으로 아기 돌보는 방법을 지도해주세요**   아기를 어떻게 안고 다뤄야 하는지를 직접 보여주세요. 그리고 인형을 가지고 연습하게 하세요. 분유를 먹인다면 젖병을 들고 아기에게 우유를 먹이게 할 수도 있겠죠. 그러나 절대 혼자서 아기를 만지거나 안지는 못하게 주의를 주세요.

- **인내심을 길러주세요**   아이가 동생을 질투하면 그 감정을 꾸밈없이 이야기하도록 유도하세요. 어린아이들은 자신의 감정을 말로 잘 설명하지 못하는데, 그럴 때는 "너보다 아기가 더 관심을 받아서 화가 나니?" 하는 식으로 묻고 그 감정을 그림으로 그리게 하세요. 아이가 퇴행 행동을 보이더라도 "너 몇 살인데 그런 행동을 하니?"라고 혼내지 마세요. 야단치지 말고 아기는 절대로 할 수 없는, '형' '언니'만 할 수 있는 행동을 구체적으로 칭찬해주세요. "아기는 수저로 밥도 못 먹어." "신발도 혼자 못 신는다." "미끄럼틀로 못 타." "노래도 못 해." 그래서 언니 혹은 형이 얼마나 자랑스러운지를 말해주세요.

- **큰 아이와 놀아주는 시간을 따로 만드세요**   아이에게 동생이 태어났어도 엄마 아빠의 사랑에는 변함이 없음을 보여주어야 합니다. 같이 동화책을 읽고, 산책하고, 그림을 그리고, 놀아주세요.

- **반드시 지켜야 하는 규칙을 세워 가르쳐주세요**   아이들은 아기를 직접 안고 돌보고 싶어합니다. 어느 정도 큰 아이라면 무조건 금지하지만 말고 어른의 도움을 받아서 직접 해보게 하세요. 아기를 안을

때에는 항상 머리를 받쳐주어야 하고, 언제나 조심해야 하며, 아기를 안고 위험한 행동을 하지 못하도록 지도해주세요.

안전사고

움직이지도 못하는 아기가 무슨 안전사고냐고요? 모르시는 말씀입니다. 이 시기에도 영아 안전사고가 종종 발생합니다. 물론 원인은 부모의 부주의에 있습니다.

- 커다란 천 자루 속에 스펀지 같은 걸 채운 의자나 방석이 있다면 얼른 치우세요. 푹신푹신한 침구류 등이 영아 질식사와 밀접한 연관이 있다는 것은 이제 상식이죠.
- 아기를 아기용 카시트에 앉힌 채 혼자 내버려두지 마세요. 아기가 손발을 흔들거나 재채기를 하다가 시트가 뒤집힌 사례가 있습니다.
- 응급처치 장비를 잘 관리하세요. 242쪽에 목록이 나와 있습니다.
- 영아 심폐 소생술 강좌를 들어두면 좋습니다. 인근의 적십자 지사나 YMCA, 아니면 소아과 병원에 문의해보세요.
- 안전수칙(236~243쪽 참고)들을 잘 보고 익히세요. 몸에 완전히 익어 습관이 되어야 합니다. 예를 들어, 주전자 손잡이를 가스레인지 뒤쪽으로 돌려놓는 일 등이 그렇습니다.

생후 2개월

첫 번째 미소

아기에게 일어나는 일들 — 2Month

🐻 신체

- 생후 2개월에서 3개월째로 접어들 무렵이면 반사작용이 거의 사라집니다.
- 배를 깔고 엎드린 채 45도 각도로 고개를 들 수 있습니다. 앉혀놓아도 처음보다는 훨씬 수월하게 고개를 지탱합니다.
- 물건을 잡으려 손을 뻗치기 시작합니다. 이제까지는 손을 쥐었다 폈다 하는 행동이 순전히 반사작용이었으나, 이제는 서서히 제 의지에 따라 손을 움직입니다. 무언가를 쥐고 몇 초쯤 떨어뜨리지 않게 됩니다.
- 시야를 관장하는 뇌 속의 신경세포가 성장하기 시작합니다. 그 결과, 시력이 향상되고 주변의 일에 더 관심을 갖게 됩니다. 특히 엄마 아빠는 아기의 주요한 관심 대상이죠.

🐻 지능

- 뇌가 성장하면서 더 복잡한 형태를 인식하게 됩니다. 지금까지 엄마 아빠의 얼굴 형태를 인식했다면, 이제부터는 눈이나 입 등 계속 움직이는 부위를 흥미롭게 지켜봅니다. 생후 만 2개월이 되면 좀더 작은 물체를 바라보기 시작하지요.
- 손가락으로 뺨을 만지면 이제는 빨려고 하지 않습니다. 손가락과 젖꼭지를 구별할 수 있게 되었다는 뜻이죠.

- 다양한 환경에 대한 적응력이 생깁니다. 어깨 위로 아기를 안아 세우면, 무릎 위에 올려놓았을 때와 다르게 몸을 지탱하려 합니다.
- 익숙한 물체를 보면 좋아합니다. 그러나 그것의 지속성은 인식하지 못합니다. 눈에 보이지 않으면 존재하지 않는다고 생각하죠. 이와 동시에 원인과 결과의 관계를 어렴풋이 이해하기 시작합니다. 아기가 울면 곧바로 반응해주어야 하는 이유가 여기에 있습니다.

언어

- 끙끙 앓거나 꽥 소리를 지르는 단계를 넘어 좀더 구체적인 감정을 표현하기 시작합니다. 오, 아 등 어휘 수가 늘어나며, '꽥' 소리와 '어' 소리 등을 조합하여 말하기 시작합니다.
- 그러나 여전히 우는 것이 가장 애용하는 의사소통 수단이죠.

감정·사회성

- 부모가 고대하던 순간이 찾아옵니다. 바로 엄마 아빠를 보고 웃는 것이죠. 아기가 지금까지 보인 미소는 일종의 반사작용일 뿐 진짜 미소는 아니었습니다. 이제 아기는 무언가 기쁠 때 미소로 반응합니다.
- 주변 세상에 더 관심을 갖게 되면서 규칙적으로 일어나는 환경 변화를 즐기게 됩니다.
- 흥분이나 괴로움 등 아기가 느끼는 감정은 아직도 제한적입니다. 그러나 유심히 관찰하면 장차 아기의 성격이 어떨지 힌트를 얻을 수 있죠.
- 이제 하루에 10시간 정도는 깨어 있습니다. 주변 사람들이 얘기를 걸어주고 예뻐해주면 더 오래 깨어 있습니다.

아빠에게 일어나는 일들 2Month

🐨 성관계에 대한 생각

산부인과 의사들은 출산 후 최소한 6주 동안 성관계를 삼가야 된다고 말합니다. 그러나 이 6주란 숫자가 불변의 진리는 아닙니다. 채 6주가 지나지 않아서 관계를 맺는 커플도 있고, 6주가 훨씬 지난 뒤에도 잠자리를 같이하지 못하는 이들도 있습니다. 성관계의 가능 여부는 아내의 자궁과 질의 회복 상태, 또 서로 어떻게 느끼는지에 달렸습니다. 통계상 출산 후 3~4주 안에 관계를 다시 갖는 부부가 많은데, 6개월 이상 성관계를 갖지 않는 부부도 적지 않습니다. 관계를 다시 시작하는 데에는 신체적 상태뿐 아니라 정신적 문제도 영향을 미치지요. 다음과 같은 문제들이 있습니다.

- 이제 아내는 여자이자 엄마입니다. 이 점이 아내를 여자로서 사랑하는 데 방해물이 될 수 있습니다. 당신만 그런 것이 아닙니다. 아내도 당신을 남자이기에 앞서 아기 아빠로 느낄 수 있습니다. 연인이자 엄마, 혹은 연인이자 아빠는 분명 그전보다 덜 섹시할 거예요.
- 아내는 아기를 낳으면서 회음절개 혹은 제왕절개를 받았다는 사실을 기억하세요. 상처가 아무는 데는 절대 시간이 필요하지요.
- 모유 수유를 하는 경우, 아내는 성관계 중 유방에서 젖이 흐르는 상황에 지레 겁을 먹을 수도 있어요.
- 그녀의 유방과 질이 생식의 소임을 다하는 와중에 성적인 즐거움이

라니?
- 아기가 물고 사는 젖가슴을 어떻게! 지금 아내에게는 나보다 아기가 더 소중해!
- 이제 아기도 낳았는데 단순히 쾌락만을 위한 관계를 얼마나 자주 가질 수 있을까? 실제로 성관계 횟수가 줄어들 수 있습니다.
- 반대로, 아기의 탄생으로 완전한 남성임을 입증한 터라 아내 앞에서 더 당당해질 수도 있습니다.

스킨십

성인 남녀가 성관계를 갖기 전에 하는 행동은 여러 가지입니다. 손을 잡기도 하고, 등을 문지르거나 머리를 쓰다듬거나, 살짝 입을 맞추기도 하죠. 그런데 이것은 또한 친밀함을 표현하는 행동이기도 합니다. 그래서 성관계를 원하지 않을 때에는 이런 행동들을 아예 하지 않는 경향이 있죠. 성적인 암시로 비칠까봐 겁나서요. 아내에게 아무런 부담도 갖지 말라고 말해주세요. 그냥 좋아서, 고마워서 그러는 거라고.

다시 처음처럼

마침내 사랑을 나누게 되더라도, 아내가 그전과 같은 반응을 보일 거라고 기대하지 마세요. 아내의 몸은 일생일대의 변화를 겪었고, 그 점이 본인에게도 매우 낯선 느낌을 줄 수 있어요. 출산 후 여성의 질 내 흥분은 줄고, 클리토리스와 가슴 자극은 높아진다는 연구 결과도 있습니다. 그 반대일 수도 있지요.

출산이라는 극심한 고통을 경험한 아내는 성관계가 아픔을 줄까봐 염려

하고, 당신도 같은 이유 혹은 아내의 불어난 체중이 감흥을 방해하지 않을까 걱정합니다. 시간이 필요합니다. 서서히, 아내의 신호를 세심하게 체크하세요.

한 연구 결과에 따르면, 모유 수유를 하는 여성이 그렇지 않은 여성보다 성생활을 더 빨리 시작한다고 합니다. 모유 수유를 하는 여성이 질 내 윤활액 분비를 담당하는 난소 호르몬을 덜 만들어낸다는 사실을 고려하면 약간 이상한 일이죠. 어쨌든 모유 수유를 하는 여성의 질은 출산 전보다 더 건조할 수밖에 없습니다. 아내가 고통스러워한다면 수용성 윤활액을 사용하세요.

그리고 콘돔도 준비해두세요. 모유 수유 중이더라도 간혹 임신이 될 수 있거든요.

성관계가 원활하지 않을 때

어쩌면 당연한 일이죠. 비단 출산이라는 특수한 상황이 아니더라도 서로 열렬히 원해서 관계를 맺는 비율이 얼마나 되겠어요. 당신은 너무 피곤한데 아내는 원할 때도 있고, 아내는 별 관심이 없는데 당신은 간절히 원할 때도 있겠죠.

특히 출산 후 몇 달간은 성생활이 취약할 수 있습니다. 임신 전 혹은 임신 중 성관계에 아무런 문제가 없었다고 할지라도 출산 후 문제가 생길 수 있습니다. 개선 방법은? 노력뿐입니다.

- **관계를 갖는 이유 혹은 목적을 다시 생각하세요** 우습게 들리겠지만, 대부분은 '좋아서' 성관계를 맺습니다. 샌프란시스코 대학교의

객원교수인 린다 페를린 알퍼스테인Linda Perlin Alperstein은 "섹스는 일부일처 · 친밀도 · 사랑 · 성 정체성을 확인하는 방법이며, 나는 남자이고 남자는 이렇다는 표현이다. 문화적으로는 서로 사랑스럽게 안기고 만져지는 유일한 기회일 수 있다."고 정리했습니다.

- **대화를 나누세요** 단순히 성관계를 잘하기 위해서가 아니라, 내가 무엇을 원하는지 말하고 그녀가 무엇을 원하는지를 알아내기 위해서입니다.
- **협상하세요** 만일 당신이 성관계를 간절히 원하는데 아내는 냉담하다면, 부드러운 태도와 목소리로 무얼 원하는지 물어보세요. 단지 애무만 하길? 그저 안고 키스만 해주길? 아내가 그렇다고 하면 원하는 대로 해주세요. 절대로 성관계를 강요하거나 설득하지 마세요. 서로 편안하고 자유롭게 원하는 시기나 상황이 될 때까지 기다리세요.
- **약속을 지키세요** 서로 껴안은 채 키스만 하고 그 외의 애무는 하지 않기로 했다면 꼭 그렇게 하세요. 아내에게 긴장과 불신을 주지 마세요.
- **마음가짐을 바꾸세요** 발기한다고 반드시 사정해야 하나요? 그렇지 않습니다. 가끔은 흥분한 상태 자체를 즐겨보세요.
- **다시 데이트하는 마음으로** 아내와 처음 만나서 데이트하던 시절을 떠올려보세요. 서로 성적으로 원하게 되기까지 얼마나 많은 대화와 교감을 나누었던가요? 연애하듯이 문화나 정치 등을 주제로 지적인 대화를 나눠보세요. 상대방의 매력이 다시금 가슴에 와닿을 겁니다.
- **성관계가 아닌 애정 표현을 요구해보세요(99쪽 참조)**

🐻 아빠 될 준비가 안 됐다고 느낄 때

혼자만 그런 건 아닌지 걱정하지 마세요. 여전히 많은 남성들이 아빠가 되고 나서도 아빠 역할을 어떻게 해야 하는지 몰라 당황하니까요. 우리 아버지 세대는 아버지의 역할을 '공급자'로 한정해서 이 문제를 풀었죠. 밖에서 일을 해서 돈을 가져다주면 그것으로 끝이었습니다. '집 안' 문제는 철저히 어머니들의 관할이었죠.

그러나 요즘 시각으로 보면 과거의 '좋은 아빠'는 감정적으로 메마르고 무책임한 '나쁜 아빠'입니다. 요즘 아빠들은 경제적인 역할을 수행하면서도 자녀 양육 등 집안일에 적극 동참하려 하죠. 문제는 여전히 훈련이 부족하다는 점입니다.

그렇다면 해결책은 무엇일까요? 무작정 뛰어드는 것입니다. 모성이 타고나는 것이라면, 부성은 노력해서 얻어지는 것이라고나 할까요.

🐻 초보 아빠들이 빠지기 쉬운 혼동

- 어쨌거나 나로 인해 한 생명이 잉태되었다는 굉장한 에너지, 자부심을 느낄 겁니다. 그런데 막무가내로 우는 아기 앞에만 서면 한없이 무기력해지죠.
- 조그만 나의 아기를 보며 강력한 사랑을 느끼게 되죠. 동시에 어디서 왔는지 모를 강한 분노 같은 것도 느낄 수 있습니다.
- 아내도 예쁘고 아기도 예쁘죠. 그런데 아내가 당신보다 아기를 더 예뻐하는 것 같을 때에는 아기가 미워지기도 합니다.

이러한 혼동을 경험하고 나면 자신에게 뭔가 문제가 있는 게 아닐까 자문하게 됩니다. '나만 이렇게 느끼는 건가?' 그렇지 않습니다. 많은 남자들이 같은 고민을 합니다. 아기를 바라보는 오락가락하는 마음. 그것은 정상에 가깝습니다. 자신의 감정이 비정상적이라고 느끼지 못하는 것이 오히려 이상하지요. 이런 고민은 오래 가지 않습니다. 길어야 한두 달이에요.

아빠로서 느끼는 낯선 공포

- 본인의 기대치를 충족시키지 못하면 어쩌나 하는 공포.
- 아기가 자랐을 때 아이를 지켜주지 못할지도 모른다는 공포.
- 아기를 능숙하게 돌보지 못할 거라는 공포.
- 현대사회가 가져다주는 전쟁, 질병, 가난, 환경 파괴에서 아이를 보호해주지 못할지도 모른다는 공포.
- 아빠 역할을 제대로 못할지도 모른다는 공포.
- 연약한 아기를 잘못 안을지도 모른다는 공포.
- 아기를 향한 분노에 대한 공포.
- 아기를 충분히 사랑해주지 못할 것 같은 공포.
- 무기력한 상황에 대한 공포.
- 아내가 아빠의 사랑을 의심할지도 모른다는 공포.

이중 어떤 공포는 정말로 속수무책입니다. 그러나 제어할 수 있는 공포도 있죠. 예를 들어 어떤 일을 처리하지 못할 것 같은 공포는 연습으로 극복할 수 있습니다. 실제로 아기를 자주 안고 다니다보면 생각만큼 아기가 연약하지 않다는 걸 깨닫습니다. 아내와 관련된 공포도 대화만 충분히 한다면 얼마든지 해소할 수 있죠. 아내 역시 비슷한 공포를 느낄 것이므로 오

> **겁내지 마세요**
>
> 준비되지 않은 상태가 주는 느낌, 공포, 혼란 등 처음 아빠가 된 이들이 겪는 감정은 뒤죽박죽에다 격렬합니다. 그래서 일부 남성들은 도망치는 것으로 이 문제를 해결하기도 하죠. 그러나 도망친다고 해결되는 것은 없습니다. 혼란스러운 감정은 정상이고, 다른 남자들도 다 똑같이 겪는다는 점만 기억하세요.

히려 그런 고민을 같이 나눌 수 있는 사람이 있다는 사실에 안도할 겁니다.

처음 아빠가 된 사람들은 다 마찬가지입니다. 《아빠일기Fatherjournal》의 저자 데이비드 스타인버그David Steinberg는 이 공포를 세밀하게 묘사했습니다. "나는 완벽한 아빠가 되길 원했다. 사랑을 주고, 챙겨주고, 보호해주고, 부드러운……. 나는 제대로 해낼 것 같았다. (…) 오늘 밤 나는 내가 얼마나 겁내고 있는지를 알았다. 소리 지르고 꿈틀대고, 자기가 무엇을 바라는지 몰라서 그것을 찾아내려고 나에게 의지하는 이 작은 생명체에게 해줄 일이 너무 많다는 사실에 말이다. (…) 나는 나의 공포, 꺼림칙함, 도망치고 싶은 충동을 받아들이기로 했다. 나는 새로운 시대의 아버지들이 시작하는 곳이 아닌 나 자신이 있는 곳에서 시작해야 한다."

잠시 당신을 포기하세요

인정하기 어렵겠지만, 이제 당분간 당신의 삶을 좌우지하는 것은 아기입니다. 아기가 울면 당신은 안아줘야 합니다. 아기가 배고프다고 하면 먹여주고, 기저귀에 오줌을 싸면 기저귀를 갈아줘야 하죠. 아기가 한밤중에 깨어나서 울면 별 수 없어요. 같이 일어나서 아기를 차에 태우고 동네를 몇 바퀴 도는 한이 있더라도 다시 재워야죠. 《탈무드》에 나오는 랍비 이야기는 이 과정을 한 마디로 요약해 보여줍니다. 인생의 첫 단계는 "태초에 시작된다. 시중드는 이들이 보좌할 준비를 하고 있으면, 아기는 푹신한 소파에 왕처럼 누워 키스와 포옹으로 각자 지닌 사랑을 증명하길 요구한다."

상황을 내 의지대로 통제할 수 없다는 것은 누구에게나 힘든 일입니다. 특히 남자들은 항상 모든 걸 알고 통제해야 한다고 여기기 때문에 더 힘들어하죠. 정해진 시간에 예정된 경로를 따라 움직여야 하는데, 아기가 있으면 슈퍼마켓에 가는 게 에베레스트 산에 오르는 것만큼이나 어렵거든요.

당신이 제아무리 유능한 사람이라 하더라도 아빠의 방식이 아기에게는 통하지 않습니다. 아기는 아빠의 상식, 일정, 가치관 따위엔 전혀 관심이 없죠. 아기와 함께 기분 좋게 산책을 나갔다가도 갑자기 아기의 기분이 나빠지면 모든 일정을 중단하고 돌아와야 합니다. 그뿐인가요. 아기의 낮잠 시간은 어느 누구도 방해할 수 없는 '신성한' 일정입니다. 이제부터는 모든 일정을 이 시간을 기준으로 조정해야 합니다.

아빠들에게는 두 가지 선택권밖에 없어요. 유연하게 변화를 받아들이거나, 분노하며 부러지거나. 알다시피 후자를 선택하면 삶 전체가 피곤해지죠. 아기의 탄생을 새로운 사람으로 태어나는 계기로 삼으세요. 대부분의 남자들이 아빠가 된 뒤로 훨씬 더 유연해지고 참을성 있게 변했다고 고백합니다. 자신에게뿐 아니라 주변 사람들에게도 말이죠.

아이와 함께하기 2Month

🐻 아기의 감각 일깨우기

아기도 어른들처럼 오감을 갖추고 태어납니다. 외부의 자극 없이도 아기는 스스로 이를 개발시키겠지만, 아기의 감각을 자극하는 것은 아기에게나 부모에게 즐거운 일이죠. 단, 이런 활동을 할 때에는 아기가 보내는 신호에 관심을 기울여주세요. 아기는 싫증났다고 신호를 보내는데 계속 장난감을 들고 "까꿍 까꿍" 하다가는 아기의 울음보가 터질 수 있으니까요.

미각

다양한 맛의 액체를 아기의 혀에 한 방울씩 떨어뜨려보면 아기가 무슨 맛을 좋아하는지 알 수 있다고 합니다. 물론 생후 2개월짜리 아기는 엄마 젖이나 분유 빼고는 다른 맛에 관심이 없지만요. 그러니 벌써부터 아기의 입맛에 관심을 가질 필요는 없어요. 대신에 크기나 냄새, 촉감이 다른 물건들로 아기의 관심을 끄세요.

후각

아기에게 다양한 냄새를 맡게 하세요.
- 요리 시간은 아기의 후각을 발달시킬 최적의 기회입니다.
- 산책 중에는 꽃이나 나무 냄새를 맡게 하세요.
- 아기가 달콤한 냄새와 시큼한 냄새 중 어떤 쪽을 더 좋아하나요?

- 그러나 화학물질 냄새는 절대로 맡지 못하게 주의하세요.

시각

이 시기의 아기가 가장 잘 볼 수 있는 거리는 약 20센티미터입니다. 장난감 등을 이 정도 떨어진 곳에 놓아주세요.

- 추적 게임을 해보세요. 호기심을 끌 만한 물건을 아기의 눈앞에서 천천히 앞뒤로 움직여보세요. 아기의 시선은 아빠의 손이 움직이는 쪽으로 미리 움직일 거예요. 아기에게서 가깝게 혹은 멀게 물건을 움직이면서 아기가 손을 뻗어 물건을 잡도록 해보세요.
- 채도가 높은 색상의 물건을 활용하세요. 무채색과 선명한 색 중 어느 것에 더 관심을 보이나요? 이제부터 서서히 복잡한 모양에 관심을 보일 거예요.
- 아기에게 거울, 그림, 사진 등을 보여주세요.
- 아기가 누워 있는 자리를 정기적으로 바꿔주세요. 이제 모빌을 달아주기에 좋은 시기입니다.
- 아기를 자주 데리고 나가서 세상이 돌아가는 풍경을 보여주세요.

촉각

- 아기가 가능한 다양한 질감을 느낄 수 있도록 해주세요. 아기 담요에 붙은 보드라운 새틴 끝자락, 기저귀, 유리, 창문틀, 따뜻한 컵, 찬 얼음, 거친 돌 등등. 아기가 관심을 보이면 손에, 발에, 볼에 더 오랫동안 비벼주세요.
- 아기가 손으로 엄마 아빠를 만지도록 놔두세요. 아기의 뺨과 팔, 다

리에 볼을 부벼보세요. 물론 거칠게 하면 안 되겠죠.

청각

- 아기에게 다양한 소리를 들려주세요. 라디오, 피아노, 공사 현장 소리 등등. 아기가 어떤 소리나 음악에 반응을 보이나요? 음악이라고 클래식만 고집하지 마세요. 다양한 장르의, 격정적인 멜로디보다는 단순하고 부드러운 음악이 좋겠지요. 지나치게 빠른 음악은 아기를 피곤하게 만들 수 있어요. 볼륨은 낮게 해주세요. 아기의 청력은 매우 민감하고, 쉽게 손상된답니다.
- 아기 뒤에서 벨소리를 내보세요. 아기가 돌아보려고 하나요? 이제 다른 쪽에서 소리를 내보세요.
- 아빠의 목소리를 다양하게 변조해서 들려주세요. 굵게, 가늘게, 노래하고, 말하고……. 아기와 대화를 나누세요.
- 목소리로 다양한 소리를 흉내내어 들려주세요. 방귀 소리, 새 소리, 음악 소리, 천둥 소리 등등. 같은 소리를 여러 번, 며칠간 들려주어도 좋아요. 어느새 아기가 그 소리를 흉내내려 할 겁니다.

아기 말로 대화하지 마세요

아기에게 말을 걸 때에는 자연스럽게 '어른 말'을 사용하세요. 책을 읽는 듯 부자연스러운 말투는 좋지 않아요. 아기에게 계속 말을 걸어주라고 하는 데에는 아기에게 언어를 가르치려는 목적도 있습니다. 그런데 아기에게 과장된 표정으로 "우리 애기 맘마 먹었쪄요?"라고 묻는다면 아기가 올바른 언어를 배우기 어렵겠죠.

🐻 아기 마사지 하기

최근 들어 규칙적으로 아기를 마사지 해주는 부모가 늘고 있죠. 알려진 대로 마사지에는 여러 가지 효과가 있습니다.

- 아빠와 아기 사이의 연대감을 촉진하여 아기가 나중에 긍정적인 인간관계를 형성하도록 돕습니다.
- 백신 접종처럼 고통이 수반되는 작업에서 아기가 받는 스트레스를 줄여줍니다.
- 이가 나거나 변비가 있을 때에도 아기의 고통을 감소시킵니다.
- 배앓이도 줄여주죠.
- 수면 문제도 개선됩니다.
- 아빠로서 자신감과 자부심을 심어줍니다.

환상적이죠? 그러나 너무 큰 기대는 금물입니다. 어떤 아기나 아빠에게는 효과가 있지만, 다 똑같을 수는 없겠죠. 그러나 마사지가 아기와 소통하고 친밀감을 키우는 데 좋은 방법이라는 점은 틀림없는 사실입니다. 마사지를 할 때 유의할 점 몇 가지를 알려드립니다.

- 계획을 세우세요. 아기가 편하게 안정을 취할 때가 가장 좋아요. 아기를 목욕시킨 직후나 재우기 전이 좋겠죠. 아기가 짜증을 부리지 않을 때면 언제고 괜찮습니다. 매일 몇 분씩 해주세요.
- 아기를 눕힐 수 있는 깨끗하고 따뜻한 평평한 바닥을 찾으세요.
- 마사지는 옷을 다 벗기고 하는 게 좋아요. 바닥이 부드러워야겠죠?

- 마사지를 하면서 노래를 불러주거나 대화를 나누세요.
- 강하지만 부드럽게 눌러주세요. 신생아는 간지럼을 잘 탑니다. 너무 약하게 만지면 싫어해요. 그렇다고 해서 어른에게 하듯 강하게 하면 절대 안 되겠죠.
- 처음에는 어루만져주는 수준으로, 그 다음에는 점점 더 다양한 마사지 기술을 적용해보세요.
- 아기의 반응을 살피는 것을 잊지 마세요.

몇 가지 요긴한 마사지 기술을 소개할게요.

1. 한쪽 손바닥에 아기용 오일 몇 방울을 떨어뜨리고 양손으로 오일을 문지르세요.
2. 아기를 똑바로 눕히고 팔다리를 양손으로 굴리듯 마사지 해주세요. 어릴 때 찰흙으로 뱀을 만들었던 방법 아시죠?
3. 엄지와 집게손가락 사이에 아기의 발가락을 하나씩 끼우고 좌우로 비비듯 만져주세요.
4. 아기의 배에 한쪽 손바닥을 올리고, 새끼손가락을 갈비뼈 가까이 대고 손을 아래로 천천히 움직이며 꾹꾹 눌러주세요. 손이 골반 뼈에 닿으면 다른 손으로 똑같이 반복하세요. 마치 손으로 모래사장에 굴을 파듯이.
5. 아기의 배에 두 손바닥을 대세요. 집게손가락으로 만지고 꾹꾹 눌러주며, 홍해를 가르듯이 양손을 바깥쪽으로 움직이세요.
6. 아기를 엎드려 놓으세요.

7. 머리 뒷부분부터 서서히 부드럽게 쓰다듬으며 발뒤꿈치까지 내려오세요.
8. 두세 개의 손가락을 이용해서 머리부터 발끝까지 둥글게 움직여 마사지 해주세요. 엉덩이도 잊지 마세요.
9. 엄지손가락으로 발바닥을 뒤꿈치부터 발가락까지 살살 눌러주세요.

 아기 머리통이 납작해요

아기의 두개골은 만 두 살 이전까지는 매우 말랑말랑하답니다. 그래서 너무 오랫동안 등을 대고 누워 있으면 두개골 뒤쪽, 즉 뒤통수가 납작해지죠. 대부분은 자라면서 뒤통수가 둥글게 변하지만, 평생 머리통이 납작한 채로 살 수도 있습니다. 더 심각한 것은, 납작한 머리통이 귀와 눈의 위치에 영향을 주고 심지어 얼굴 기형까지 초래하는 경우입니다.

아기의 머리가 비대칭적이고 납작하다면 잠자는 위치를 수시로 바꾸어주세요. 매번 재울 때마다 머리 위치를 이쪽저쪽 바꾸어주면 좋아요. 물론 아기는 똑바로 눕거나 한쪽으로 고개를 돌리고 자는 걸 좋아할 수도 있죠. 그럴 때에는 둥근 베개나 좁쌀 베개를 사용해 머리를 받쳐 납작한 쪽이 눌리지 않게 해주세요. 아기가 어느 정도 고개를 가누기 시작하면 깨어 있는 시간에는 살짝 살짝 엎드리게 해도 좋습니다.

 꿈틀대기의 중요성

생후 두 달 된 아기는 아직 움직임이 자유롭지 않죠. 등을 대고 누워서 고개를 45도쯤 세우는 정도로, 기어 다니려면 아직 몇 개월 더 있어야 합니다. 그렇다고 해서 아기를 가만히 눕혀만 놓으면 안 됩니다. 이제 슬슬 근육 운동을 시켜줄 시점입니다.

- 이제부터는 아기를 속싸개로 단단히 싸지 마세요. 팔이나 손, 다리를 스스로 움직일 수 있도록 이불이나 싸개를 느슨하게 해주세요.
- 깨어 있는 시간에는 가끔씩 엎드려 있게 하세요. 머리통도 둥글어지고, 근육 발달에도 좋습니다. 이 시기에 엎드려 놓지 않으면 기는 것도 느려집니다. 한두 달 차이는 별것 아니지만, 얼마나 많은 어른들이 구르기를 못하는지 보면 이 시기의 근육 발달을 무시할 수 없겠죠? 아기를 엎드려 놓으면 상체와 팔, 목의 근육이 발달합니다.

의사와 친해지세요

출산 전 아내와 병원에 같이 다녔다면 아기를 병원에 데려가는 횟수가 그리 많지 않게 느껴질 겁니다. '고작' 1년에 8번 정도니까요. 아기가 태어난 뒤에는 정기적인 건강검진 외에도 병원을 자주 찾는 게 바람직합니다. 그 이유가 궁금하세요?

- 아기는 몸이 아프면 울음으로 아빠 엄마에게 도움을 요청하죠. 이 요청을 의사에게 전달하는 것이 부모의 역할입니다.
- 의사가 물어보지 않아도 아기에 관한 이야기를 상세히 말해주세요. 증상이나 상태만 보아선 알 수 없는 것들이 있거든요. 정확한 처방을 위해 꼭 필요한 일이랍니다.
- 부모들은 놓치기 쉬운 아기의 특성이나 생활을 의사와 이야기하면서 알 수 있어요.

예방접종

예방접종을 하지 않으면 큰일 나는 줄 알지만, 사실 예방접종에 대한 논란은 끊이지 않고 있습니다. 백신 자체의 위험성 때문이죠. 116~119쪽에 아기에게 접종되는 백신의 종류와 접종시 일어날 수 있는 부작용, 접종을 하지 않았을 때 예상되는 결과 등을 정리했습니다. 어쨌거나 아직까지는 백신을 접종하는 것이 일반적입니다. 접종을 하지 않았을 때에는 다음과 같은 일들이 생기죠.

- 다른 아이들이 모두 백신을 접종한 경우에만 내 아이가 접종을 하지 않아도 안전합니다. 이른바 '단체 면역'이라는 것인데, 면역이 있는 사람이 많으면 면역이 없는 소수의 사람도 보호를 받는다는 내용이죠. 그러나 면역이 없는 사람이 대다수이면 당연히 그런 보호망은 기대할 수 없겠죠.
- 최근 접종되는 백신은 한 종당 대략 10여 개 질병에 대한 면역력을 발휘합니다. 25년 전에는 단지 네 개였는데 말이죠.
- 백신은 항원을 체내에 투입하여 질병에 맞서는 항체를 형성시키는 역할을 합니다. 몸속에 투여되는 항원은 아주 적은 양이지만, 인체의 면역 체계를 구성해 실제 질병에 맞서는 힘을 길러주죠. 어떤 이들은 너무 많은 항원은 아기의 미숙한 면역 체계에 해를 줄 수 있다고 주장하지만, 의학의 발달로 요즘 아기들은 이전 세대보다 더 적은 수의 항원에 노출된다고 합니다. 1980년대에 접종된 백일해 백신에는 3,000개의 항원이 들어 있었으나, 최근에는 다섯 개 정도에 불과하죠. 현재 일반화된 11종의 기본 백신에는 총 130개 이하의 항원이 함유되어 있습니다.

병원에 가면 대부분 비슷한 절차를 거칩니다. 키와 몸무게를 잰 후, 아기를 눕힌 채 배와 머리를 만져보죠. 그러면서 아기에 관해 이것저것 질문을 합니다. 간단히 귀 검사도 할 겁니다.

병원에 가기 전에 의사에게 묻고 싶은 내용을 정리해서 빼놓지 말고 물어보세요. 모르는 게 당연하고, 궁금해야 정상입니다.

 주사를 두려워하지 마세요

아기들이 병원에 가는 가장 주된 이유는 예방접종입니다. 주사를 꺼리거나 무서워하지 마세요. 다음 장에서 더 구체적인 의학적 질문들을 다룰 겁니다. 아기의 예방접종에 대한 더 자세한 내용은 116쪽을 참고하세요.

나이(월령)	접종한 백신 종류
태어나서 2주까지(퇴원 전)	B형간염, 첫 투여(엄마가 항원 음성 판정을 받으면 접종을 두 달 정도 미룰 수 있다)
생후 2개월	IPV, PCV, DTaP, HiB와 B형간염 첫 투여
생후 4개월	IPV, PCV, DTaP, HiB와 B형간염
생후 6개월	IPV, PCV, DTaP, HiB와 B형간염(감기 예방 접종)
생후 12개월	MMR, Varicella, PVC, TB 테스트

정상적인 발달 정도란?

이 책의 각 장 첫머리에는 해당 월령 아기의 발달 정도가 간략히 정리되어 있습니다. 그러나 이것은 어디까지나 대체로 그렇다는 것이지 모든 아기가 그렇다는 것은 아닙니다. 아기들마다 처한 환경과 조건은 제각각이고, 조산아의 경우에는 이런 편차가 더 크죠.

조산아에게 무엇이 '정상'인지를 이해하려면, 아기의 월령에서 모자란 개월 수를 빼야 합니다. 예를 들어, 생후 4개월 된 아기가 두 달 이르게 태어났다면 생후 2개월 아기의 발달 정도를 기준으로 삼아야 한다는 것입니다. 조산아의 발달 정도가 또래 아이들과 비슷해지는 시기는 만 두세 살쯤입니다. 예정보다 이르게 태어날수록 더 많은 시일이 걸리겠죠.

소아과 의사가 염려하는 적신호는 다음과 같습니다.

- 아기가 조금도 고개를 들지 못할 때, 항상 주먹을 쥔 자세일 때. 이는 일반적으로 근육 상태가 좋지 않음을 의미합니다.
- 비대칭적인 움직임. 아기가 한쪽 발이나 팔을 다른 쪽보다 더 많이 쓴다면 주의 깊게 관찰하세요. 대부분의 아기는 두 살 이전에 잘 쓰는 손을 정하지 않습니다. 일부 흥미로운 연구 결과에 따르면, 비대칭적 움직임이 이후의 자폐증 발달과 관련이 있다고 합니다.
- 다양한 반사작용이 없거나 끈기 있게 지속하지 못할 때(74~77쪽 표 참조).

 안전 문제

아이가 문을 열 수 없도록 집 구석구석을 단속하는 것은 시작에 불과합니다. 이 책 236~243쪽에서 집중적으로 다루었으나, 이 단계에서 반드시 유념해야 할 점들이 있어요.

- 온수의 온도를 낮추세요. 물 온도가 너무 낮아도 안 되겠지만, 아기의 연약한 피부는 온수의 온도가 적정치를 조금만 넘어가도 심각한 손상을 입을 수 있습니다. 목욕을 시킬 때 적정온도는 38~40도입니다.

신생아 예방접종

백신	접종 효과와 부작용
디프테리아, 백일해, 파상풍(DTaP 백신) 또는 디프테리아, 파상풍(DT 백신) 다음에 해당되는 아기는 백일해 제외. • 발작 경험이 있는 경우. • 신경계 질병으로 의심되거나 확진된 경우. • 이전의 투여에 반응한 경우.	백신 3회분과 촉진제를 접종하면 거의 완벽하게 예방됨. 접종 후 72시간 동안 주의 관찰. 접종 후 불안, 졸림, 통증, 접종 부위의 멍울 등이 있을 수 있음. 접종 후 24시간 동안의 발열은 정상. 접종 후 10만 명당 1명꼴로 뇌 질환이 생기며, 31만 명당 1명꼴로 영구적 뇌 손상 발생. **주의** 접종 후 나타나는 대부분의 증상이 백일해 항원에서 비롯됨. 디프테리아와 파상풍 항원은 주사 부위의 부어오름과 미열 증상과 관계가 있다.
B형간염 오랜 시간에 걸쳐 개발된 비감염성 백신.	총 3회 접종. 부작용은 없으나 간혹 신경질적인 반응을 유발. 접종 부위의 쓰라림이나 미열 또는 두통.
헤모필루스(HiB)	90~100퍼센트의 접종 안전도. 접종 부위가 따갑거나 그곳에 덩어리가 생김. 주사 후 12~24시간 동안 열(섭씨 38.3도를 넘지 않음).
홍역	1회 접종으로 95퍼센트의 예방률. 접종 후 10~20퍼센트가 미열 증상, 10일간 발진 가능. 100만 명당 한 명꼴로 뇌 질환 발생.
볼거리	한 번의 접종으로 99퍼센트의 예방률. 백신 후 드물게 열이 나고, 분비샘이 부풀어 오르거나 발진.

예방	아기가 질병에 걸렸을 경우
디프테리아나 심각한 호흡기 질병이 일어날 수도 있으나 흔치 않다.	• 전염성이 강하다. • 목과 코를 공격하여 호흡을 방해하고 마비를 일으킨다. • 심장, 간, 신경계를 손상시킨다. • 사망률 10~35퍼센트. • 먹거나 숨 쉬지 못할 정도로 심한 기침 유발.
백일해 백신이 개발되기 전에는 전염성 질병과 결합하여 수많은 사상자를 냈다.	• 뇌 손상, 폐렴, 발작. • 사망률 1~2퍼센트. • 영아에게 치명적.
파상풍 상처 부위의 세균 감염으로 생김.	• 고통스런 근육통 유발. • 사망률 20~60퍼센트.
B형간염.	• 바이러스성 감염의 주된 원인. • 만성 간경변증, 간염, 간암 등으로 발전 가능. • 신생아에게는 드물지만, 엄마가 감염된 상태면 모유 수유로 아기에게 전염 가능.
B타입 수두 인플루엔자, 5세 이하의 아동에 박테리아 감염.	• 미국에서만 매년 1만 2,000건의 뇌수막염과 8,000건의 중증 감염(뼈, 관절, 심장, 폐, 혈액, 목) 발생. • 유발치사율 5퍼센트.
홍역.	• 가장 심각하고 흔한 아동 질환. • 39~40도의 고열과 발진이 10일 동안 이어짐. • 폐렴이나 귀 염증 유발. • 감염자 100명 중 한 명꼴로 귀머거리 혹은 뇌 질환.
볼거리	• 열, 편도선염, 뺨과 침샘이 부어오름. • 심장염, 췌장, 갑상선염 유발. • 영구적 귀머거리, 일시적 두뇌 장애 유발.

백신	접종 효과와 부작용
풍진	한 번 접종으로 95퍼센트의 예방률. 가임기 여성(혹은 여자 아이)이 임신 전에 접종하면 장차 태어날 아기에게도 면역이 생긴다. 백신 접종 후 1퍼센트의 아이들이 일시적인 팔다리 혹은 관절 통증을 겪는다.
MMR-홍역(measles)·유행성 이하선염(mumps)·풍진(rubella) 예방 백신	생후 12~15개월 사이에 1차 접종, 만 4~6세에 추가 접종.
불활성 척수성 소아마비 백신(IPV), 생경구적 소아마비 백신(OPV) 액체나 각설탕 형태	매우 효과적이다. 미국에서는 지난 25년간 신규 소아마비 환자가 접수되지 않았다. 세 차례 투여 후 95퍼센트의 예방률. 별다른 이상 반응은 없다. 감염 가능성 4만 분의 1.
수두	질병 예방에 매우 효과적. 쓰라림, 발열, 약한 발진 등의 부작용이 흔하게 나타난다. 1,000명에 한 명꼴로 발작 증상, 폐렴은 드물게 나타난다.
폐렴연쇄상구균 백신(PCV)	항생제에 강한 폐렴 세균에 감염되는 것을 예방. 근육통과 부풀어 오름, 발열 등의 경미한 부작용.

- 아기의 잠자리를 점검하세요. 요람이든 아기용 침대든 모두 다음 사항을 따라야 합니다.
    ① 매트리스는 가장자리에 꼭 맞아야 합니다. 틈새에 손발 등이 끼지 않도록 말이죠.
    ② 아기 침대에 칠해진 페인트에 독성 물질이 없는지 확인하세요. 아기는 한동안 침대를 빨고 깨물 텐데 독성 물질을 먹으면 안 되니까요.

예방	아기가 질병에 걸렸을 경우
풍진(독일 홍역).	• 임신한 여성이 감염되면 태아가 선천적 심질환과 난청 등을 갖고 태어난다고 알려져 있다. • 증상은 경미하게 나타나며 대개 무시된다.
볼거리, 홍역, 풍진.	
소아마비.	• 팔다리 마비. • 호흡 장애. • 소아마비 환자 중 10명당 1명꼴로 사망.
수두.	• 발열, 피로, 250~500개의 물집. • 피부 감염, 흉터, 폐렴 유발. • 위험성은 크지 않다. 10만 명당 6명꼴로 사망.
폐렴과 수막염.	• 수막염, 폐렴, 혈액 감염을 유발하며 매년 미국에서만 수백 명이 사망.

③ 침대의 이음새가 정교하고 튼튼해야 합니다.

④ 베개와 담요 등 아기를 질식시킬 수 있는 것들을 모조리 치우세요. 아기가 추울 것 같으면 차라리 옷을 하나 더 입히세요. 침대 위에 매다는 모빌이나 장난감도 가볍고 뾰족하지 않은 걸로 고르세요.

🐻 아기의 야간 근무?

생후 2개월 후반이 되면 아기의 수면 및 낮잠 시간이 더 일정해져서 예측할 수 있게 됩니다. 하지만 그 주기나 시간이 엄마 아빠의 바람과는 정반대일 수도 있죠. 아기가 낮에 자고 밤에 깨어 있다면 부모로선 정말 괴로운 일이죠. 그런데 이것은 엄마 뱃속에서 열 달간을 보낸 아기에겐 어쩌면 당연한 일일 수 있어요. 엄마가 활발히 활동한 낮에는 그 움직임 덕분에 잠을 잤을 테고, 엄마의 활동이 멈추는 밤 시간에는 깨어 있었을 테니까요. 임산부들이 자리에 누우면 아기의 발차기가 시작된다고 말하는 까닭이 여기에 있습니다.

결국 아기는 당분간은 '늘 하던 대로' 자신만의 시간표에 따라 생활할 겁니다. 그러나 마냥 아기의 시간표가 바뀌기만을 기다릴 수만은 없겠죠. 이 과정을 앞당기는 몇 가지 방법이 있습니다.

- 아기가 잘 때에는 장소가 어디든지 어둡게 해주세요. 이때 작은 손전등이나 전기스탠드를 준비해두세요. 자칫 아기의 발을 밟을 수도 있으니까요. 아기 방에 암막 커튼을 달아놓는 것도 방법입니다.
- 아기가 낮에 많이 자도록 내버려두세요. 이 시기의 아기는 한 번에 두 시간 이상 깨어 있으면 안 돼요. 낮잠을 못 자게 하면 밤에 잘 잘 것 같지만, 어른이나 아기나 피곤하면 밤에 푹 못 잡니다.
- 일정한 취침 시간을 정해서 잠자는 분위기를 조성하세요. 저녁 7시쯤이 좋습니다. 아기가 자정까지 깨어 있으면 당연히 늦게까지 잠을 자게 되지만, 자칫 역효과가 날 수 있습니다.
- 밤에 깨어 있는 아기와 놀아주지 마세요. 수유를 하고 기저귀를 갈아

주고는, 불을 끄고 아기를 침대에 눕히세요. 놀거나 이야기를 하지도 마세요. 어두워지면 잠을 자야 한다는 사실을 아기에게 인식시켜야 합니다.

 모유 수유를 지켜보는 큰아이

특히 모유 수유를 하면 큰아이의 시샘이 클 거예요. 큰아이는 갓난아기 동생이 신기하고 좋으면서도, 아기에게 엄마를 빼앗겼다는 느낌을 갖죠. 엄마가 아기를 안고 돌보는 모습을 지켜보는 큰아이의 머릿속에는 복잡한 감정이 소용돌이칩니다. 그중 가장 강력한 감정이 분노와 질투심입니다 (90~93쪽 참조). 그래서 자기도 아기처럼 안아달라고 떼를 쓰거나, 자기가 아기를 돌보겠다고 억지를 부리죠. 큰애가 아직 어리다면 일정한 선에서 그 요구를 들어주는 것도 한 방법입니다. 젖을 짜서 한두 스푼 먹여 보세요. 아마 젖의 묽고 달달한 맛에 눈살을 찌푸릴 거예요.

당신과 배우자　2Month

 다정한 남편 되기

처음에는 모든 것이 신기하고 좋겠죠. 둘이서 만든 아기는 자랑스럽고 놀라운 존재니까요. 이전보다 아내가 혹은 남편이 더 가깝게 느껴질 거예요. 그러나 몇 주, 몇 달이 지나면 그 환상은 깨지고 아기는 현실이 됩니다. 둘 다 새로운 시간표와 책임감에 익숙해져야 하죠. 아기를 갖기 전에는 서로에게 집중했다면, 이제는 모든 생활이 아이를 중심으로 돌아가야 합니다. 더이상 둘만의 시간을 갖기도 어렵고, 수면 부족은 짜증을 일으키고, 양육 방식의 차이로 의견 대립이 일어나기 쉽죠.

그렇지만 가장 힘든 사람은 아내란 걸 잊지 마세요. 당신이 일하러 나가면 아내는 온전히 혼자 힘으로 아기를 돌봐야 합니다. 이를 알아줄 사람은 남편밖에 없어요. 아내의 기운을 북돋워주세요.

- **칭찬해주세요**   백 마디 말보다 행동이 중요하지만, 아내를 위하는 첫걸음은 말입니다. 아기가 잘 자라는 건 엄마의 노력 덕분이란 게 거짓말은 아니잖아요?
- **꽃을 사주세요**   아니면 편지나 작은 선물도 아내에겐 큰 힘과 기쁨이 될 거예요. 하루에 몇 번씩 전화하는 건 기본이죠.
- **데이트를 하세요**   데이트라고 해서 대단한 게 아닙니다. 아기가 곤히 잠들었을 때 단 30분이라도 함께 집 주변을 산책하세요. 내가 사는 오클랜드에는 아기를 데리고 입장할 수 있는 극장이 있는데, 비록 아기 울음소리로 시끄러워도 젊은 부부들에게 해방구 같은 느낌을 줍니다. 그런 곳이 없는지 찾아보세요.
- **가끔씩 아내 등을 떠밀어 외출시키세요**   아기와 함께 하루 종일 집에서 보내는 것은 미치도록 답답한 일일 수 있습니다. 그건 아기를 얼마나 사랑하는지와 상관없죠. 아내에게 친구들과 만나 수다를 떨고, 필요한 옷이나 물건을 살 수 있는 시간을 만들어주세요. 아기를 온전히 혼자서 돌보는 것은 아빠에게도 좋은 경험입니다.

● **집에서도 아내만의 시간을 만들어주세요**　하루에 딱 30분간이라도 아내에게 시간을 주세요. 아기를 유모차에 태우고 산책하고 돌아오면 아내의 얼굴이 환해진 걸 느낄 수 있을 거예요. 마음 편히 샤워하고, 잠시 눈을 붙이기만 해도 살 것 같은 느낌이 들거든요.

다정한 아빠로 다시 태어나기

둘째나 셋째 아기를 낳은 아빠들이 이전과는 전혀 다른 아빠로 '변신'하는 경우를 종종 봅니다. 첫애 때에는 무관심하고 무뚝뚝했던 아빠들이 둘째나 셋째를 본 뒤에는 세상에 둘도 없는 다정한 아빠가 되는 것이죠. 이런 아빠들은 대개 나이가 많을 수밖에 없고, 경제적으로도 안정되어 있게 마련이죠. 그래서 어린 자녀와 시간을 보내는 데 더 관심이 많습니다. 나이든 아빠일수록 더 유연하고 다정하다는 연구 결과도 있습니다. 기본적으로 여자와 남자는 나이가 들면서 정반대로 변한다고 하죠. 여자는 나이가 들면서 더 일과 목표 지향적이 되고, 남자들은 더 가정적이 됩니다.

그러나 이런 아빠들은 아이들과 놀아주기보다는 가사에 적극 참여하는 경우가 많습니다. 그리고 아내보다 양육에 대해 더 많이 아는 것처럼 행동하죠. 그래서 아기를 달래고 기저귀를 갈고 재우고 목욕시키는 아내 옆에서 시시콜콜 잔소리를 해댑니다. 이런 남편을 좋아할 아내는 없을 겁니다. 다정한 아빠, 가정적인 남편은 누구나 좋아하지만, 잔소리꾼 아빠나 남편은 결코 환영받지 못한다는 사실을 기억하세요.

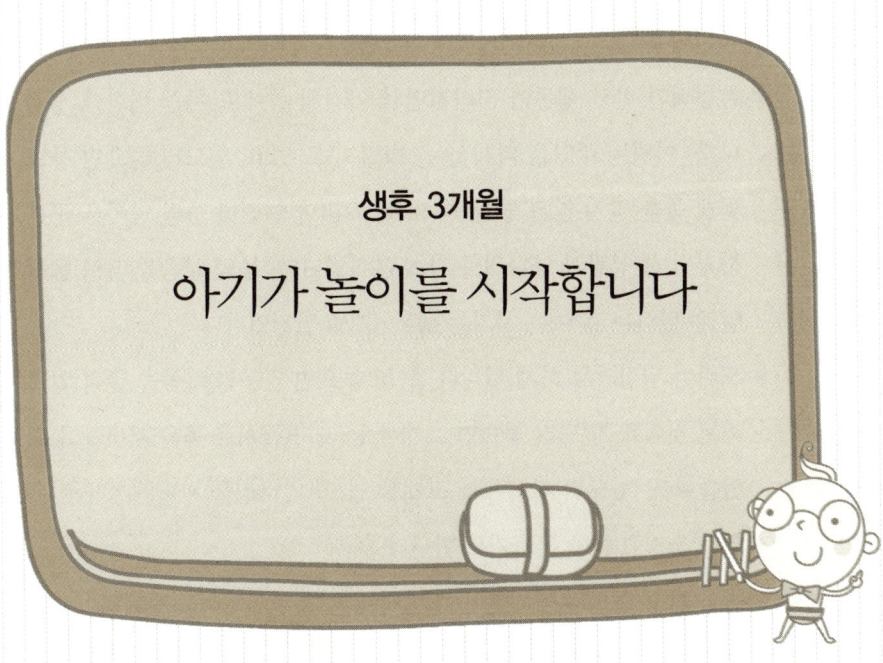

생후 3개월

아기가 놀이를 시작합니다

아기에게 일어나는 일들 — 3Month

신체

- 본능적인 반사 행동이 사라지면서 아기의 몸에도 차츰 변화가 생깁니다. 이제는 주먹을 펴서 손을 벌릴 수도 있고, 엎드려 놓으면 둥그렇게 몸을 말지 않고 발을 죽 펴죠. 그러나 여전히 몸의 양쪽을 구분하지 못해 양팔과 양다리를 함께 움직입니다. 몸의 양쪽을 따로 움직일 수 있다는 걸 아는 시기는 생후 3개월 말경입니다.
- 드디어 뒤집기를 하게 됩니다. 눕혀 놓으면 옆구리로 몸을 굴려 엎드리는 것이죠. 엎드려 놓으면 고개를 들고, 팔꿈치로 몸을 지탱할 수도 있습니다. 엎드린 자세에서 고개를 들고, 양다리를 바닥에서 들어올려 시소처럼 몸을 흔들기도 합니다.
- 몸을 잡고 일으켜 세우면 발을 바닥에 딛고 일어서려고 합니다.
- 아직은 고개를 받쳐주어야 하지만, 전보다는 훨씬 안정감 있게 앉을 수 있습니다. 앉혀두면 몇 초간 균형을 잡고 앉아 있죠.
- 물체에 양손을 뻗고, 물건을 제법 힘 있게 쥡니다. 전문가들은 이것이 손과 눈의 조정력 향상을 위한 새로운 반사작용이라고 말합니다. "보이는 것은 무엇이든지 잡으려고 한다."

지능

- 움직이는 물체는 아기에게 무한한 매력을 발휘합니다. 움직이는 것

을 보면 아기의 시선과 머리는 저절로 따라 움직이죠. 움직이던 것이 갑자기 사라지면, 아기는 그것이 어디로 갔는지 어리둥절해 합니다.
- 어느 날, 아기는 자기 손이 자기 입으로 들어간다는 것을 깨닫습니다! 그때까지는 자기가 빨던 것이 자기 몸의 일부라는 것을 모르죠. 가장 중요한 것은, 이 시기에 아기가 자기 손(또는 물체)이 두 가지 이유로 존재한다는 사실을 깨닫는 것입니다. 하나는 보려고, 그 다음엔 빨려고!
- 이 대단히 놀라운 사실을 알게 된 아기는 무척 오랜 시간(15분쯤) 자신의 꼬물거리는 손가락을 바라보다가 입속으로 쏙 넣습니다. 한동안 이 동작을 반복하겠죠.
- 여러 가지 모양이나 형태의 차이점을 알게 됩니다. 아기는 줄무늬보다 둥근 모양을, 단순한 모양보다는 복잡한 모양을 더 좋아합니다.
- 특정 물체와 그 특징을 연결시킬 수 있게 됩니다. 예를 들어 엄마는 먹는 것과, 아빠는 놀이와 연관시킬 수 있죠.

언어

- 아직은 울음소리가 대부분이지만, 가끔은 "오" "우" "아" 같은 감탄사를 냅니다.
- 이제 아기의 울음소리에 목적이 생깁니다. 잘 들어보세요. "배고파요." "자고 싶어요." "기저귀 갈아줘요." 각각의 울음소리가 다르다는 걸 알 수 있습니다.
- 주변의 모든 소리를 주의 깊게 들으며 언어와 소리를 구분하게 됩니다.

슬픔이 여자만의 것이라고요?

좋든 싫든, 우리 사회에서 요구하는 남자와 여자의 역할은 다릅니다. 남자는 강하고, 지적이며, 감정을 통제하도록 키워졌죠. 눈물이나 연약함은 여자에게만 허용되는 것이었습니다. 분노와 좌절은 괜찮아도, 남자에게 슬픔과 고통은 허락되지 않았습니다. 이런 사회화는 여러 면에서 상당히 효과적이었지만, 남자들의 감정을 억압하는 부작용을 낳았습니다. 남자도 울고 싶을 때가 얼마나 많습니까? 그러나 슬플 때 어떻게 해야 할지 모르는 남자들이 아직도 대다수입니다. 커다란 슬픔이 밀려와도 그것을 무시하거나 혼자 삭이는 것으로 대신하죠. 이런 성향은 남자들의 감정은 물론 신체적 건강까지 위협합니다.

슬픔을 뭉뚱그려 생각하지 마세요. 구체적으로, 표현하세요.

- 가족에게 이야기하세요. 특히 아내에게. "슬픔은 바위처럼 한 사람을 가라앉히지만, 둘이 들면 가벼워진다." 19세기 작가 윌리엄 호프William Hauff의 말대로, 주변 사람들에게 당신은 최선을 다하고 있는데 어렵다

감정 · 사회성

- 먹기, 자기, 기저귀 갈기, 일어나기 등의 일정이 꽤 규칙적이 됩니다.
- 사람들에게 대한 선호도가 뚜렷해집니다. 엄마가 안으면 얌전하게 있다가, 아빠가 안으면 우는 식이죠. 익숙한 사람에게는 미소를 짓고, 낯선 이를 보면 울기도 하죠.
- 이제 엄마 아빠의 기분을 잘 알아차리고 반응합니다. 엄마 아빠가 피곤한 상태에서는 아기를 달래기가 더 어렵고, 편안한 상태일 때에는

- 는 걸 알리세요.
- 양질의 '혼자 시간'을 가지세요. 머릿속에 떠도는 생각을 정리하고 이를 기록해보세요.
- 사회 활동을 줄이세요. 많은 남자들이 새로운 취미나 활동을 찾지만, 이는 당신에게 필요한 슬픔의 시간을 손상시킵니다.
- 눈물이 나오면 우세요. 힘들겠지만, 목구멍으로 올라오는 것을 밖으로 토해내세요. 울고 나면 긴장이 풀리고 기분도 나아집니다.
- 화를 내세요. 분노는 슬픔의 자연스러운 일부입니다. 이를 삭히거나 무시한다고 해서 없어지는 건 아닙니다. 남에게 해가 가지 않게만 하세요. 화가 날 때에는 격렬한 운동을 하면 좋습니다.
- 혼자서 풀기 어려우면 도움을 줄 사람이나 단체를 찾아보세요. 다정하게 이야기를 들어주는 사람, 인내심 있고 비슷한 경험이 있는 사람이 좋겠죠.

아기도 이내 얌전해지죠.
- 집중력이 생겨서 무언가를 몇 분씩 바라보게 됩니다. 그리고 소통을 바라게 됩니다. 엄마 아빠가 다정하게 말을 건네면, 손가락을 빨다가 멈추고 귀를 기울이는 표정을 짓죠.

아빠에게 일어나는 일들 — 3Month

🐻 영아돌연사증후군

많은 아빠들이 아기에 대해 지나치게 걱정합니다. 대부분은 쓸데없는 걱정들이에요. 물론 마땅히 해야 할 걱정도 있습니다. 바로 '영아돌연사증후군 SIDS' 같은 것이죠. 건강하던 아기가 갑자기 사망하는 이 증상은 생후 1주부터 1년 사이의 아기들에게서 많이 나타납니다. 지금까지 수많은 연구가 진행됐지만, 아직까지도 원인이 밝혀지지 않아 부모들의 걱정만 키우고 있죠. 다만, 특히 어떤 조건에서 더 잘 발생하는지는 일부 알려진 내용이 있습니다.

- 특히 생후 2개월에서 4개월 사이의 아기들이 위험합니다.
- 대부분의 유아기 질환은 생후 6개월까지가 가장 위험하지만, SIDS는 돌이 지난 아기도 걸릴 수 있습니다.
- 여아보다는 남아, 조산아, 다산아, 저소득층, 부모가 흡연자일 경우에 더 빈번히 나타납니다. 아프리카계 미국인이나 북미 원주민 아기가 백인 아기보다 SIDS에 걸릴 위험이 두 배나 높다고 합니다.
- SIDS는 추운 날씨에 더 흔하게 발병하는데, 그 이유는 호흡계 질환과 발열 때문입니다. 이 두 가지 요인은 SIDS와 연관이 있다고 알려져 있습니다.
- SIDS는 감기나 잔병, 면역과 상관이 없습니다.

- SIDS가 아기들이 꾸는 꿈과 관련이 있다는 주장도 있습니다. 아기들이 엄마 자궁 속에 있는 꿈을 꾸면 숨을 참고 안 쉬게 된다는 것이죠.

그렇다면 이 무서운 일을 피하려면 엄마 아빠가 어떻게 해야 할까요?

- 아기가 엎드려 자지는 않는지 확인하세요. 20년 전에는 아기를 일부러 엎드린 자세로 재웠는데, 아기가 자면서 침을 흘리면 숨이 막힐 수 있다고 생각했기 때문이죠. 그러나 이제는 등을 대고 눕혀서 재우는 것이 정석입니다.
- 담배를 피우지 마세요. 특히 아기 주변에서는 절대 금연해야 합니다.
- 옷을 너무 많이 껴입히지 마세요(옷에 관해서는 146~147쪽 참조).
- 아기를 딱딱한 매트리스나 바닥에 재우세요. 베개나 푹신한 담요, 쿠션 달린 소파, 물침대, 두꺼운 양탄자 등은 잠시 멀리 치워두세요. 아기침대 위에 인형이나 담요 등도 놓지 않는 게 좋습니다.
- 모유를 먹이는 게 좋습니다.
- 너무 겁내지 마세요. 그 결과가 치명적이라 그렇지 1,000명의 아기 중 999명에게는 일어나지 않는 일입니다.

아버지와 나의 관계

아기가 태어나면 내 아버지 생각이 자주 납니다. 그러면서 자문하죠. 내 아버지 같은 사람이 될 것인가? 다정하고 자상한 아버지를 둔 사람이라면 내 아이에게도 그런 아버지가 되고 싶겠죠. 이처럼 나와 내 아버지의 관계는 내 아이와 나의 관계에 두고두고 영향을 미칩니다. 실제로 단란했던 가정에서 성장한 사람은 나중에 자신의 아이에게도 그런 가정환경을 만들어 줄 가능성이 높다고 합니다.

반면에 아버지와의 관계가 상처로 남은 경우에는 극단적인 두 가지 양육 태도를 보일 가능성이 높죠. 아버지의 실수를 되풀이하거나, 아니면 그렇게 할까봐 아이를 멀리 하거나. 그러나 요즘에는 이 양극단의 굴레에서 벗어나서 자기 아버지에게서 좋은 점은 취하고 나쁜 점은 버리는 아빠들이 많다고 합니다.

- 아버지에게서 관심을 못 받고 자란 남자들은 사춘기 자녀들의 사회적·감정적·지적 발달에 큰 관심을 쏟는다고 합니다.
- 불충분하고 부적당한 양육 방식 아래서 성장한 남자들은 특히 자녀의 신체적 발달에 신경 쓴다고 합니다.
- 아버지의 체벌로 공포감을 느끼며 자란 남자는 나중에 자녀들의 신체적 발달에 관심이 많다고 합니다.

책임감을 갖는다는 것

아빠가 된 남자들에게 아이가 생기고 가장 크게 달라진 점이 무엇인지를 물으면, 모두 "책임감이 생겼다."고 입을 모읍니다. 당신은 아빠가 된 뒤로 어떻게 바뀌었나요?

- **가사에 더 참여한다**   집안일을 하다보면 자연스럽게 양육에 참여하게 되고, 아내와의 관계도 좋아집니다.
- **더 현실적이 된다**   책임감이 강해진다는 것은 직업 선택 등의 문제

양부모가 된다는 것

아이를 입양한 경우라도 친부모의 경우와 크게 다르지 않습니다. 물론 처음에는 내 아이를 갖지 못한 것에 대한 미련이나 아쉬움이 늘 따라다닐 겁니다. 그러나 입양한 아이가 유치원에 들어갈 때쯤에는 친자녀에 대한 미련을 완전히 버리고, 양자녀가 '내 아이'라는 생각이 확고해지죠. 사실 이런 과정이 있어야만 심리적으로 '완전한' 부모가 된다고 합니다.

그러나 대부분의 경우 입양은 차선책입니다. 아이를 가지려고 몇 년간 큰돈을 들여 병원에 다닌 끝에 받아들이는 마지막 선택이죠. 그 기간에 겪은 실망과 좌절은 쉽사리 사라지지 않습니다. 아이를 입양하고도 이런 감정이 쉬 사라지지 않는다면 누군가에게 이 사실을 털어놓으세요. 어쩌면 아내도 비슷한 감정일지도 모르죠. 양부모를 위한 자료를 구해서 도움을 받으세요. 기본적으로 부모가 된다는 것은 양부모나 친부모나 똑같습니다.

에서 더 현실적이 된다는 뜻입니다. 직장을 고를 때에는 직업적 성취도보다는 연봉이나 휴일 등을 더 따지고, 구직 기간이 길어질 것 같으면 눈높이를 낮춰서 빨리 취직하는 쪽을 택하죠.

- **다른 사람의 기준에 맞춰 생각한다** 많은 남자들이 순순히 인정합니다. 아기가 생기기 전에는 이기적이고 자기중심적인 남자였다고 말이죠. 아버지의 역할은 확실히 남자들을 많이 변화시킵니다. 무엇보다 내가 아닌 다른 사람의 욕구나 의사를 먼저 생각하게 되죠. 이는 아빠가 되기 전에는 절대로 일어나지 않는 변화입니다. 결혼 자체는 이런 변화를 자극하지 않는다는군요.

- **아이의 역할 모델이 되려고 한다** 아이가 조금 크면 엄마 아빠의 모든 것을 따라 하기 시작합니다. 특히 말문이 트이고 나면 엄마 아빠의 말투를 그대로 따라 하죠. 이때부터 금연을 하고 술을 줄이는 아빠들이 많아집니다. 실제로 파괴적이고 위험한 행동을 일삼는 아버지 밑에선 폭력적인 아이가 나올 확률이 높습니다. 나쁜 버릇이 있다면 이참에 고치세요. 저는 아이가 태어난 뒤 음주운전과 과속을 하지 않고 신호를 지키는 버릇을 들였습니다.

- **본인의 건강을 챙긴다** 아이가 태어나면 아이가 성장할 때까지 곁에서 지켜주고 싶은 마음이 듭니다. 그래서 병원 문 근처에도 안 가던 사람이 자발적으로 건강검진을 받고, 운동도 규칙적으로 하게 되죠. 평소에 즐기던 인스턴트식품도 멀리하고 건강한 음식에 관심을 갖고 말이죠. 이는 자신은 물론이고 아이까지 건강하게 만드는 좋은 습관입니다.

- **종교나 정신적인 삶을 고려한다** 아이가 생기면 대부분의 남자들이 삶의 가치나 인생관 등에 변화를 겪습니다. 이는 아이가 어느 정도 자라서 좋고 나쁨을 가르쳐야 할 때가 되면 더 현실적인 문제로 떠오릅니다. 이럴 때 종교는 부모에게나 아이에게 정신적인 지주 역할을 해줍니다. 종교가 거북하다면 철학이나 정신적 문제 등에 좀더 관심을 갖고 삶의 목표와 의미 등을 생각해보세요. 아이를 키울 때 많은 도움이 될 거예요.

당신과 배우자 — 3Month

🐻 아내가 일터로 돌아간다면?

아기 엄마가 된 직장 여성들은 산후휴가 기간에 두 가지 모순된 감정에 시달립니다. 어서 아기를 떼어놓고 직장에 복귀하고 싶은 마음과, 하루라도 더 아기를 직접 돌보고 싶은 마음이 그것이죠. 산후휴가 기간이 끝나갈 무렵, 여러 가지 생각으로 복잡한 아내를 어떻게 도와줘야 할까요?

- **유연하게 대처하세요** 일과 육아 사이에서 아내는 오락가락하는 태도를 보일 수 있습니다. 임신 기간에는 아이를 낳고 반드시 직장에 복귀할 거라고 다짐하다가도, 막상 휴가가 끝나면 젖먹이를 떼어놓을 수 없다며 직장에 사표를 내는 식이죠. 정반대의 경우도 있습니다. 이를 두고 비난하거나 언짢아하지 마세요. 아내의 마음이 왜 바뀌었는지, 어떻게 하는 게 아기에게 또 아내에게도 좋은지 대화하세요. 이런 문제에 정답은 없으니까요.

- **아기 돌보는 문제를 잘 정리하세요** 다른 사람이 아기를 제대로 돌봐줄 수 있을까? 엄마들의 마음은 한동안 매우 불안할 수밖에 없습니다. 아내가 불안해하지 않도록 확인할 것은 다시 확인하고 마음을 달래주세요.

- **역할을 분담하세요** 아무리 남편의 의식이 깨어 있는 집이라 할지라도 대부분의 가사 노동과 육아는 여성들이 담당하는 것이 현실입

니다. 특히 엄마라는 역할은 여성에게 그 무엇보다 큰 의미와 의무를 부여합니다. 그래서 엄마가 된 여성은 자신이 감당할 수 있는 것 이상을 하려고 하죠. 자기 자신과 가족들에게 자신이 노력하고 있음을 보여주려고 말이죠.

아내가 그렇게 하지 않도록 하세요. 그런 부담감에서 벗어나 엄마와 아내 역할을 즐길 수 있도록 말이죠. 그러려면 당신이 노력해야 해요. 가끔이라도 먼저 귀가해서 청소를 하거나 저녁 식사를 준비해놓는다면, 아내는 더 마음 편히 아기를 사랑하는 일에 집중할 수 있겠죠. 늘 귀가가 늦다면, 단 30분이라도 아기를 맡아서 돌보세요.

- **아기와 함께하는 시간을 많이 주세요** 당분간 아내를 아기에게 양보하세요. 하루 종일 아기와 생활하다가 출근했으니 얼마나 아기가 보고 싶었겠어요. 지금 아내에게 가장 그리운 대상은 당신이 아니라 아기라는 사실을 받아들이세요.

직장맘의 모유 수유

가장 이상적인 것은 6개월간은 모유만 먹이고, 이후 6개월간은 모유와 이유식을 섞어서 주는 것입니다. 그러나 직장에 다니면서 모유를 먹이기란 말처럼 쉬운 일이 아닙니다. 한 조사에 따르면, 출산 후 12주 안에 종일 근무 직장에 복귀하는 여성의 절반 이상이 모유 수유를 중단한다고 합니다.

그러나 다행히도 모유 수유에 대한 사회적 인식이 점차 바뀌고 있습니다. 아기를 사무실로 데려와 모유를 먹일 수는 없지만, 틈틈이 모유를 짜서 아기에게 젖병으로 수유할 수는 있죠.

모유를 짜는 방법은 두 가지입니다. 손으로 짜는 법과 유축기로 짜는 법이죠. 요즘에는 전자동 유축기가 잘 나와 있어서 손으로 힘들게 짤 일은 별로 없습니다. 직장에 다니면서도 모유 수유를 하고 싶다면, 엄마의 의지가 그러하다면, 다소 비싸더라도 좋은 전자동 유축기를 장만하세요. 모유의 여러 가지 장점을 생각하면 그 값을 하고도 남습니다.

그런데 유축기를 쓴다고 해서 젖이 처음부터 잘 짜지는 건 아닙니다. 유축기에 적응하는 데에도 시간이 꽤 걸리죠. 궁금해서 내 젖꼭지에 유축기를 갖다 대고 작동시켜본 뒤에야 얼마나 힘든지 알았습니다. 두 젖꼭지가 거의 유축기 속으로 빨려들어가는 것 같았죠. 육아에는 정말 쉬운 일이 없다는 걸 다시금 깨달았어요.

젖을 빨던 아기에게 젖병 물리기

그럼 아기를 젖병에 어떻게 적응시켜야 할까요?

- **아기에게 젖병을 보여주세요**   엄마가 직장에 복귀하기 전에 연습시켜야 합니다. 너무 늦어지면 아기가 실리콘 젖꼭지를 완강히 거부할 수도 있거든요. 모유를 젖병에 넣어서 먹이는 연습을 시킬 때에는 아기가 너무 배고프지 않을 때를 선택하세요. 너무 배고픈 상태가 되면 아기는 막무가내로 '진짜' 젖을 찾을 겁니다.
- **꾸준히 연습하세요**   아기는 냄새로 자신의 '주식'을 찾아냅니다. 젖병을 주면 싫어하죠. 꾸준히 연습해서 젖병에 익숙해지도록 만드는 수밖에 방법이 없습니다.
- **아내의 직장 환경을 미리 점검하세요**   직장에서 모유를 짜려면 그럴 만한 장소와 짜낸 모유를 보관할 냉장고가 반드시 있어야 합니다.

막상 익숙해지면 모유를 짜는 데 그리 긴 시간이 걸리지 않을 것이고, 웬만한 직장에는 음료수를 넣어두는 냉장고가 있을 겁니다. 그렇지 않다면 다른 방법을 찾아야겠죠.

짜낸 모유를 어떻게 보관하고 먹일까?

- 모유는 상온에서 8~10시간 동안 보관할 수 있습니다.
- 냉장고에서 일주일 이상 보관하면 안 됩니다.
- 짜낸 모유를 오래 보관하려면 48시간 이내에 얼려야 합니다. 냉장고가 없는 장소에서는 모유 보관용 가방이 유용하죠.
- 모유를 냉동 보관할 수 있는 기간은 3개월입니다. 전용 냉동고라면 1년까지도 보관 가능하죠.
- 얼린 모유를 녹일 때에는 따뜻한 물에 중탕하는 것이 좋습니다. 불가피한 경우에 전자레인지를 이용할 수 있으나, 어떤 경우에도 끓여서는 안 됩니다.
- 전자레인지의 전자파는 모유 속의 이로운 성분들을 파괴하기도 하지만, 모유를 불균등하게 데워서 자칫 아기가 화상을 입을 수도 있습니다.
- 일단 녹인 모유는 24시간 정도는 냉장고에서 보관할 수 있지만, 절대로 다시 얼려서는 안 됩니다.
- 녹인 모유를 수유하기 전에 잘 섞어서 혹은 흔들어서 주세요.

아기를 맡기는 복잡하고도 중요한 문제

아기를 맡기기로 합의하고도 막상 아기를 다른 사람 손에 맡기는 건 쉬운 일이 아닙니다. 아기를 가장 잘 돌봐줄 사람은 당연히 엄마죠. 그러나 그렇지 않은 경우도 있습니다. 아내가 남편보다 좋은 직장을 가졌고, 집에 있기보다는 사회생활을 하고 싶어한다면? 문제가 복잡해지죠? 하지만 안 될 건 없지요. 'Why not?' 아빠가 애를 키우면 하늘이 무너지나요? 아빠가 아기를 키우면 무슨 장점이 있을까요?

- 적당한 유모나 탁아소를 찾느라 고민할 필요가 없습니다.
- 아기와 친밀해지고 아기를 이해할 좋은 기회입니다.
- 부부가 동의하는 양육 방식을 실천할 수 있습니다.
- 아내만 동의한다면 아내를 도울 수 있는 최상의 방법입니다.

집에서 애 보는 아빠가 되는 것은 본인에게나 다른 구성원들에게 만만치 않은 영향을 미칠 중대한 결정입니다. 이를 조금이라도 고려한다면, 다음 질문들을 자신에게 던져보세요.

- **감당할 돈이 있는가?** 두 명이 벌다가 한 명이 벌게 되면 아무래도 전보다는 쪼들리는 생활을 할 수밖에 없죠. 만일 그렇게 하기로 결정한다면 외식 횟수를 줄이고, 모든 부분에서 절약해야 할 겁니다. 불가능한 일은 아니죠.
- **직장을 포기할 수 있는가?** 아직도 수입과 남성성이 비례 관계로 인식되는 상황에서 직장을 그만둔다는 것은 정말 쉬운 일이 아닙니다. 돈을 못 버는 남자는 좋은 남편/좋은 아빠가 아니라는 생각이 문제죠. 1~2년 후 다시 복귀할 수 있다면 문제가 쉬워지겠지만, 그렇지

않다면 이를 기회로 직업을 바꿀 생각을 해볼 수도 있겠죠.

- **내가 감당할 수 있는가?** 집에서 아이를 키우는 것은 생각보다 고되고 외로운 일입니다. 특히 집에 있는 남자들은 여자들보다 더 고립감을 느끼게 되죠. 애를 돌보는 남자에 대한 사회적 지원도 전무하다시피 하고, 주변에 비슷한 남자도 별로 없기 때문입니다. 아기를 유모차에 태우고 마트나 공원에라도 나갈라치면 다른 엄마들의 거북한 시선을 받을 거예요. 호기심이 가득한 시선을 받기보다는 차라리 실업자라고 말하는 편이 더 낫다는 아빠들도 있답니다.

그러나 현재 미국에서만 적어도 200만 명의 아빠들이 매일 집에서 애를 보고 있고, 이 숫자는 늘어가는 추세입니다. 혼자라는 생각을 버리고 인터넷이나 주변에서 비슷한 처지의 아빠들을 찾아 소통하고 더 나은 생활 방식을 찾아보세요.

- **아내가 견딜 수 있는가?** 남편이 아기를 돌보겠다고 하면 기뻐하던 아내도 나중엔 그런 남편을 불편하게 느낄 수 있습니다. 서로 문제를 감추고 외면하다보면 돌이킬 수 없는 결과가 벌어지기도 합니다. 서로 솔직하게 대화하세요. 서로 정직해지지 않으면 부부 관계가 심각하게 손상될 수 있습니다.

아이와 함께하기 3Month

 아기와 놀아주세요

놀아주는 것은 아빠가 아기에게 해줄 수 있는 가장 중요한 일 중 하나입니다. 연구 결과에 따르면, 초기의 놀이 관계가 부모-자녀의 유대 관계 형성에 큰 영향을 끼친다고 합니다. 특히 어릴 적에 아빠와 신체적 놀이를 많이 했던 아이들은 그렇지 않은 아이들보다 더 자존감이 높고 남을 배려하게 됩니다. 그러나 모든 일에는 단계가 있는 법이죠. 아기의 발달 정도에 맞는 방식으로 아기와 놀아주세요.

생후 3개월 무렵의 아기가 할 수 있는 놀이란 미소 짓기 정도입니다. 아기가 미소를 지으면 적절히 반응해주세요. 그러면 아기는 다시 미소를 짓고, 아빠에게 반응을 이끌어낼 행동을 하려고 할 겁니다. 이는 겉보기에 단순한 놀이 같지만, 아기가 다른 사람과 상호 작용하는 방법을 깨닫는 매우 중요한 활동입니다.

 기본

이제 아기는 손의 힘이 어느 정도 생겼습니다. 아기에게 딸랑이나 열쇠, 다른 장난감 등을 쥐여줄 시기가 된 거죠. 아기는 이제 흥미로운 물체에 양손을 동시에 뻗습니다. 그러다가 한 손만 독립적으로 사용할 수 있게 되죠. 아기에게 뭔가를 쥐여줄 때에는 부드럽고 아기를 다치지 않게 할 것으로 선택하세요. 아기가 쥐는 것에 관심이 없다면, 아기에게 자꾸 물건을 쥐여주며 관심을 유도하세요.

　적어도 하루에 30분은 아기와 놀아주세요. 무얼 해야 할지 모른다고요? 아기를 유모차에 태우고 나가 보이는 것들을 설명해주는 것도 놀이입니다. 노래를 불러주거나 아기를 들었다 내렸다 할 수도 있죠. 등을 대고 누워서 아기를 가슴에 앉히고 아기의 손발을 위아래로 움직여주면 좋아요. 그럴 때 "위로" 혹은 "아래로"라는 말을 곁들여주면 더 좋죠.

즐거운 실험

　리본의 한쪽 끝을 느슨하게 아기의 발목에 묶고, 다른 쪽은 모빌에 묶으세요. 누워 있는 아기가 발을 움직이면 '신기하게도' 모빌이 움직이겠죠. 아기는 이를 놀란 눈으로 쳐다보다가 몇 분 뒤에는 원인과 결과의 관계를 이해하고 발을 더 많이 움직일 겁니다. 그 다음에는 리본으로 아기의 팔과 모빌을 연결해보세요. 이때 잠시라도 아기에게서 눈을 떼면 안 됩니다.

음악

　개인 첼로 레슨을 시작하기는 너무 어리지만, 아기에게 음악을 삶의 일부분으로 만들어주기에는 절대 이르지 않은 시기입니다. 이제 아기는 음악에 반응할 준비가 되었습니다. 관련 연구들에 따르면, 자궁 속에서 음악을 들은 아기는 나중에 비슷한 음악을 틀어주면 울음을 멈춘다고 합니다. 아기에게는 가장 기본적인 리듬 감각이 내장되어 있지요. 아기를 바닥에 눕히고 라디오 볼륨을 조금만 올리세요. 아기가 어떻게 팔다리를 움직이나요? 아직 음악에 맞추지는 못하겠지만, 분명히 반응을 보일 거예요. 그렇다면 아기에게 음악을 들려줄 때 어떤 점들을 고려해야 할까요?

아기는 태어나기 전부터 언어를, 언어의 다른 형태인 음악을 들었습니다. 아기에게 말을 걸듯이 음악도 많이 들려주세요. 물론 지나쳐선 안 되겠죠. 아기도 쉴 시간이 필요하니까요.

음악의 장르는 상관없어요. 광범위한 음악 장르를 들려주세요. 장조든, 단조든, 빠르든 느리든, 어떤 악기이든 상관없습니다. 다만 이 시기의 아기는 단순한 멜로디를 좋아하므로 복잡한 음악은 나중으로 미뤄두세요. 아기를 놀라게 할 음악도 마찬가지고요. 그리고 아기의 반응을 주목해서 살피세요. 음악이 바뀌면 아기의 움직임도 따라서 바뀌나요?

어차피 같이 듣는 음악이니까 엄마 아빠가 좋아하는 음악을 선곡한다면 더 좋겠죠. 음악적 감을 타고난 아기라면 그 음악을 흉내내기도 하지만, 그런 경우는 극히 드뭅니다.

웹사이트를 활용하면 아기에게 좋은 음악을 무한정 들려줄 수 있습니다. 킨더뮤직(www.kindermusik.com)이나 뮤직투게더(www.musictogether.com)에서는 모든 연령대의 아이들에게 들려줄 수 있는 다양한 음악이 준비되어 있습니다. 아니면 집에 있는 CD를 들려주어도 상관없어요. 음악을 들려주는 것 자체가 중요하니까요. 아기를 베토벤으로 키울 욕심은 버리고, 그저 아기가 음악을 즐기도록 해주세요. 그것만으로도 두뇌 발달이 촉진된답니다.

읽기: 태어나서 생후 8개월까지

아기에게 책을 읽어주는 것이 무슨 효과가 있느냐고요? 아이에게 책을 읽어주면 어휘력이 늘어나고, 집중력이 향상되며, 책과 활자에 대한 이해도가 커지고, 읽는 법을 어렵지 않게 배울 수 있습니다.

미국 재소자의 60퍼센트가 문맹이며, 청소년 범죄자의 85퍼센트가 읽기에 문제가 있다고 합니다. 책 읽기는 아이에게 대단한 중요한 습관이며, 아무리 빨리 시작해도 이르지 않습니다.

- **생후 2개월까지** 이 시기의 아기에게 책을 읽어준다는 것이 '소 귀에 경 읽기'처럼 느껴질 수 있습니다. 아기가 책을 쳐다보거나 손으로 친다고 해도 이는 전적으로 우연일 따름이죠. 이 시기에 무엇을 읽어주는지는 중요하지 않습니다. 아기에게 가까이 다가앉아 언어의 리듬과 느낌을 전달하는 시기이죠.

- **생후 3개월** 책을 읽어주면 이제 엄마 아빠의 손가락을 잡기 시작할 겁니다. 별것 아닌 것 같지만, 이 작은 행동은 아기가 책을 별개의 물체로 인식하기 시작했다는 신호입니다. 더불어 아빠가 읽어주는 것을 좋아한다는 의사 표현이죠. 간단한 삽화가 있는 책이 시나 동요보다 낫습니다.

- **생후 4개월** 이제 아기는 자리에 앉아서 아빠의 책 읽는 소리를 들을 수 있습니다. 그러다가 책에 손을 뻗칠 수도 있죠. 그러나 흥분하기에는 이릅니다. 아기는 아직 책의 어떤 것도 구별하지 못하니까요. 그림책을 보여주기 시작하면 좋습니다.

- **생후 5개월** 이제부터 대부분의 아기들이 아빠가 가리키는 것에 반응하기 시작합니다. 아기의 반응을 유도하는 두 가지 방법이 있습니다. 첫째, 아기의 눈을 바라보고 손으로 가리키며 아기가 시선을 보내는 것에 대해 이야기합니다. 둘째, 무언가를 가리키며 아기가 그것을 보도록 유도합니다. 반복이 중요해요. 리듬과 운문, 반복, 또 반복!

- **생후 6개월** 이제 아기는 이야기를 듣다가 익숙한 부분이 나올 때쯤 팔을 휘젓거나 빙그레 웃습니다. 출생 직후부터 계속 책을 읽어주었다면, 이제 아기가 무슨 책이나 내용을 좋아하는지 알 수 있습니다. 주의할 점은, 이 시기의 아기들은 무엇이든지 입으로 가져가려는 습성이 있다는 것입니다. 책을 가까이에 두면 입에 가져가 물고 긁고 찢으려 하죠. 책을 읽어 주기 전에 아기 입에 젖병이나 비슷한 것을 물려 주고, 재밌는 소리로 아기의 관심을 분산시키세요. 이는 이제부터 아기 손이 닿는 곳에 귀중품이나 위험한 물건을 두면 안 된다는 뜻이기도 합니다.
- **생후 7개월** 아기는 이제 일부러 책을 찢으려 하고, 책장을 넘기는 시늉도 합니다. 실제로 책장을 넘기려면 한두 달 더 걸리지만요. 이 시기의 아기들에게는 책의 줄거리보다는 모양이나 그림이 중요합니다. 익숙한 모양이 밝은 색으로 그려진, 책을 읽으며 다양한 소리를 낼 수 있는 책을 좋아하죠.

그럼 아기들에겐 어떻게 책을 읽어주는 것이 좋을까요? 방법을 몇 가지 소개합니다.

- 책을 읽어주기에 적당한 장소를 선택하세요. 조용하고 환한 장소가 좋겠죠.
- 시간을 정하세요. 온 정신을 아기에 책에 쏟을 수 있게 말이죠. 아기는 낮잠 전후가 좋아요.
- 한 번에 최소한 15분은 읽어주세요. 그러나 아기가 15분 동안 얌전히

책을 본다는 건 애초에 불가능한 일이죠. 길어 봤자 30초? 그러니 아기가 좋아하는 인형이나 소리 나는 장난감 등을 옆에 놓고 간간이 아기의 관심을 끄세요.

- 목소리와 얼굴 표정에 변화를 많이 주세요.
- 반드시 책을 다 읽을 필요는 없겠죠. 아기가 힘들어 하거나 기분이 좋지 않으면 미련 없이 중단하세요. 억지로 읽어주려 하면 아기가 책 자체를 싫어하게 됩니다.
- 아기와 교감하며 읽으세요. 책을 읽다가 재미있는 부분이나 그림이 나오면 손가락으로 가리키며 질문하세요. "돼지가 어디 있지?" "커다랗고 못된 늑대가 뭐라고 하니?"
- 길고 어려운 책은 금물. 다시 말하지만 책의 내용보다는 책을 읽어주는 목소리 톤이 중요해요. 가벼운 동화책을 읽어주세요.

산책 나가기

명심하세요. 아기와 함께 산책을 나갈 때 아기를 옷이나 이불로 둘둘 싸매지 마세요. 아무리 얘기해도 대부분의 엄마 아빠들이 갈등하는 대목이죠. 아기를 둘둘 싸면 비정상적인 고열과 경련이 일어날 수 있어요. 땀을 많이 흘려 열사병에 걸리기도 하죠. 특히 따뜻한 날 아기를 안거나 업고 다닐 때 조심해야 합니다.

물론 너무 춥게 입혀도 문제죠. 정답은 엄마 아빠처럼 입히라는 겁니다. 날씨가 추우면 얇은 옷을 여러 벌 입히고, 아기가 땀을 흘리면 한두 개 벗겨주세요.

그러나 아기는 춥다거나 덥다고 말을 못 하죠. 아기를 주의 깊게 관찰하

> ### 자외선 차단제
>
> 생후 6개월이 되기 전에는 자외선 차단제를 일체 쓰지 마세요. 이는 신생아가 햇볕에 노출되면 안 되는 이유와 같습니다. 자외선 차단제는 아무리 유아용이니 유기농이니 선전해도 화학물질로 가득 차 있어서 알레르기 반응을 잘 일으킵니다. 생후 6개월 이후에는 무향, 무알콜, PABA 성분이 없는 영아용 저자극 상품을 선택하세요. 하와이안 트로픽, 존슨앤존슨, 워터 베이비스는 모두 좋은 재료를 씁니다. 외출하기 30분 전에 자외선 차단제를 발라주고, 3시간마다 덧발라주세요. 특히 손발과 팔다리를 세심하게 발라주세요. 양말이 내려가거나 바지가 말려 올라가 맨살이 햇볕에 노출될 수 있으니까요.

세요. 아기는 너무 추우면 울 것이고, 너무 더우면 무기력하게 처져 있을 겁니다.

여름철 산책

생후 6개월간은 직사광선을 피해야 합니다. 이 시기의 아기 피부는 짧은 햇볕 노출에도 심하게 손상될 수 있습니다. 외출 시에는 아기에게 가볍고 밝은 색의 긴소매 셔츠와 긴 바지를 입히세요. 넓은 챙이 모자를 씌우고 자외선 차단 선글라스까지 씌우면 완벽하겠죠. 오전 11시부터 오후 3시까지는 파라솔이나 햇빛 가리개가 달린 유모차가 필수입니다.

여름에 야외 소풍을 나갈 때에는 스웨터나 양말, 담요 등은 치우세요. 오히려 실내에 있을 때 에어컨 때문에 이런 용품들이 필요하죠.

한 가지 더, 구름이 잔뜩 끼거나 흐린 날에는 피부가 타지 않는다고 생각하면 오산입니다. 구름이나 안개가 낀 날에도 6퍼센트의 자외선이 내리쬔다는 연구 결과가 있습니다.

각종 피부 트러블

햇볕

햇볕은 우리에게 꼭 필요하지만, 갖가지 트러블을 일으키는 원인이기도 하죠.

- 햇볕에 타면 시원한 물수건을 해당 부위에 덮어주세요. 그래도 피부가 벌겋게 부풀어 오르고 열이 나면 즉시 병원에 데려가세요.
- 옷을 너무 많이 입히거나 기저귀, 살 접힘 등으로 아기 몸 곳곳에 작고 빨간 발진이 생기는 것을 땀띠라고 합니다. 특히 목과 어깨의 경계, 팔과 팔꿈치, 무릎 안쪽, 엉덩이 등에 자주 생기죠. 땀띠가 나면 시원하게 해주는 게 최선입니다. 시원한 면 수건이나 옥수수 녹말가루를 땀띠 부위에 대거나 발라주어도 좋아요.

벌레

여름에 햇볕만 위험한 건 아니죠. 아기가 벌레에 물리지 않게 하는 몇 가지 비법을 알려드리죠.

- 향이 있는 파우더나 로션, 기저귀를 사용하지 마세요. 벌레가 좋아합니다.
- 가능한 한 살충제류는 사용하지 마세요. 긴소매 옷과 긴 바지면 충분합니다.

- 꽃무늬 옷을 입히지 마세요. 벌레들은 진짜 꽃과 꽃무늬를 잘 구분하지 못하거든요. 어두운 색보다는 밝은 색 옷이 벌레를 덜 끌어들이죠.
- 야외에서는 유모차에 모기장 같은 걸 치고, 실내에서는 아기 침대 가까이에 작은 선풍기를 설치해주세요. 모기 등의 벌레들은 바람을 싫어하거든요.

암모니아 피부염 혹은 기저귀 발진

햇볕이나 벌레는 차단할 수 있으나, 아무리 예방하려고 해도 안 되는 것이 '암모니아 피부염'입니다. 일명 '기저귀 발진'이죠. 기저귀에 오줌을 누면 기저귀 안에 바로 습기가 차게 되죠. 그리고 오줌 속의 산성 물질이 아기의 피부를 공격합니다. 물론 요즘엔 일회용 기저귀가 많이 좋아져서 소변의 습기가 바로 젤 타입으로 변해 아기 엉덩이를 지켜준다죠. 하지만 용변, 특히 대변에 있는 산 성분은 아기 피부에 치명적입니다. 발진이 생기면 방법은 단 하나. 기저귀가 조금만 젖어도 바로바로 기저귀를 갈아주는 것입니다.

- 천 기저귀를 사용해도 너무 꼭 끼거나 통기가 안 되는 바지를 입히면 안 됩니다.
- 암모니아 피부염이 생기면, 하루에 몇 번씩 기저귀를 빼주세요. 밑에 마른 수건을 깔아주면 좋겠죠.
- 기저귀를 갈 때마다 발진 연고를 발라주세요. 아무리 순한 성분의 연고라도 2~3일 이상 계속 바르면 안 됩니다. 연고가 다 흡수된 뒤에 기저귀를 다시 채우세요.

생후 4개월

무럭무럭 자라는 아기

아기에게 일어나는 일들 — 4Month

🐨 신체

- 움직이는 물체를 따라 눈과 머리를 제법 능숙하게 움직입니다.
- 손을 더 자유자재로 쓸 수 있고, 손가락을 사용해 작은 물체를 쥘 수 있습니다. 대부분 입으로 가져가지만 말이죠. 이는 세상을 제 쪽으로 가져오기 위함입니다. 그러나 아직 엄지손가락은 잘 사용하지 못해요. 엄지손가락을 능숙하게 쓰려면 몇 달 더 있어야 합니다. 이러니 물건을 쥐는 게 서툴어요. 잡을 수는 있어도 놓는 건 아직 어렵답니다.
- 이달 말이 되면 몸의 양쪽을 따로 쓸 수 있다는 사실을 알아챕니다. 이 손 저 손으로 물건을 넘겨 보내며 신기해하죠. 하지만 아직 뚜렷하게 구분하지는 못 해요.
- 엎드려 누운 자세로 한동안 고개를 90도로 들 수 있고, 팔뚝으로 몸을 버틸 수 있습니다. 계속 엎드려 놓으면 앞뒤로 몸을 굴려 뒤집죠. 그러다 몸이 뒤집혀 놀라기도 합니다.
- 일으켜 세우면 일어나려 애씁니다. 그러나 자주 아기를 일으켜 세우지는 마세요. 아직 몸무게를 지탱할 정도로 골반이 튼튼하지 않으니까요. 앉혀놓으면 등을 곧게 세우지만 여전히 머리가 불안하게 흔들립니다.

🐻 지능

- 팔과 다리가 몸의 일부라는 사실을 알아챕니다. 매일같이 오랫동안 자기 손을 바라보며, 자신의 얼굴과 입, 발 등 손으로 만질 수 있는 신체 부위를 발견해가며 시간을 보내죠.
- 원인과 결과의 관계를 이해하는 데 오랜 시간을 보냅니다. 우연히 장난감을 발로 찼는데 소리가 났다면 다시 똑같이 해보는 겁니다. 그래서 젖병이나 엄마 젖을 보기만 해도 흥분하는 겁니다.
- 유사한 물체를 조금씩 구별하기 시작하고, 진짜 얼굴과 사진 속의 얼굴을 명백하게 구별하게 됩니다. 더 나아가, 다른 물체와 자신의 차이점을 구분할 수 있게 됩니다. 재미난 장난감이 필요해지는 시기죠.
- 물건이나 사람에게는 이름이 있다는 걸 알고, 자기 이름을 들으면 가끔 반응합니다.

🐻 언어

- 혀와 입 모양을 변화시켜 말하려고 애씁니다. 무언가 생각나면 먼저 말하려고 시도하죠. 정말 무언가를 말하려고 하는데 자신에게 집중해주지 않으면 짜증을 터뜨릴 겁니다.
- 뭔가 얘기해주고 몇 분쯤 기다리면, 아기는 아마 '대답'할 겁니다. 아기가 그간 습득한 단어들, 이를테면 "꽥!"하거나 "으허!" 하면서 말이죠.
- 소리, 그중에서도 사람의 목소리를 들으면 적극적으로 찾아봅니다.

감정·사회성

- 몸의 움직임이 좀 자유로워지면서 아기의 기분은 명랑해집니다. 잘 웃고, 까꿍 놀이를 즐기며, 팔다리를 힘차게 휘두르며 즐거워하죠. 몸을 사용해서 "다시 해봐요." "일으켜 세워주세요." 등의 의사를 표현합니다.
- 놀기 위해서 다른 욕구를 참을 수 있으며 사람들과 어울리고 싶어합니다. 음식을 먹다가 엄마 아빠가 이야기를 하면 잠시 멈추고 듣기도 합니다.
- 웃거나 사물을 바라보는 시간이 늘어납니다. 더 놀고 싶은데 제지당하면 울음을 터뜨립니다.
- 장난감 등 좋아하는 '놀이 친구'가 생깁니다.
- 아기에게는 매우 바쁜 성장기로, 한밤중에 깨어나 놀아달라고 하는 등 생활 리듬에 변화가 있습니다.

"아기 때문에 집에 일찍 가야 하는데요."

아기가 태어나면 관심사와 우선순위가 변한다고 한 말 기억하세요? 나 자신에서 아기와 가족으로 말이죠. 이제는 아빠들의 직업을 성찰해볼 차례입니다. 가족을 위해 어떤 것을 선택하시겠습니까? 더 많이 일하고 많이 버는 쪽입니까, 아니면 업무 시간을 줄이고 덜 버는 쪽입니까?

미국의 '가족과 직업 연구소Families and work institute'에 따르면, 일하는 아빠 중 70퍼센트가 직업과 사회경제적 지위와 관련 없이 직업과 가정 사이에서 갈등을 경험한다고 합니다. 힘겨운 투쟁이죠. 또한 미국인 57.6퍼센트는 고용주가 가정과 일의 균형을 찾으려는 직원들의 노력을 모른다고 했습니다. 흥미로운 점은, 45~54세의 연봉 4만 달러 이상의 대졸자 아빠들이 18~24세의 고졸 아빠들보다 그렇게 느끼는 경향이 30퍼센트 더 높다는 사실입니다.

어쨌든 이 조사는 요즘 아빠들은 가족과 보내는 시간이 줄 수밖에 없는 승진이나 전근을 거절하는 등 돈보다는 가족을 중시하는 중대한 변화를 보여줍니다. 20~39세의 남성들 가운데 무려 30퍼센트가 연봉이 높고 전망 있는 일보다는 가족과 많은 시간을 보낼 수 있는 일이 낫다고 대답했습니다. 물론 모두 그런 것은 아니죠. 아직도 동료에게 아이를 보러 집에 간다는 말보다 술집에 간다고 하는 남자들이 적지 않으니까요.

모유 수유가 아빠에게 미치는 영향

아기가 태어나기 전에는 대부분의 남자들이 모유 수유가 아기에게 최선이라고 믿고 아내가 그렇게 해주길 바랍니다. 그러나 막상 아기가 태어나면 양상이 조금 달라지죠. 여전히 모유가 최고라고 여기지만, 전처럼 모유 수유를 지지하지는 않습니다.

'모유 수유가 남자에게 미치는 영향'을 규명한 연구에 따르면, 대부분 아빠들은 모유 수유가 "임신 중에 형성된 엄마와 아기의 특별한 관계를 지속시킨다."고 느끼는 것으로 나타났습니다.

그러면서 아빠들은 다음과 같은 감정을 경험한다고 합니다.

- 아이와 관계를 발전시킬 기회가 줄어든다.
- 무기력과 무능력.
- 아기는 나와 아내의 관계에서 생겼는데…….
- 내가 아내의 모유 수유만큼 아이를 만족시킬 수 있을까?
- 아기가 젖을 떼면 자신과 시간을 보낼 수 있을 거라는 기대.
- 여자는 특정 지식과 기술로 양육과 모유 수유를 성공시킨다는 추측.

물론 사람마다 느끼는 감정은 다 제각각입니다. 남자만 그런 것도 아니고요. 젖을 먹이는 당사자인 엄마도 모유 수유에 대해 몇 가지 모호한 감정을 느낍니다.

- 피로감. 쉽고 편안해 보이지만, 모유 수유는 굉장히 고된 일입니다.
- 행복하게 젖을 먹이는 엄마의 이미지에도 불구하고, 실제로는 즐기지 않을 수도 있어요. 이는 죄책감이나 무력감을 낳죠. 남자만 이런 감정을 느끼는 것이 아닙니다.
- 모유 수유 때문에 못하는 일들이 많다고 느끼죠.
- 아기가 빨리 자랐으면 좋겠다고 생각하며, 그에 대한 죄책감과 미안함을 느낍니다. 엄마라면 아기와 함께 있을 때 응당 행복감을 느껴야 하는데…….
- 남편이 모유 수유에 관해 던지는 질문에는 관심이 없을 것입니다. "얼마나 나와?" "양쪽이 비슷하게 나와?"

모유를 먹이면 아빠들이 도와줄 일이 별로 없는 건 사실입니다. 그러나 왜 할 일이 없겠어요. 모유 수유하는 아내를 도울 수 있는 방법을 생각해 보죠.

- 젖병에 모유를 넣어서 먹일 수 있죠. 그러나 이는 아내에게 고통스러운 일일 수 있으니 강요하지 마세요. 손이나 유축기로 젖을 짜는 건 결코 쉬운 일이 아니랍니다.
- 젖병에 모유를 넣어 먹일 때 아기가 아빠의 손길을 거부한다고 해도 기분 나빠하지 마세요. 대부분의 아기들이 젖병에 달린 실리콘 젖꼭지에 적응하는 데 시간이 걸립니다. 끝까지 거부하는 아기도 있죠. 그러나 포기하지 마세요. 진짜와 유사한, 매우 다양한 실리콘 젖꼭지들이 판매되고 있으니 이것저것 시험해보세요.
- 아내가 모유를 먹인다면, 안고 놀고 재우는 것 외에 목욕이나 기저귀 갈기처럼 스킨십이 필요한 일을 많이 하세요. 아내에게 쉴 시간을 주면서, 아빠로서 자신감과 기쁨을 느낄 수 있는 기회이죠.

내 인생은 예전과 같지 않겠지?

첫아기가 태어나기 전, 주변 사람들은 귀에 못이 박히도록 말했습니다. 아기가 태어나는 순간부터 삶이 완전히 바뀐다고. 자기만 책임지면 되는 삶에서 아이를 먼저 책임져야 하는 삶으로. 그건 '경고'였죠. 잠이 부족해지고, 개인적인 생활은 없어진다고 했습니다. 그러니 지금 아기가 생기기 전에 마음껏 영화와 책을 보고 부부 생활을 즐기라고 말이죠. 이 말들은 모두 옳았습니다. 그러나 그중 우리를 부모로 변화시키는 데 도움을 주는 조언은 없었죠.

내가 아빠로서 경험한 변화 중 가장 흥미로운 것은, 아빠가 되기 전의 기억들이 미묘하게 변했다는 것입니다. 이는 내가 이전의 삶을 기억하지 못하기 때문이 아닙니다. 내 정체성의 많은 부분이 이제 아버지라는 역할에 묶여 있기 때문인데, 돌아보면 아기가 없던 시절이 오히려 불안정하고 부족하게 느껴지기까지 합니다. 대부분의 아빠들이 비슷한 감정을 느낍니다.

홀로 해변을 거닐고, 하루 종일 자고, 한밤중에 친구들과 맥주를 마시러 나가던 즐거운 기억이 아직도 또렷합니다. 달라진 점은, 이제 그러기보다는 아이들과 더 많은 시간을 보내야 한다고 느낀다는 것이죠. 그것이 반드시 의무감만은 아닙니다.

여자만이 느끼는 감정

특히 모유를 먹이는 엄마는 양육을 조율하고 아빠를 거기에 초대할 것인지 말지를 결정할 권리가 있습니다. 그리고 엄마가 혼자만의 시간을 충분히 가질 때, 아빠-자녀 시간을 만드는 데 중요한 역할을 하죠. 아빠가 엄마-자녀 관계의 주요 지지자로 인식되는 것처럼, 엄마도 아빠-자녀 역할을 뒷받침합니다. 모유를 먹이는 엄마가 아빠를 지지해주면 아빠로서의 역할이 향상되며, 이는 모유 수유를 하는 동안 엄마로서의 만족감과 엄마-아빠 역할의 균형도까지 향상시킵니다.

남자가 된다는 것

왜 많은 남자들이 모르는 길에 들어섰을 때 잠시 멈춰 서서 묻기보다는 30킬로미터를 잘못 운전해갈까요? 그 이유는 두 가지입니다. 첫째, 소년 시절에 우리는 지식과 남성성을 결부짓는 사회화 과정을 거쳤습니다. 남자라면 뭐든지 다 알아야 하고, 길을 잃어버렸다고 인정하는 것은 남성성이 결여된 약자 혹은 패자의 증거죠. 둘째, 우리는 강하고 독립적이고 목표 지향적이 되도록 배웠기 때문에, 길을 묻는 행위 자체가 나약함을 뜻한다고 여기게 되었습니다. 이는 이 세상 모든 남자가 쉽게 깨지 못하는 불문율 같은 것이죠. 가사와 양육에 적극 참여하는 가정적인 남자의 모델 자체가 아예 없기 때문에, 가정적인 요즘 아빠들도 아기를 어떻게 돌보는지 안다고 주장하기가 어렵게 되었습니다.

잘 모르면 물어보는 게 상책이지만, 대부분의 남자들은 누군가에게 물어봄으로써 자신의 무능력 혹은 부족함을 드러내지 않으려 합니다. 특히 아내에게는 더욱 그렇죠. 여기에 몇 가지를 더 첨가해보죠.

- 우리가 최근 느끼는 혼란과 공포.
- 남자가 육아에 적극적이면, 주변의 덜 가정적인 남자보다 남자답지 못하다는 생각.
- 남성 안의 '여성성'을 발견해야 한다, 혹은 더 좋은 아빠가 되려면 '모성애'를 길러야 한다는 문화적 메시지.

이처럼 아빠가 되는 경험과 관련하여 아빠들이 내심 궁금해하는 것이, 어떻게 남성성을 유지하면서 좋은 아빠가 되는가입니다. 이런 내적 갈등이 결국 양육을 아내에게 일임하고 아이가 아빠 없이 자라도록 방치하는 남자들을 만들어내고 있습니다.

자, 이제 선택하세요. 적극적으로 가사에 참여하고 양육에 동참하며 책임감을 기르는 가장 힘들지만 보람 있는 도전을 하겠습니까, 아니면 우리 아버지들이 했듯이 모든 걸 아내에게 떠맡기고 무책임한 아버지로 남겠습니까? '진짜' 남자라면 어떻게 할까요?

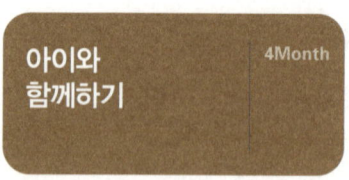

 아기의 9가지 기질

지금으로부터 50년 전, 심리학자 스텔라 체스Stella Chess와 알렉산더 토머스Alexander Thomas 부부가 아기에게는 9가지의 기본 행동과 감정적 양식이 있다고 주장했습니다. 이른바 '기질'이란 것이죠. 전문가들은 이런 특징적 성질이 일생 동안 꾸준히 이어지며, 아이들의 상황과 결합하여 그 아이의 성격이 된다고 봅니다. 아기가 '편안한' 사람이 될지, '도전적인' 사람이 될지가 이 기질로 결정된다는 것이죠. 더욱 흥미로운 점은, 아이의 성질이 부모의 행동과 태도에도 큰 영향을 미친다는 것입니다.

지난 몇 십 년간 체스와 토머스의 기질 연구는 많은 연구자들에게 영향을 미치며 확대, 향상되었습니다. 그러면서도 변하지 않은 한 가지는, 기질에 관한 이해가 아이를 이해하는 데 도움을 주어 아이의 인생 전체를 변화시킨다는 것입니다.

체스 부부가 규정한 아기의 9가지 기질적 특성을 읽어보세요.

① **접근성/후퇴성** 익숙하지 않은 상황에서 아기가 보이는 초기 반응. 예를 들어 새로운 사람을 만나고, 새로운 음식을 먹고, 새로운 상황에 놓일 때 보이는 반응.
② **적응도** 접근성/후퇴성과 비슷하나, 아기의 평소 생활, 기대, 장소, 생각의 변화에 대한 장기적 반응과 관계됨.
③ **격렬함** 아기가 평소 감정을 표현할 때 사용하는 에너지 양.
④ **기분** 행복해하거나 짜증을 내는 등 아기가 평소에 느끼는 일반적 기분. 긍정적/부정적.
⑤ **활동 수준** 아기가 하루 종일 쏟는 에너지량.
⑥ **규칙성** 배고픔, 졸음, 기저귀에 용변을 보는 시간이나 양 등 매일의 예측 가능도.
⑦ **민감성** 고통, 소음, 기후 변화, 불, 냄새, 선호도, 질감, 감정 등에 관한 민감성(소음에는 예민하나 냄새에는 둔감할 수 있음).
⑧ **집중력** 아기가 집중하는 정도.
⑨ **끈기** 집중력과 비슷하지만, 초기 반응을 넘어서서 장애물을 극복하고자 노력하는 정도.

이제 다음 페이지에서 아기들의 기질에 대해 알아본 뒤, 164쪽 표에 맞춰 아기에게 점수를 매겨보세요. 아내도 같이 불러서 해보면 좋아요.

아기의 9가지 기질

다가오는 아기
- 부모와 쉽게 떨어짐.
- 새로운 사람들을 만나고 상호작용하는 것을 즐김.
- 새로운 음식을 맛보는 것을 좋아함.
- 새로운 환경에서 쉽게 편안함을 느낌.

물러서는 아기
- 수줍음이 많으며, 새로운 환경과 낯선 이들 사이에서 부모에게 달라붙음.
- 부모와 떨어지기 어려움.
- 새로운 경험을 하기 전에 준비할 시간이 필요.
- 식성이 까다롭고 맘에 안 드는 음식은 뱉음.

빠르게 적응하는 아기
- 빨리 잠들며 어디에 있든 불평하지 않음.
- 일상생활의 변화에 신경 쓰지 않음.
- 다른 사람들이 쉽게 먹일 수 있음.
- 다른 사람들에게 안기는 데 신경 쓰지 않음.
- 누가 말을 걸면 미소를 지어 보임.
- 어디에 가든 즐거워함.

느리게 적응하는 아기
- 낯선 장소에서 잠자는 것을 거부함.
- 한 번 깨면 다시 자기 힘듦.
- 낯선 사람이 안는 것을 싫어함.
- 새로운 환경에 적응하는 데 오랜 시간이 걸리고, 한번 흥분하면 안정을 찾는 데 오래 걸림.

격렬하지 않은 아기
- 감정을 표출하나 읽기 힘듦.
- 우울한 감정.
- 무심함.

격렬한 아기
- 낯선 사람, 시끄러운 소리, 밝은 불에 강하게 반응.
- 좋거나 나쁘면 큰 소리를 지르거나 욺.
- 배고픔이나 갈증, 불편 등을 확실하게 알림.

긍정적인 아기
- 모든 것에 웃어 보임.
- 기저귀를 갈아주면 행복한 미소.
- 새로운 것을 하기 좋아함.
- 엄마 아빠를 보기만 해도 행복함.

부정적인 아기
- 기저귀를 갈아줘도 울음을 그치지 않음.
- 신경질적이고 짜증을 잘 냄.
- 아무 이유 없이도 칭얼댐.
- 머리를 빗을 때에도 불평.

활동적이지 않은 아기
- 모유를 먹거나 기저귀를 갈 때 누워 있는 것에 만족.
- 자동차의 유아용 시트에 얌전히 앉아 있음.
- 레슬링보다는 그네를 좋아함. 신체적인 놀이를 덜 선호함.

활동적인 아기
- 잠잘 때 많이 움직이고 이불을 걷어참.
- 깨어 있을 때 가만히 있지 않음. 옷 입히고, 기저귀 갈고, 목욕시키고, 수유하기 어려움.
- 활동이 적은 아기보다 신체 발달이 훨씬 빠름.

예측 가능한 아기
- 매일 똑같은 시간에 배고파 하고 용변을 봄.
- 규칙적으로 먹고 자는 걸 좋아함.
- 일상의 변화를 싫어함.

예측 불가능한 아기
- 언제 리듬이 바뀔지 알 수 없음.
- 밤에 몇 번이고 깨고 낮잠을 안 자는 등 수면 문제.
- 식사 시간이 일정하지 않음.
- 불규칙한 용변.

둔한 아기
- 시끄러운 놀이나 행사를 좋아함.
- 기저귀가 젖어도 상관하지 않음.
- 감정적으로 안정됨.
- 목소리를 잘 구별하지 못함.
- 옷에 붙은 라벨이나 밝은 불빛, 따가운 옷감에도 별로 고통받지 않음.

예민한 아기
- 쉽게 자극 받음.
- 약간의 움직임이나 불빛에도 쉽게 반응.
- 시끄러운 소리에 굉장히 흥분.
- 맛의 미묘한 변화도 감지.
- 젖은 기저귀를 매우 불편해함.
- 옷감, 라벨, 옷의 착용감에 매우 예민.

집중을 잘하는 아기
- 흥분하면 달래기 힘듦.
- 우유를 먹는 등 중요한 순간에는 소음이나 익숙한 목소리를 의식하지 못함.

산만한 아기
- 잘 집중하지 못함.
- 모유를 먹을 때에도 쉽게 산만해짐.
- 흥분하면 쉽게 달랠 수 있고, 안으면 빨리 울음을 그침.
- 울다가 바로 웃음.

끈기 있는 아기
- 한 번에 몇 분씩 집중함.
- 새로운 동작 기술을 익히기 좋아함.
- 달가닥거리는 소리나 모빌에 1분 이상 집중함.
- 다른 아이들이 놀 때 주의를 기울임.
- 놀아주기를 끝내면 울음.

끈기 없는 아기
- 지속적인 관심이 필요함. 혼자 오래 놀지 못함.
- 집중력이 약하고 간단한 일에도 쉽게 좌절.
- 재미있는 장난감을 갖고도 쉽게 싫증냄.
- 새로운 기술을 익히는 데 별로 관심이 없음.

성질	점수						
접근성/후퇴성	다가온다	1	2	3	4	5	물러선다
적응도	빠르다	1	2	3	4	5	느리다
격렬함	낮다	1	2	3	4	5	높다
기분	긍정적	1	2	3	4	5	부정적
활동 수준	낮다	1	2	3	4	5	높다
규칙성	예측 가능	1	2	3	4	5	예측 불가능
민감성	둔하다	1	2	3	4	5	예민하다
집중력	높다	1	2	3	4	5	낮다
끈기	있다	1	2	3	4	5	없다

만일 1번과 2번이 많다면, 당신은 복 받은 부모입니다. 정말로 키우기 '편한' 아기를 가진 겁니다. 약 40퍼센트의 부모가 이에 해당하죠.

당신의 아기는 항상 웃고 행복합니다. 밤에도 잘 자고, 매일 규칙적인 시간에 먹으며, 놀고 새로운 사람을 만나는 걸 즐기죠. 화를 내거나 짜증을 부려도 즉시 가라앉힐 수 있습니다. 이런 아기에게는 애정을 느끼기 쉽고, 잘 키울 수 있다는 자신감도 금세 생깁니다.

그러나 상황에 따라 1번과 2번이 '바람직하지 않은' 성향인 경우도 있습니다. 표에 나와 있는 대로, 집중을 잘하는 아기는(1이나 2점) 소음에 놀라지 않지만 달래기 어렵고, 산만한 아기는(4나 5점) 가만히 앉아 있지 못하지만 달래기 쉽죠.

4번이나 5번이 많이 나오는 아기는 '도전적' 성향을 지녔습니다. 약 10퍼센트의 부모가 여기에 해당합니다. 이런 아기를 둔 부모는 절망할 수밖에 없습니다.

밤에 잠을 자지 않고, 잘 먹지도 않을 것이고, 조그만 소음이나 환경 변화에도 놀라고, 한 번에 몇 시간씩 울어댑니다. 그리고 신경질적이죠. 부모는 아기에게 지치고 우울감을 느끼고, 다른 사람들 보기에도 창피할 거예요. 자신이 양육에 서툴다는 느낌에 죄책감이 들고, 주변에서 '편한' 성향의 아기 얘기를 들으면 질투심마저 들죠. 한 마디로, 늘 양육에 불만을 느끼고 좌절하며 자신이 아빠로서 실패했다고 느낍니다. 그래서 늘 도망치고 싶죠.

그러나 어쩌겠어요. 기질은 타고나는 것으로, 누구의 잘못도 아닙니다. '도전적' 성향의 아기를 키우는 것은 그 자체로 또 다른 도전입니다. 문제는 아기와의 상호작용이에요.

아기와 자신의 성향을 살피고 비슷한 점과 다른 점, 이른바 '적합도'를 찾아보세요. 당신과 아기 모두 '매우 산만한' 편이면, 이 책도 중간쯤 읽다가 던져버릴 가능성이 높아요. 그러나 당신이 '매우 적극적이고' 아기는 '매우 소극적'이라면, 아기를 가까운 지인들에게 소개하는 것도 기피할 수 있습니다.

하지만 아기의 기질을 이해한다면 아기로 인한 스트레스와 좌절도 줄고, 부모나 아기가 더 즐거운 방향으로 이끌 대책도 마련할 수 있습니다. 아기의 행동을 이해하고 더 나은 방향으로 유도하다 보면, 아기와 더 친밀한 관계를 맺을 수 있고, 그러면 아기는 더 행복해져서 엄마 아빠를 덜 힘들게 할 거예요.

 기질에 관한 지식 활용하기

다음은 아기가 생후 첫해에 흔하게 나타내는 기질적 특성입니다.

- **소극적이고 느리게 반응하는 아기**　　아기가 수줍음이 많고 새로운

음식을 주면 뱉어내고, 새 장난감은 쳐다보지도 않는다고 해서 아기의 성격이 그대로 변치 않는다는 뜻은 아닙니다. 이런 아기에게는 인내심을 갖고 새로운 물건을 천천히 소개해주세요. 예를 들어 이유식을 할 때 새로운 재료를 넣는 주기를 길게 잡고, 새 장난감을 주기 전에 멀찍이서 '만날' 기회를 주는 식입니다.

소극적이고 느리게 적응하는 아기는 낯선 이에 관한 걱정을 그만큼 빨리 경험하고, 적극적이고 빨리 적응하는 아기보다 걱정도 더 오래 가죠. 손님이 오면 아기를 바로 안지 말고 조심스럽게 대해달라고 부탁하세요.

아기는 결국 새로운 환경에 적응하게 될 거예요. 단지 시간이 좀 필요할 뿐이죠. 부모가 아기에게 자주 새로운 환경을 접하게 해주어 아기가 그것에 익숙해지도록 돕는 겁니다. 이때 조심할 것은, 소극적이고 느리게 적응하는 아기는 사소한 자극에도 예민하게 반응하므로 자극을 준 다음에는 빨리 익숙한 환경으로 돌려놓아야 한다는 점입니다.

또 한 가지, 이런 아기에게는 부모의 외모 변화도 큰 자극이 될 수 있습니다. 머리 모양을 바꾸거나 갑자기 전혀 다른 옷을 입으면 아기가 거부반응을 보일 수 있다는 걸 명심하세요.

- **날카로운 울음소리** 특히 요란하게 우는 아기들이 있죠. 그럴 땐 차라리 잠시 방에서 나가거나 귀마개를 하세요. 매우 이성적인 선택이죠. 아기의 울음소리는 신경을 곤두서게 만들거든요. 아기가 막무가내로 울어댈 때에는 딱히 방법이 없어요. 그저 기다리는 수밖에.

- **아기에게 복수를?** 아기의 웃음처럼 행복감을 주는 것도 없죠. 그러나 아기가 울고 짜증을 부리면 또 그것만큼 기분을 상하게 하는 일

도 없답니다. 아기가 울고 떼쓰더라도 화를 내거나 애정을 거두는 것으로 아기에게 '앙갚음'하려는 충동은 참으세요. 아기는 커가면서 언어능력이 향상될 테고, 그러면 다른 방식으로 자신의 의사를 전달할 거예요.

- **활동적인 아기**   활동적인 아기를 키울 때에는 만사 조심해야 합니다. 침대 가장자리에는 크고 부드러운 범퍼를 튼튼하게 설치하고, 침대 바퀴 밑에 고무 패드를 덧대어야 합니다. 아기의 움직임 때문에 침대가 이동하기도 하거든요. 이불이나 요도 너무 푹신하지 않은 것으로 고르고, 아기 잠자리 주변에는 물건들을 놓지 마세요. 이런 아기들은 단 1초라도 높은 곳에 혼자 놔두어선 안 됩니다.

  활동량이 많은 아기는 부산하게 움직여서 안아주기도 힘들고, 내려놓는 걸 싫어하죠. 아기와 놀아줄 때 역동적으로 몸을 많이 움직여서 놀아주세요.

- **예측 불가능한 아기**   언제 먹고 자고 용변을 볼지 예측하기 어려운 아기에게는 규칙적인 습관을 들이려는 노력이 필요합니다. 아기가 거부해도 정해진 시간에 먹이고 재우세요. 9시에 재우기로 했으면 매일 그 시간에 방의 불을 끄고 나오세요. 물론 쉽지 않습니다. 그러나 이 시기 지나면 나중에 규칙적인 습관을 들이기가 더 어려울 거예요.

- **민감한 아기**   민감한 아기가 태어나면 생후 몇 달 동안은 어찌할 바를 모르게 됩니다. 소리, 냄새, 지극 등 당신은 잘 느끼지 못하는 것들 때문에 아기는 쉬지 않고 울어댈 수 있죠. 이런 아기를 데리고 어디를 갈 수 있겠어요.

어쩔 수 없습니다. 아기가 적응할 때까지는 아기의 비위를 맞춰주어야죠. 조명과 냄새, 소음에 신경 써서 아기 방을 꾸며주세요. 재우기 전에 너무 많이 놀아주면 흥분해서 잘 못 잘 수도 있어요. 옷은 꽉 끼지 않게, 부드러운 면 제품으로 입히세요. 새 옷의 라벨은 다 제거하고요.

- **산만하고 조급한 아기**   이 성향의 조합은 아기가 좀더 커서 움직일 때까지는 큰 문제가 되지 않습니다. 그러나 이런 아기는 지루함을 빨리 느끼고, 엄마 아빠에게 끊임없이 관심을 요구하죠. 또, 주변에서 날아가는 파리를 보느라 우유를 잘 못 먹습니다. 수유를 할 때에는 특히 조용한 장소를 택해야겠죠.

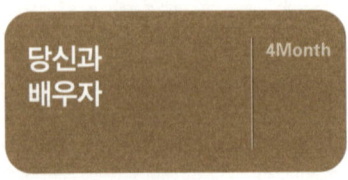

 **성관계**

평균적으로 아기를 낳고 7주 후부터는 성관계를 다시 시작할 수 있습니다. 그러나 출산 전처럼 돌아오려면 훨씬 더 오래 걸릴 수 있어요. 특히 모유를 먹이는 여성은 호르몬이 많이 분비되어 성욕이 떨어집니다. 왜 많은 여성들이 출산 후 6개월간 성적인 관심이 줄어드는지 이해되시죠? 대부분의 부부들에게 가장 큰 장애물은 피로와 시간입니다. 성생활을 정상적으로 되돌리는 데에는 인내와 의사소통, 계획이 필요해요.

- **양보다는 질**　일주일에 세 번씩 하지 못한다고 해서 좌절하지 마세요. 한 달에 몇 번이라도 양질의 관계를 맺으세요.
- **규칙적으로**　성관계는 꾸준히 해야 합니다. 우리 몸에서 성을 담당하는 근육은 지속적으로 써주어야 활동량이 증가하거든요. 긴 휴식은 호르몬 수준을 저하시켜 욕구를 감소시킵니다.
- **분위기 조성**　아침에 자고 일어난 아내를 보고 예쁘다고 말해주세요. 가벼운 스킨십을 시도하고, 장난을 거세요. 옆을 스치며 쓰다듬고, 낮에는 전화로 사랑을 속삭이세요. 이렇게 미리 분위기를 만들어놓으면 저녁때 집에서 만날 때쯤 자연스럽게 서로를 원하는 상태가 되어 있을 거예요.
- **10대처럼**　아기를 재워놓고 같이 목욕을 하거나 야한 영화를 보세요.
- **준비운동**　본인과 아내, 둘 다 잘 먹고 꾸준히 운동을 해두어야 합니다. 잠이 부족하면 다른 생각이 안 들죠. 또 혼자만의 시간을 가져야 해요.
- **만지고 싶은 마음**　더 젊고 생기 넘칠 때에는 서로 만지고 싶은 욕망에 불탔었죠. 이제 당신은 아빠가 됐고, 모든 것이 변했습니다. 사랑하는 순서도 말이죠. 만지고 안고 쓰다듬고 키스하는 순서를 지키세요. 아내의 욕망을 불러일으키세요. 그리고 잊지 말아야 할 것! 바로 피임입니다. 이 시기에는 콘돔이 최고죠.

갑상선 문제

출산 후 6개월까지 5~10퍼센트의 여성들이 갑상선이 증대되는 산후 갑상선염을 앓습니다. 갑상선은 우리 몸의 모든 호르몬 생성을 담당하는 기관이죠. 갑상선호르몬은 체온 조절, 신진대사, 몸무게, 근력, 소화, 심장과 폐 기능, 기분, 전체적인 정신 상태 등을 조절합니다.

산후 갑상선염은 고통을 수반하지 않지만, 몇 가지 증후군을 유발합니다. 걱정, 불안, 근육 피로, 에너지 부족, 우울증 등이죠. 이런 증상은 산후 회복기에 반드시 거치는 과정인데, 이 시기에는 대부분 극복했어야 정상입니다. 그렇지 않다면 의사를 찾아가세요. 대부분 몇 달 안에 저절로 회복되지만, 가끔은 의학적 치료가 필요하기도 합니다.

가족 문제 4Month

 충분한 수면

우리는 모두 아기를 사랑하죠. 그러나 아기로 인해 잠을 잘 못 자면 이 사랑도 흔들립니다. 아기를 잘 재우는 방법을 익혀야 합니다.

- 아기가 잠이 드는 '인간 침대'가 되지 마세요. 아기가 잠들기 전에 마지막으로 보는 것은 침대나 이불, 벽에 걸린 사진 등 익숙한 물건이어야 합니다. 한밤중에 잠에서 깨더라도 이런 물건을 보면 그것을 잠과 연결시킬 수 있도록 말이죠. 그런데 잠들기 직전에 본 것이 엄마나 아빠라면, 아기가 자다가 일어나면 엄마 아빠가 달려가줘야 합니다.

- 아기를 재우려고 눕혔을 때 15~20분 동안 짜증을 부리는 것은 흔한 일입니다. 아기가 칭얼대는 정도를 넘어 큰 소리로 운다면 안아서 달래주세요. 생후 3~4개월간은 아기를 안아서 달래는 게 좋습니다. 이 시기까진 절대 버릇을 나쁘게 들이는 게 아니에요. 그러나 반드시 아기가 깨어 있을 때 자리에 눕히셔야 합니다.
- 야간 활동을 최소로 줄이세요. 밤에는 자야 한다는 사실을 아기에게 인식시키세요.
- 재울 땐 반드시 불을 끄세요. 아기가 밤중에 일어나서 젖이나 우유를 찾아도 불을 끈 채 수유하세요.
- 기저귀를 너무 자주 갈아주지 마세요. 발진이 생겼다거나 천 기저귀를 사용하는 경우가 아니라면, 아침까지 버텨도 괜찮습니다.
- 모든 일을 규칙적으로 하세요. 이 시기부터 걸음마를 배울 때까지 아기들의 일상은 꽤 단순합니다. 자기 전에 아기가 할 일은 정해져 있습니다. 기저귀 갈기, 잠옷 입기, 한두 가지 이야기 듣기, 굿나잇 뽀뽀, 자러 가기.
- 아기가 6개월쯤 되면 방문을 열어두고 다니세요. 이 시기의 아기는 작은 공간 안에 갇혀 있다고 느끼거나 부모가 안 보이면 쉽게 겁에 질립니다.
- 아기가 한밤중에 놀라서 울면 나쁜 꿈을 꾸었을 가능성이 높아요. 즉시 달려가서 달래주세요. 아기의 등이나 머리를 쓰다듬고 아기가 진정되면 그대로 재우세요. 안아주지 마세요.
- 아기가 낮에 지치지 않도록 주의를 기울이세요. 우유나 이유식을 먹고 나서 1시간~1시간 30분 후에는 충분히 낮잠을 자야 합니다.

> ### 낮잠과 수면 스케줄
>
> 생후 4개월쯤 되면 어느 정도 규칙적인 수면 스케줄이 만들어집니다. 일반적으로는 밤에 10시간 정도 깨지 않고 자고, 오전과 오후에 2시간씩 낮잠을 자죠. 아니면 밤에 5시간쯤 내리 자고, 30분씩 하루에 4~5차례 낮잠을 잡니다. 낮잠을 너무 오래 자면 밤잠이 줄어드니 주의하세요!

- 아기가 낮잠을 2~3시간씩 자면 살살 깨워서 즐겁게 해주세요. 그래야 밤에 잘 잡니다.

아기가 한밤중에 깨면?

아기가 한밤중에 깨는 이유는 배고픔 때문입니다. 만일 모유 수유를 한다면, 아내가 아기를 돌보는 데 큰 도움을 주기 어렵죠. 무심해 보일 수도 있지만 밤에는 그대로 자고, 그 대신 아침에 아내가 좀더 잘 수 있도록 아침에 아기를 돌보세요. 새벽 2시에 같이 일어나서 옆에 앉아 있는 것보다 이게 훨씬 더 아내에게 도움이 될 거예요.

분유를 먹이는 아기의 경우에도 서로 일을 분담해야 합니다. 아내가 밤중 수유를 했다면, 아침 식사 준비는 당연히 남편이 하는 식으로 말이죠. 가끔은 아기가 아무 이유 없이 새벽에 일어나 울기도 하는데, 이럴 때 같이 놀아주거나 하면 안 됩니다. 아기를 지루하게 만들어 밤에는 자야 한다는 인식을 심어주어야 합니다.

 **어떻게 누구랑 재울 것인가**

사내아이에게 포경수술을 해주느냐 마느냐, 천 기저귀냐 일회용 기저귀냐 하는 문제보다 더 많은 논란을 불러일으키는 문제가 있습니다. 바로 아기를 데리고 자는 문제입니다. 이 문제를 여러 가지 측면에서 살펴보면 방향이 정해질 겁니다.

- **같이 자야 독립적?**   대부분의 나라에서 부모가 아기를 같이 데리고 잡니다. 세계 인구의 80퍼센트가 그렇다고 하지요. 아기와 같이 자야 한다고 주장하는 사람들은 너무 일찍 아기를 '독립'시키면 오히려 아기의 독립성을 떨어뜨리게 된다고 말합니다. 부모가 같이 데리고 잔 아이들이 그렇지 않은 아이들보다 더 독립적이고, 자신감이 있다는 것이지요. 그러나 이를 뒷받침하는 과학적 자료나 연구 결과는 없고, 나라마다 집집마다 처한 상황이 다 다릅니다. 미국이나 유럽에서는 부모에게서 빨리 떨어지는 법을 배워야 하기 때문에 잠자리도 빨리 독립시키지요.
- **떨어져 자면 아기가 푹 잘까?**   보통은 따로 재우면 아기가 엄마를 찾느라 제대로 못 잘 거라고 생각하죠. 그러나 정반대입니다. 부모나 아기나 같이 자면 따로 자는 것보다 잠을 덜 자게 됩니다. 자면서 몸을 돌리는 소리, 이불 버스럭대는 소리, 잠꼬대 등 부모나 아기나 자주 깨게 되죠. 한편으로 얕은 잠이 반드시 나쁜 것만은 아닙니다. 얕은 수면이 SIDS, 유아돌연사증후군 발생률을 낮춰준다고 알려져 있습니다.
- **자주 깨는 버릇**   아무리 잘 자는 아기라도 3~4시간마다 깨는 것이

정상입니다. 아기들의 70퍼센트는 1~2분 후에 다시 잠이 듭니다. 그런데 나머지 30퍼센트의 아기들은 방을 둘러보며 놀 것을 찾습니다. 그래서 엄마나 아빠가 보이면 몇 시간이나 깨어 있을 수도 있지요.

- **자다가 아기를 누르면?**   아기와 한 침대에서 자거나 아기 옆에서 잘 때 자다가 혹시 아기를 때리거나 누르면 어떻게 할까 염려합니다. 전혀 엉뚱한 우려는 아닙니다. 그러나 대부분의 성인은 수면 중에도 자신의 위치나 행동을 민감하게 인지합니다. 어른이 되면 침대에서 떨어지거나 하지 않죠.
- **부부 관계는?**   중요한 문제죠. 그러나 사랑을 나눌 장소는 얼마든지 있지요.
- **모유 수유를 하면**   모유를 먹이는 엄마들에겐 아기와 같이 자는 것이 신체적으로 훨씬 수월하다는 것에는 이론의 여지가 없습니다. 한밤중에 휘청거리며 아기 방으로 가는 건 정말 힘든 일이죠. 그런데 엄마가 아기를 데리고 자면, 아빠들은 아기에게 밀려난 듯한 느낌을 받는다는 겁니다. 아빠가 편히 쉴 곳은 소파밖에 없죠.

🐨 아기와 함께 잘 때 고려할 몇 가지

- 어떻게 할지 결정할 때 의무감 같은 것은 고려하지 마세요. 아기와 다른 방을 쓰는 부모도 많답니다. 아기를 덜 사랑해서 따로 재우는 게 아니라면 말이죠.
- 아기를 데리고 자기로 했다면, 침대나 잠자리가 그만큼 넉넉한 크기여야겠죠. 이때 물침대는 안 됩니다. 아기가 매트리스 사이에 낄 수 있어요. 침대 한쪽을 벽면에 붙이고 아기를 벽 쪽에서 재우세요. 너무

- 부드러운 매트리스나 두툼한 이불, 베개는 아기의 질식사를 유발할 수 있으니 피하시고요.
- 엄마나 아빠 모두 손톱과 발톱을 자주 깎아야 합니다.
- 혹시 엄마 아빠가 비만이거나, 술을 마시거나, 아침에 일어나기 힘든 약을 복용하고 있다면 같이 자는 걸 재고하세요. 아기를 깔고 누워도 알아채지 못할 테니까요.
- 일단 아기를 한 침대에서 재우면, 6~8개월 후 아기를 따로 재워야 할 때 힘들어집니다.

아기와 따로 잘 때 고려할 몇 가지

- 죄책감을 갖지 마세요. 아기를 따로 재운다고 이기적인 부모는 아니니까요.
- 아기와 함께 자는 것이 아기와의 유대 관계를 더 돈독하게 한다는 증거는 어디에도 없습니다.
- 아기가 아프거나 놀라거나 할 때는 예외가 되겠죠.
- 그래도 안전 문제가 걱정된다면, 아기 침대를 같은 방에 두면 됩니다.

생후 5개월
일과 가정

아기에게 일어나는 일들　5Month

🐻 신체

- 아기에게 '이달의 발견'은 바로 발톱입니다. 과거에 몇 시간씩 손가락을 빨았듯이, 이제 아기는 발가락과 발톱을 신기해합니다.
- 이제 몸이 훨씬 더 튼튼해졌고, 혼자 힘으로 엎드렸다가 굴러서 누울 수 있어요. 배나 손, 무릎을 사용해 몸을 일으키기도 합니다. 달리기라도 하려는 듯 몸을 앞뒤로 흔듭니다.
- 일으켜 세워주면, 고개를 앞으로 기울이고 허리를 구부리며 엄마 아빠를 도와주려 합니다. 잡아주면 잘 일어서고, 일어선 자세에서 발을 구릅니다.
- 지탱해주지 않아도 거의 제대로 앉을 수 있게 되며, 앉은 자세로 물체를 쥘 수 있습니다.
- 손의 움직임을 조정할 수 있으며, 물건을 잡으려 할 때 아직 불안정하나 한 손으로 장난감을 갖고 놀 수 있습니다. 잡고 있는 물체를 좀더 잘 보려고 손목을 움직이기도 합니다.
- 수유와 배변은 더 규칙적으로, 횟수는 적게 이루어집니다.

🐻 지능

- 지난 4개월 동안 가만히 앉아서 무엇을 바라보거나 손에 쥐는 데 흥미를 느꼈던 아기는, 이제 좀더 적극적으로 물체에 손을 뻗습니다. 물

건과 손을 번갈아 쳐다보며 천천히 손을 가져갑니다. 별것 아닌 걸로 들리겠지만, 아기는 사물과 자신이 별개의 존재임을 배우는 중입니다.
- 어떤 물건을 만지며 돌려서 보는 것은, 각도를 달리하면 달라 보이지만 실은 하나의 물건임을 깨닫는 과정입니다.
- 이 새로 발견한 '기술'로 아기는 익숙한 물체의 다른 부분을 찾는 일에 흥분하고, 방해물들을 치우려고 합니다. 물체가 움직이는 방향을 바라보기 시작하며, 떨어진 장난감을 찾으려 손을 바라보지 않고 몸을 기울입니다. 그러나 물체가 몇 초 이상 시야에 들어오지 않으면, 그것이 존재하지 않는 걸로 알고 바로 잊어버립니다.
- 놀랍게도 속도와 거리를 측정하려 합니다. 한 연구에 따르면, 이때부터 아기들은 무언가 가까이 다가오는 소리를 들으면 다른 방향으로 몸을 피합니다.

언어

- 드디어 재잘거리기 시작합니다. '아, 에, 이' 등 기존의 소리 외에 '브, 드, 므' 등 몇 가지 자음을 발음합니다.
- 목소리의 크기가 변한다는 것을 알고 소리를 지르고 비명을 내는 등 목소리를 조절하기 시작합니다.
- 엄마 아빠가 내는 소리를 따라하려 하지만, 그것은 아직 언어가 아닙니다.
- 한번에 20~30분 동안 재잘댈 수 있는 언어적 능력에 기뻐합니다. 엄마 아빠가 없어도 장난감을 상대로 말하거나 혼잣말을 합니다.

- 자신의 이름을 이해하고 반응합니다.

🐨 감정·사회성

- 이제 공포와 분노, 혐오, 만족 등의 감정도 표현하게 됩니다. 안아주면 좋아하고, 내려놓으면 울음을 터뜨리죠.
- 장난감이나 사람들에 대한 좋고 싫음이 분명해져서 싫은 것은 밀어버립니다. 표정이나 몸짓을 따라하기도 합니다.
- 자기에게 관심을 보이지 않으면, 울거나 소리를 질러서 그 감정을 표현합니다. 아기가 울기 시작할 때 말을 걸면 울음을 그칩니다.
- 익숙한 사람과 낯선 이를 구별할 수 있게 되고, 친구와 즐거움을 연관시킬 수 있습니다.
- 불행히도 자기가 좋아하는 친구도 처음에는 낯선 사람이었다는 걸 아기는 기억하지 못합니다. 새로운 사람과 친해지는 데 시간이 걸리죠. 이는 예쁜 아기의 모습을 다른 사람에게 자랑하고 싶어하는 엄마 아빠를 속상하게 만들죠. 그러나 낯가림은 바람직한 발달의 신호입니다.
- 혼자 노는 데 많은 시간을 보냅니다. 혼잣말을 하거나 좋아하는 장난감을 움켜쥐고 놉니다.

아빠에게 일어나는 일들 — 5Month

🐭 아기의 요구, 아빠의 반응

불과 한두 달 사이에 아기의 요구 사항이 확 늘어납니다. 아빠가 해주어야 할 일도 갑자기 많아지죠. 이제 아기의 요구를 다 들어주는 것이 거의 불가능하다는 걸 깨닫게 됩니다. 특히 아기가 뭘 바라는지, 아기의 신호가 무슨 뜻인지 몰라 당황합니다. 아무리 달래려 해도 아기가 계속 울면, 급기야 화를 내게 되죠.

이런 문제를 극복하는 길은 아기와 더 많은 시간을 보내는 것입니다. 더 많이 관찰하고 연습할수록 아기의 언어를 잘 이해하고, 아기의 요구에 더 잘 대응하게 됩니다. 그러다 보면 직감적으로 대응하고 임기응변하는 요령이 생기죠. 아내가 아기를 어깨 위로 안고 트림을 시킨다고 해서 반드시 그렇게 해야 한다는 법은 없죠. 아기를 무릎 위에 앉히고 등을 쓸어주어도 똑같은 효과를 보니까요.

그렇게 아기를 보는 데 어느 정도 자신감이 생기면 나름의 원칙도 생기죠. 아빠 역할을 잘할 수 있고 잘하겠다는 일종의 책임감이에요. 그런데 많은 여성들이 무의식적으로 자신이 아기를 돌보는 '제1 보호자'가 되려 해 충돌하는 일이 있답니다. 아기와 아빠 사이에서 창구 역할을 하며, 자신이 하지 못하는 일을 담당하는 정도로 아빠의 역할을 제한하려 하죠. 다시 말하지만, 일부러 그러는 게 아니라 무의식적으로 그래야 한다고 믿는 겁니다. 만일 아내가 그렇게 행동하면 진지하게 얘기를 하고, 가사와 육아에서 아내와 동등한 역할을 담당하겠다고 밝히세요.

물론 당신이 육아에서 뭔가 잘못을 저지르고 있다고 생각되면 도움을 요청해야겠죠. 그러나 무엇이 잘못됐는지 분석하거나 걱정하는 데 너무 많은 시간을 보내지 마세요. 지나친 걱정은 자신감을 떨어뜨려 아무것도 하지 않게 만들며, 양육에서 점점 멀어지게 하는 결과를 초래합니다. 이는 아기에게나 아빠 자신에게나 부정적인 영향을 주게 돼요.

수건을 던지기 전에 생각해보세요. 왜 그렇게 아기의 울음소리를 싫어하죠? 왜 아기가 아빠만 보면 울음을 터뜨릴까요?

일과 가정 사이의 황금비율

대부분 아빠가 되면 선택의 기로에 서게 됩니다. 아이의 보호자이자 아내의 협력자로서 가사에 충실할 것인가, 회사나 직업에 더 충실하여 사회적으로 성공할 것인가? 아이가 자라고 여러 환경들이 변하면서 각각의 일에 쏟는 시간은 저절로 변할 것입니다. 그러나 아이를 낳은 직후엔 가정과 일의 비율을 맞추는 게 너무나 어렵게 느껴지지요.

요즘 젊은 아빠들은 가정에 중요한 가치를 두고, 아이와 많은 시간을 보내려 합니다. 그러나 실제로 육아휴직을 신청하는 남자는 별로 없고, 그마저도 6개월 안에 대부분 직장에 복귀하지요. 엄마들이 출산 후 6개월 안에 36퍼센트만 직장에 복귀하고, 17퍼센트는 시간제 근무를 선택하는 것과 큰 차이가 있죠.

남자들의 말과 행동에 중요한 모순이 있음을 보여주는 현실입니다. 그러나 가정과 일의 균형 맞추기가 불가능한 것은 아닙니다. 직장을 다니면서도 사교 활동이나 취미, 수면 시간을 줄여 육아에 힘 쏟는 아빠들이 늘어나고 있죠. 남자들이 회사나 일에 목을 매는 가장 큰 이유는 물론 경제적인 문제입니다. 평균적으로 같은 조건에서 남자가 여자보다 돈을 더 벌기 때문에 자연스럽게 육아가 여자의 몫이 된 것이죠.

더 중요한 이유가 있어요. 우리 사회에서 여자와 남자의 경력에 다른 가치 기준을 적용한다는 것! 기본적으로 남자는 경제적인 안정을 제공하는 것으로 가족에 대한 사랑을 보여줍니다. '일하는 아빠'는 안정된 가정과 동의어나 다름없죠. 반면에 '일하는 엄마'는 갈등을 의미합니다. 문제는 아빠들이 일에만 매달려 가정을 등한시한다는 것이죠. 인류학자 마거릿 미드 Margaret Mead는 그 이유를 인류학적으로 제시했습니다. "도시는 발전할수록 남자들이 집에서 애를 돌보는 역할에서 벗어나 사회를 위해 일할 것을 요구한다. (…) 남자들이 가정에 빠져서 제대로 일하지 않을까봐."

그러나 일터에 갇혀 있다고 해서 남자들이 일과 가정의 조화를 고민하지 않는 건 아니죠. 가정이 일을 방해할까봐, 일 때문에 가정을 소홀히 할까봐 전전긍긍하는 것이 요즘 남자들입니다. 이는 일하는 아빠나 일하는 엄마 모두 똑같습니다.

 근무시간 변화 주기

일터와 가정의 조화 문제를 완전히 해결하지 못하더라도 낙담하지 마세요. 스트레스를 줄이면서 가정과 일을 조화시킬 방법이 몇 가지 있습니다.

불과 10년 전만 해도 이 문제에 관한 한 사회 분위기는 '꽉 막혀' 있었습니다. 육아 때문에 근무시간을 조정한다는 것은 상상하기 어려웠죠. 그러나 요즘에는 사회적 인식이 많이 변해서 아빠들의 육아도 불가능한 일은 아니게 되었습니다. 어떤 방법들이 있는지 알아보죠.

근무시간을 줄일 수 없다면, 탄력적으로 운용할 수 있습니다.

- **유연한 근무시간**   전체 근무시간은 같지만, 출퇴근 시간을 조정하는 것입니다.
- **출근 일수 단축**   하루 쉬는 날을 정하고 다른 날에 더 일하는 것입니다. 일반적으로 일주일에 10시간씩 4일을 일하거나, 9일 동안 몇 시간씩 더 일하고 2주마다 하루씩 쉬는 방식이 많죠.
- **근무 요일 변경**   원래대로 주당 40시간을 일하지만, 월요일과 화요일을 쉬고 수요일부터 일요일까지 일하는 것입니다.

경제적으로 큰 무리가 없다면, 다음 방식을 생각해볼 수 있습니다.

- **분담 노동**   말 그대로 다른 사람과 같은 사무실과 책상에서 일을 나눠서 하는 것입니다. 일반적으로 당신이 일주일에 이틀 일하고 그 다음 주에 3일 일하면, 그 사람은 그와 반대로 합니다. 당신이 오전 근무를 하고, 그 사람이 오후 근무를 할 수도 있죠. 이런 경우에는 건강보험이며 연금 문제를 잘 협의해야겠죠.
- **시간제 근무**   분담 노동과 비슷하지만, 다른 이와 책상을 같이 쓰지 않는다는 점이 다르죠. 이런 경우에 보험 혜택을 유지하려면 몇 시간을 근무해야 하는지 확실히 해두세요.
- **재택근무**   집에서 회사 업무를 보는 재택근무는 어린아이를 키우는 부모에게는 더없이 좋은 근무 방식입니다. 업무 효율만 그대로 유지된다면 회사로서도 나쁜 방식이 아니죠. 회사에서 자동차 기름 값

만일 내가 사장이라면

최근 많은 회사들이 대체 근무제나 탄력적인 근무시간제를 도입하고 있지만, 그 대상은 여전히 여자 직원인 경우가 많습니다. 이런 구시대적 사고를 변화시킬 수 있는 힘이 있다는 건 대단한 행운이죠. 육아 경험이 있는 보스들이 남자들에게 이런 행운을 나눠줄 수 있습니다.

- **먼저 협상을 제안하세요** 남자 직원들은 육아에 동참하고 싶어도 이를 먼저 보스에게 제안하기를 꺼릴 것입니다. 자칫 협상 서류가 아닌 사표를 써야 할지도 모른다는 염려 때문이죠. 남자 직원이 아빠가 되면 먼저 제안해보세요. 서로 손해 보지 않을 방법은 많고, 그 직원은 분명 고마워할 겁니다.
- **변화를 만드세요** 직원이 많은 회사라면 육아 지원팀을 꾸려 무료 위탁 시설을 만들어주세요. 그리고 유연한 근무 형태를 협의하고 도입하세요. 아이는 엄마만 키우는 것이 아니고, 이 책임감은 곧 업무에 대한 책임감과 직결됩니다.
- **손해 보는 장사가 아닙니다** 육아휴직제나 탄력 근무제, 회사 내 탁아 시설 등을 마련하는 데 비용이 너무 많이 든다고요? 그렇지 않습니다. 가족 친화적인 회사는 도덕성과 생산성, 결근, 이직률 등에서 그렇지 않은 회사보다 훨씬 좋은 성과를 내고, 직원 채용에도 유리하죠.

이나 점심 값 등 교통비와 식비를 지원하고 있다면 이를 절감할 수 있고, 출퇴근에 드는 시간과 노력을 업무에 쏟을 수 있으니까요. 이 경우, 재택근무 기간과 업무 방식, 목표치, 급여 외 혜택을 분명히 협상

해야 합니다.

🐻 결코 꿈이 아닌 재택근무

근무시간을 바꾸는 것도 모자라서 근무 장소를 바꾸겠다고요? 아직도 많은 직장 상사들이 매일 얼굴을 맞대고 일해야만 진짜로 일을 한다고 여깁니다. 그러나 출퇴근이 불필요한, 근무 장소는 중요하지 않은 일들이 대부분입니다. 하루 종일 책상에 앉아서 일하는 사람이라면 누구든지 재택근무를 할 수 있어요.

재택근무를 한다고 해서 일주일 내내 집에서만 일한다는 뜻은 아닙니다. 일주일에 이틀, 월요일과 목요일만 집에서 근무할 수도 있죠. 이때 명심해야 할 점이 있습니다. 집에서 일한다고 해서 양육비를 절약하거나 아기를 무릎 위에 앉힌 채 일을 할 수 있다는 뜻은 아닙니다.

편리한 점이 많은 만큼, 재택근무자가 감수해야 할 단점도 많죠. 가장 큰 단점은 사람을 못 만난다는 것입니다. 분주한 도시 생활과 출퇴근 전쟁을 지긋지긋하게 여기는 사람도 집에 몇 달간 있으면 그런 것들이 그리워지죠. 동료들과 함께 점심을 먹으러 나가고, 복도에서 잡담을 나누는 일이요. 그리고 일에 빠지면 몇 시간씩 집중하는 사람은 주의할 것이 또 있습니다. 일하는 시간과 휴식 시간, 식사 시간을 스스로 정해서 그것을 잘 지키는 것입니다. 혼자 일하다보면 끼니를 거른 채 종일 컴퓨터만 들여다보는 자신을 문득 발견하게 됩니다.

🐻 재택근무 이야기 꺼내기

안타깝게도 아직까지 재택근무는 일종의 '결단'에 속합니다. 재택근무를 결심하고 보스와 얘기하기 전에 다음과 같은 사항을 명심하세요.

- 아내와 아기를 위한 최선의 선택인지 고민해보세요.
- 내가 바라는 근무 형태와 시간, 기간을 가능한 구체적으로 얘기하세요.
- 주변에 비슷한 고민을 하고 있는 동료가 있다면 같이 면담을 하세요. 이미 아이를 키우고 있는 직원과 먼저 상의하세요.
- 고용주의 입장에서 생각해보세요. 재택근무가 결코 회사에도 손해가 아니라는 점을 설득하려면, 지금 하는 업무의 성격과 목표, 수행 방식, 긴급 상황 대처법, 연락 방법 등을 미리 생각해두어야겠죠.
- 처음엔 고용주가 안 된다고 할 수도 있어요. 그러나 포기하지 마세요. 구체적인 자료를 만들어서 몇 달이건 설득하세요.
- 재택근무의 이득을 강조하세요. 어쨌거나 고용주로선 직원의 사정을 '봐주는' 겁니다. 유연하고 가족 친화적인 회사에 얼마나 충성하고, 만족할 것인지 말이 아니라 행동으로 보여주세요.

일과 육아를 동시에

어떤 근무 형태를 취하든, 어떻게 노력하든 일과 육아를 병행하다보면 분명 부족한 부분이 생길 것입니다. 아빠들 스스로 그런 의무를 짊어진 것 자체가 최근의 일이죠. 남자들은 아버지가 되기 전까지는 가정과 일이 다른 자질을 요구한다는 사실을 깨닫지 못합니다. 그러다가 아이가 태어나면서 여러 가지 갈등 상황과 부딪히고, 그러면서 소통하고 타협하고 결정하는 새로운 능력을 계발하게 됩니다. 그러니 미리 걱정할 필요가 없어요.

부딪혀 나가다보면 어디선가 나도 모르는 지혜와 능력이 생겨납니다.

이혼하고 재혼한 경우라면

옛날 가정과 새로운 가정을 통합하는 것은 매우 복잡한 일입니다. 특히 전처와의 사이에 아이를 낳고 재혼했을 경우에는 말이죠. 큰아이는 아빠가 다른 여자와 결혼했다는 사실도 받아들이기 어려운데 배다른 동생까지 생겨서 질투심과 혼란이 이만저만이 아니게 됩니다. 더욱이 아빠와 따로 산다면 말이죠. 큰아이는 아빠를 뺏겼다고 느낄 것이고, 재혼한 아내는 마치 두 가정을 꾸린 것 같은 남편의 태도에 화가 나겠죠.

이혼 가정의 자녀들은 내심 부모가 다시 합치기를 바랍니다. 그렇기 때문에 아빠가 엄마 아닌 다른 여자와 새로운 가정을 꾸렸다는 사실에 좌절하고 반항할 거예요. 아빠로서도 새로 태어난 아기에게 더 애정을 쏟을 수밖에 없는 난처한 상황에 빠지죠. 다른 한편으로, 아이들은 엄마에게 깊은 애정을 느끼면서도 새엄마와 아기에게도 관심과 남 같지 않은 느낌을 가질 수 있습니다. 그러면 마치 친엄마를 버린 것 같은 죄책감에 아이들의 머릿속은 복잡해지죠. 그래서 일부러 아빠와 새엄마, 새로 생긴 동생을 더 미워하는 척합니다. 이런 상황은 생각만 해도 머리가 아픈, 아이들에게는 너무나도 큰 상처를 주는 일입니다.

이혼한 사람들이 감당해야 할 현실은 이렇습니다. 양쪽 가족들에게도 힘든 일이지만, 본인에게도 결코 만만치 않은 상황이죠. 그러나 현실을 있는 그대로 받아들이고 인정하는 수밖에 다른 방법이 없습니다. 말 그대로 두 가정을 유지해야 하는 것이죠.

아이가 있는 상태에서 이혼하고, 재혼 후 다시 아기가 태어나면 육아 자체로는 스트레스를 덜 받게 됩니다. 이미 겪었던 일이라 더 느긋하게 아기를 대하게 되죠. 그런데 새 아내는 남편의 그런 태도를 무관심하다고 느낄 수 있습니다. 그렇다고 새로 태어난 아기에게만 관심을 쏟을 수도 없죠. 재혼한 아빠의 태도 변화를 주시하고 있는 큰아이(들)에게도 아빠로서의 의무를 다해야 하니까요.

힘들지만 어쩔 수 없습니다. 양쪽 가정의 아이들에게 다 최선을 다하는 수밖에요. 어느 쪽을 선택하거나 할 수 있는 문제가 아니니까요. 나이가 많건 적건 간에 아이들에겐 모두 아빠가 필요합니다.

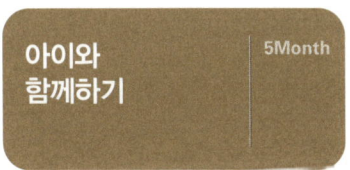

 아기의 질투심

어느 정도 큰 아이들만 질투를 하는 게 아닙니다. 생후 5개월 된 아기도 질투를 합니다. 흥미로운 실험 결과가 있습니다. 영국에서 생후 5개월 된 아기 24명과 그 엄마들을 대상으로 실험을 했습니다. 엄마들에게 아기 앞에서 다른 아기를 껴안고 속삭이라고 했지요. 절반 이상의 아기들이 흥분하며 울어댔습니다. 엄마가 다른 엄마와 얘기할 때에는 아기 중 10퍼센트만이 울었는데 말이죠.

이유식 시작하기

예전에는 생후 5~6주가 지나면 젖이나 분유 말고 다른 이유식을 함께 먹였답니다. 이유식을 가능한 빨리 시작하는 게 아기에게 좋다는 인식 때문이었죠. 그러나 이제는 모유를 먹이면 생후 6개월부터, 분유를 먹일 때에는 생후 4개월 이후부터 이유식을 시작해야 한다고 말합니다. 엄마나 아빠에게 음식 알레르기가 있으면 이 시기는 더 늦춰집니다. 왜 이유식을 늦게 시작하는 게 좋은지 알아볼까요?

- 질병에 대한 면역력을 키워주기 위해서입니다. 생후 16주 전에 이유식을 하면 천식 등 호흡기 질환에 걸리기 쉽고, 나중에 비만이 될 가능성도 높아집니다.
- 엄마나 아빠 혹은 큰아이가 당뇨병이 있다면, 아기의 이유식 시기는 더 중요해집니다. 최근의 연구들에 따르면, 글루텐을 함유한 음식이나 시리얼을 생후 4개월 이전 또는 생후 7개월 이후에 먹인 아기는 생후 4~6개월에 이유식을 시작한 아기보다 당뇨병에 걸릴 위험이 더 높은 것으로 나타났습니다.
- 어린 아기들은 소화기관이 아직 다 발달하지 않아 생후 6개월 전에는 단백질이나 탄수화물, 지방 등을 제대로 소화하지 못합니다. 소화되지 않은 음식물은 신체기관에 좋지 않은 영향을 주고요.

- 아기가 아직 준비가 안 된 상태에서 이유식을 시작하면 자칫 질식할 위험이 있습니다.
- 이유식을 먹으면 배가 불러서 모유나 분유를 덜 먹게 됩니다. 이는 필수 영양소의 부족으로 이어지죠.
- 이유식을 일찍 시작한 아기일수록 알레르기 질환에 걸리기 쉽습니다.
- 모유나 분유를 먹일 때에는 아기를 껴안아야 합니다. 그런데 이유식을 먹이면 껴안는 횟수가 저절로 줄어들죠.
- 모유를 먹이면 따로 설거지할 것이 없죠. 분유를 먹일 때에는 젖병만 씻으면 되고요. 그러나 이유식을 먹이면 이유식을 따로 만들어야 하고, 그릇과 숟가락, 턱받이까지 씻고 빨아야 합니다.

조산아의 경우, 이유식을 하기 전에 반드시 소아과 의사와 상의하세요. 정상아라도 이유식을 시작하기 전에 만 6개월이 됐는지 잘 따져보세요. 다음은 아기가 이유식을 시작할 때가 되었다는 신호들입니다.

- 몸무게가 출생 직후의 두 배가 되었다.
- 아기가 월령에 비해 체중이 덜 나간다.
- 모유나 분유를 먹고도 배고파 한다.
- 엄마 젖이나 젖병을 깨문다.
- 엄마나 아빠가 음식을 먹는 모습을 유심히 바라보며 입맛을 다시거나 침을 흘린다.
- 혼자 힘으로 몸을 잘 지탱하고 머리도 잘 든다.

알레르기와 과민증

알레르기는 단백질 소화와 관계된 면역 체계의 비정상적인 반응입니다. 가장 흔한 증상은 코 막힘, 천식, 피부 발진(습진), 만성적인 콧물, 기침, 구토, 심각한 기분 변화 등이죠. 두통이나 과도한 가스, 설사, 변비 등의 증상은 알레르기가 아니라 효소 부족에 의한 과민증입니다. 알레르기와 과민증을 구별하기 어렵다고요?

알레르기는 영아기에 시작되어 이후 여러 음식을 섭취하며 점점 더 나빠집니다. 과민증은 그렇지 않죠. 땅콩과 생선 말고도 알레르기를 일으키는 음식은 많습니다. 많은 아이들이 만 5세 이전에 알레르기 증상을 보이지요. 소아과 의사들은 알레르기건 과민증이건 예방이 최선이라고 말합니다. 물론 완전한 예방은 불가능하지만, 여기 알레르기와 과민증을 예방하는 몇 가지 방법이 있습니다.

- 모유를 먹이고, 생후 6개월 이후부터 이유식을 시작하세요.
- 만일 엄마가 알레르기 경험이 있다면, 모유 수유 중 고위험군의 음식(195쪽 참조)을 피해야 합니다.
- 이유식 재료를 한 가지씩 첨가하세요. 먹여보고 아무 문제가 없는 식재료들을 첨가해가는 것이죠.
- 새로운 음식을 준 다음에는 3~5일쯤 기다리세요.
- 만일 아기가 새로운 음식에 알레르기 반응을 보이면, 즉시 이유식을 중단하고 병원을 찾으세요. 아마도 6개월 후에 그 음식을 다시 주라고 할 겁니다. 아기 몸이 방어할 시간을 버는 것이죠.

기억하세요. 이유식을 준다고 해서 당장 모유나 분유를 끊어서는 안 됩니다. 아직까지 아기에게 필요한 영양은 대부분 모유나 분유에서 나오니까요!

이유식 먹이기

처음에는 입에 넣어주는 음식물을 그대로 뱉을 것입니다. 한 숟가락을 삼키는 데 일주일이 걸릴 수도 있어요. 음식의 새로운 맛과 느낌에 익숙해지려면 며칠 걸립니다. 그 기간 동안 아기는 덩어리 음식을 맛보고 삼키는 방법을 익힙니다.

- 아기가 편안한 시간에, 그리 배고프지 않은 때를 골라서 새로운 음식을 먹여보세요.
- 조급하게 하면 안 됩니다. 한 숟가락 먹이는 데 10~15분씩 걸린다는 걸 염두에두세요.
- 처음부터 아기 의자에 앉히는 버릇을 들이세요. 의자에 잘 고정시켜서 앉히고 이유식을 주세요. 무릎에 앉히는 건 좋지 않아요.
- 아기의 첫 번째 음식은 반드시 곡물이어야 합니다. 쌀이나 귀리, 보리 등을 무르게 끓여서 주세요.
- 변비를 조심하세요. 쌀을 먹이면 많은 아기들이 변비 증상을 보이는데, 이럴 땐 쌀 이유식을 중단하고 과일을 먹이세요. 배나 자두, 살구 등이 변비에 좋아요. 아기의 장이 다시 활발하게 운동하면, 과일을 줄이고 다시 곡류를 먹이세요.
- 떠먹일 때는 플라스틱 재질의 숟가락이 좋아요. 한동안은 아기가 숟

가락을 씹을 텐데, 금속 숟가락은 씹지 못하니까요. 이유식을 하면서 간단한 장난감을 주어 관심을 분산시키세요. 식사 시간에 딴짓을 하는 건 고쳐야 할 버릇이지만, 지금은 아기가 이유식 그릇을 엎지 않도록 예방해야 해요.

- 젖꼭지에 큰 구멍이 뚫린 젖병으로 이유식을 먹이지 마세요. 아기에게 숟가락으로 음식을 먹이는 것도 이유식의 목표니까요.
- 먹으라고 강요하지 마세요. 만일 아기가 고개를 돌리고 입을 벌리지 않거나 음식을 뱉는다면 잠시 쉬었다가 다시 주세요.
- 곡물을 먹이고 나서 3일쯤 지나면, 채소를 첨가해주세요. 한 번에 하나씩, 3~5일 간격이 좋아요. 당근·단호박 등 노란색 채소와 콩이나 브로콜리 같은 초록색 채소를 섞어서 주세요. 흔히 바나나를 이유식으로 먹이는데, 바나나는 너무 달아요. 그래서 아기가 다른 음식에는 관심이 없고 바나나만 좋아하게 될 수가 있어요. 게다가 변비를 일으킬 염려도 있고요.
- 채소를 섞어 먹이고 일주일 뒤부터 과일을 주세요. 역시 한 번에 하나씩, 3~5일 간격으로. 돌 전에는 사과를 날로 소화시키지 못하지만, 갈아서 먹이는 건 괜찮아요. 물론 설탕을 넣어선 안 되죠. 귤이나 오렌지는 맨 나중으로 미뤄두세요. 오렌지 속의 구연산 성분은 고통스러운 기저귀 발진을 일으킬 수 있거든요.
- 만일 아기에게 주스를 꼭 주고 싶다면(56쪽 참조) 50:50의 비율로 물에 희석해서 주세요.
- 음식에 설탕이나 소금을 첨가하지 마세요. 아직 필요 없는 성분이에요.
- 무슨 음식이든 덜어서 먹이세요. 먹다 남긴 음식은 버리세요. 아기 입

알레르기 위험 음식

위험 음식
- 계란 흰자
- 밀, 효모
- 우유, 유제품
- 생선
- 견과류(피칸, 호두)
- 조개
- 땅콩, 콩
- 감귤류
- 딸기류
- 토마토
- 초콜릿

위험이 적은 음식
- 귀리
- 보리
- 당근
- 호박
- 살구
- 복숭아
- 배
- 사과
- 양고기
- 송아지 고기

두 가지 주의 사항

먼저, 아기가 이유식을 먹으면서 짓는 다양한 표정은 음식의 맛과는 상관이 없습니다. 아기는 단지 새로운 맛에 반응할 뿐입니다. 둘째, 처음에는 이유식을 한꺼번에 많이 만들어두지 마세요. 아기가 먹는 것보다 뱉어내는 음식이 더 많을 테니까요. 천천히 먹이는 양을 늘려가세요.

안의 세균이 음식을 오염시킬 수 있거든요.
- 7개월쯤부터 집에서 만든 플레인 요구르트를 주세요. 단백질이 주요 성분인 플레인 요구르트는 다른 음식과도 잘 어울리죠.
- 곡물과 채소를 무리 없이 소화했다면 이제 빵이나 고기를 주세요.

- 생후 9개월부터 부드러운 핑거 푸드(손으로 집어먹는 음식)를 주세요.
- 돌이 지나면 이제 어떤 음식도 먹을 수 있습니다. 물론 잘게 조각낸 음식이어야 해요. 아직 포도나 생당근, 견과류 등은 안 돼요. 기도가 막힐 수 있거든요.
- 돌이 되기 전까지는 꿀이나 곡물로 만든 감미료를 주지 마세요. 그 안에 든 작은 미생물을 아직 소화시키지 못하거든요.

스스로 할래요

이유식에 어느 정도 익숙해지면, 아기는 이제 스스로 음식을 먹으려 할 겁니다. 숟가락을 빼앗으려 하고, 음식을 손으로 쥐고 심지어 던지려고 하죠. 요즘에는 이유식용 턱받이가 잘 나와 있으니 미리 준비하세요. 앞이 받침 형태로 오목하게 팬 플라스틱 턱받이가 편리합니다. 이유식을 먹일 때에는 좋은 옷을 입히지 마세요.

직접 요리하기 vs 구매하기

가공식품은 편리하지만 비싸죠. 특히 유기농 제품이 그렇습니다. 직접 만들어 먹이는 것은 여러모로 이득입니다. 안전하고 저렴하니까요. 사실 이유식 만들기는 정말 쉽습니다. 갈아서 끓이기만 하면 되죠. 2~3일치를 미리 만들어서 냉동해두었다가 주어도 됩니다. 곡물과 채소를 잘 으깨고 섞어서 끓인 뒤 작은 용기에 나눠서 담아놓으세요.

이유식을 직접 만들 시간이 없다면 병에 든 이유식 제품을 사서 먹여도 괜찮습니다. 불과 10년 전까지도 신체에 유해한 방부제와 화학물질, 색소 등으로 불신을 샀던 가공 이유식 제품이 이제는 제대로 된 재료와 공정을 거쳐 팔리고 있거든요. 꼭 '무첨가' 표시를 확인하고 구매하세요.

다시 말하지만 이유식을 만들 때 첨가물은 넣지 마세요. 지금 아기는 담백한 맛에 익숙해져야 합니다. 특히 소금은 좋지 않습니다.

주의 전자레인지의 전자파는 음식물을 골고루 데우지 못합니다. 한쪽은 뜨겁고 한쪽은 차갑고 그렇지요. 전자레인지로 이유식을 데워 먹일 때에는 꼭 잘 섞어서, 먼저 먹어보고 먹이세요.

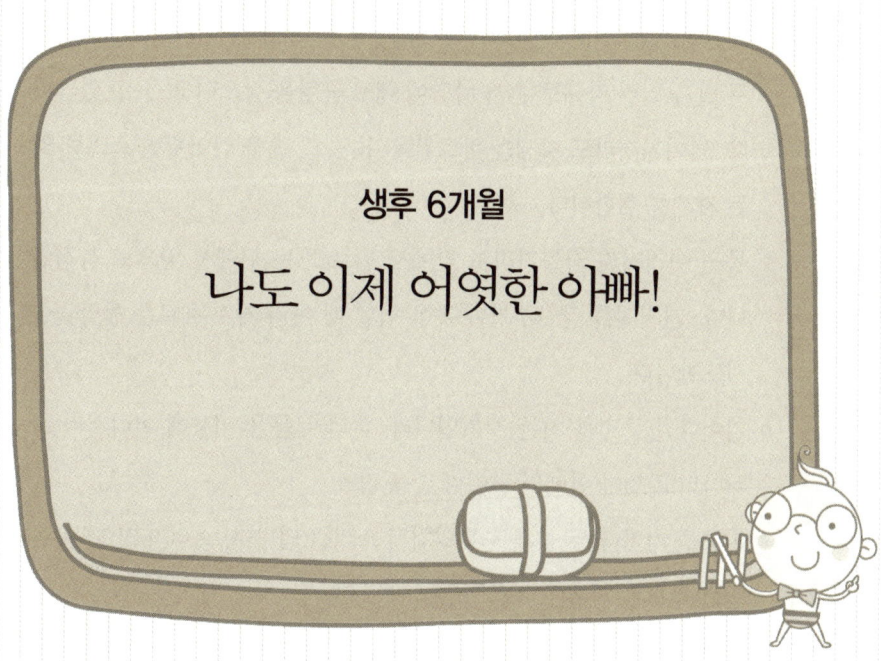

생후 6개월

나도 이제 어엿한 아빠!

아기에게 일어나는 일들 — 6Month

🐭 신체

- 두 발을 벌린 자세로 손을 바닥에 대고 균형을 잡으며 앉을 수 있습니다. 넘어지더라도 자세를 바로잡을 수 있고, 손을 잡아주면 스스로 앉는 자세를 취합니다.
- 몸을 이리저리 꿈틀거리며 앞에서 뒤로 또는 뒤에서 앞으로 움직입니다. 기저귀를 갈아주거나 옷을 입힐 때 여러 가지 새로운 동작들을 시도합니다.
- 기어다닐 준비를 하는 시기입니다. 손과 무릎을 이용해 이리저리 굴러다니고 엄마 아빠의 팔이나 손을 잡죠.
- 손뼉을 치거나 두 물체를 부딪쳐서 소리를 냅니다. 소리가 안 나는 물건은 입으로 직행!
- 한 가지 물건을 보면서 다른 물건을 잡을 수 있습니다. 이때 붙잡은 물건을 이 손에서 저 손으로 자유롭게 옮길 수 있습니다.

🐭 지능

- 활동 시간이 12시간으로 늘어나면서 할 일도 많고 배울 것도 많아집니다. 이 시기에는 대부분의 시간을 주변 환경을 익히는 데 활용하죠. 물건을 만져보고, 잡아보고, 맛을 보면서 시간 가는 줄 모릅니다.
- 자신의 이름을 확실히 인식해서 이름을 부르면 고개를 돌려 반응합

니다.
- 자기 자신과 다른 사람, 물건 등이 서로 다른 존재라는 사실을 알게 됩니다. 그리고 자기 눈앞에 보이는 것을 모두 통제할 수 있다고 믿지요. 하지만 식탁 앞에서 밥을 먹을 때면 장난감과 수저, 음식을 끊임없이 떨어뜨리죠. 떨어진 것을 엄마 아빠가 주우면 이를 보고 재미있어 합니다.
- 자신이 세상을 지배하고 모든 것을 통제할 수 있다는 생각을 단적으로 보여주는 예가 막무가내식 울음입니다. 꼭 울어야 할 상황이 아닌데도 모든 의사 표현을 울음으로 하죠. 아기가 계획을 짤 뿐만 아니라 행동의 결과도 예상할 수 있다는 증거입니다.
- 세상 이치에 대한 감각을 견고하게 쌓아갑니다. 예를 들면, 얼굴이 그려진 그림을 보면 좋아하고 그림을 거꾸로 보여주면 혼란스러워해요. 마찬가지로 아빠 사진을 보면서 다른 사람의 목소리를 들으면 고개를 갸우뚱합니다.

언어

- 이제 자음에 모음을 붙여 '가, 나, 다, 라'처럼 하나의 완성된 단어를 말할 수 있습니다.
- 다른 사람이나 사물의 소리를 흉내내며 부모의 말투도 비슷하게 따라 합니다.
- 언어 감각이 점점 더 발전해 부모가 내는 소리가 언어인지 아닌지를 구분합니다. 예를 들면, 아빠가 동물 흉내를 내면 함박웃음을 짓죠. 또, 외국어보다는 모국어를 더 좋아합니다.

- 언어 외에 다른 소리들도 좋아하기 시작합니다. 음악을 들으면 하던 일을 멈추고 듣습니다.

감정 · 사회성

- 이전까지는 누가 자신에게 먹을 것을 주고 기저귀를 갈아주는지에 관심이 없었어요. 그런데 이제는 자신을 돌봐주는 사람이 매우 중요한 존재라는 걸 압니다. 그래서 부모와 가까운 주변 사람들의 접근만 허용합니다. '낯가림'이 시작된 거죠.
- 엄마 아빠가 옆에 있으면 매우 사교적이 되어 다른 사람에게도 예쁜 미소를 보입니다. 거울 속 자신의 모습을 보는 것도 좋아하죠.
- 안아달라며 두 손을 흔들고, 아빠가 안아주면 품에 꼭 안깁니다. 그러나 놀아주는 걸 중단하거나 장난감을 빼앗으면 울음을 터뜨립니다.
- 물론 익숙한 것을 좋아하지만, 새로운 것에도 많은 관심을 보입니다. 주변을 관찰하고, 사물 하나하나를 인식하는 데 많은 시간을 보냅니다.
- 감정의 폭이 넓어집니다. 그럴 기분이 아닌데 카시트에 앉히거나 낮잠을 재우면 싫다는 표현을 분명히 하죠.

아빠에게 일어나는 일들　4Month

 이제 어른이 된 것 같아

아빠가 되는 것만큼 어른이 되었다는 느낌을 주는 경험도 드물죠. 아버지의 아들에서 한 아이의 아버지가 된 느낌이란! 당연한 이야기지만 많은 남자들이 이런 과정을 경험하며 벅찬 감동과 함께 이중의 중압감을 느낍니다. 이제부터는 아버지의 아들이자 한 아이의 아버지로 평생을 살아가야 하니까요.

예전에 한 친구는 아들에서 아버지가 된다는 것이 어떤 느낌인지를 이렇게 표현하더군요. "재킷의 한쪽 소매에 팔을 넣으면 다른 쪽 소매에서 아버지의 손이 나오는" 것이라고요. 정말로 어린 시절에 아버지에게 지긋지긋하게 듣던 소리가 어느 순간 내 입에서 튀어나오는 느낌이란! 나는 아이를 낳으면 절대로 하지 않을 거란 말이나 행동을 내가 아이에게 하고 있는 것이죠. 놀랄 건 없어요. 부모가 되면 모두 겪는 일입니다.

 이제 아빠가 된 것 같아

사람들은 아버지의 역할을 교사의 역할과 비슷하다고 생각합니다. 갓난아기로 인해 힘든 상황에 놓인다는 것만 제외하면 둘은 역할이 비슷하죠. 그런데 학생을 가르칠 때에는 대화라는 중요한 상호작용이 가능한 반면, 갓난아기에게는 이러한 대화가 안 통합니다. 이 시기에는 아빠가 됐다는 느낌을 갖기 힘들죠.

그러다가 아기가 생후 6개월이 되면 간단한 의사소통이 가능해집니다. 아빠가 이름을 부르면 돌아보고, 방으로 들어오는 소리가 나면 좋아합니다. 함께 뒹굴거나, 블록을 쌓고 간지러움을 태우며 놀아주면, 아기는 오직 아빠를 위한 '살인미소'를 보여주죠. 이 대단치 않은 반응을 통해 아기는 아빠를 필요로 하고 아빠가 자신의 인생에서 매우 중요하다는 사실을 알립니다. 이는 아버지로서의 자신감을 북돋워줄 것입니다. 아, 이제 나도 마침내 아버지가 되었구나! 아기와의 교감은 아기의 정서 발달에도 중요하지만, 아빠들에게도 소중한 경험이에요.

질투심

《아빠의 탄생 The Birth of a Father》의 저자인 마틴 그린버그 박사는 이렇게 말했습니다. "아버지로서의 인생에 가장 부정적이고 방해가 되는 감정은 질투심이다."

세상에는 질투심을 유발하는 것이 헤아릴 수 없을 정도로 많죠. 여기서 중요한 것은, 누구를 질투하고 누구 때문에 질투심이 드느냐는 것입니다. 아내가 아기와 더 많은 시간을 보내고, 당신보다 아기와 더 가까운 관계를 유지하는 것에 질투가 나세요? 아니면 엄마를 독점하는 아기에게 질투심이 드나요? 그것도 아니면 낮 시간에 아기와 즐거운 시간을 보내는 보모나 할머니? 아기와 함께 나눌 행복은 본래 내것인데? 이도저도 아니라면, 아무 걱정 없이 마음대로 사는 아기의 인생에? 사실은 이 모든 것이 섞여 있습니다!

다른 감정들처럼 질투심도 본인과 주변에 영향을 끼칩니다. 지나친 질투심은 아내와 보모, 심지어는 아기에게까지 경쟁심을 유발하고 화가 나게 하죠. 아내와 더 깊은 정서적인 교감을 느끼고 싶은가요? 아이와 단둘이 좀더 많은 시간을 보내고 싶은가요? 그렇다면 속으로만 끙끙대지 말고 아내에게 이런 묘한 감정을 털어놓으세요. 동성 친구나 가까운 지인도 좋겠죠. 나만 이런 감정을 느끼는 게 아니라는 사실을 알면 마음이 한결 가벼워집니다. 마틴 그린버그 박사도 이렇게 말했답니다. "가정을 파괴하는 건 질투심이 아니라 그 감정을 계속 품고 있는 일이다."

앗! 이렇게 쉬울 수가?

딸아이를 키웠던 모든 순간을 기억하진 못하지만, 아이가 6개월쯤 되었을 무렵의 일은 지금도 생생합니다. 여느 날과 다를 바 없던 하루, 나는 딸에게 젖병을 물리고 옷을 갈아입혔습니다. 딸아이가 토해서 옷을 다시 갈아입혔고요. 잠시 후 응가를 옷에 묻히는 바람에 아이를 씻기고 세 번째로 옷을 갈아입혔죠. 그날 하루 동안에만 옷을 다섯 번 갈아입히고, 젖병을 세 번 물리고, 네 번 정도 우는 것을 달랬지요. 그날은 하필 여기저기 갈 일도 많아서 자동차에 아이를 여덟 번쯤 태웠다 내렸고, 빨래와 설거지를 하면서 딸을 두 번 재웠습니다. 그 와중에 청탁받은 원고를 완성했습니다.

그날 하루를 마칠 즈음, 문득 놀랐습니다. 아이를 재운 뒤 책을 들고 침대에 앉았는데, 내가 아빠 노릇을 꽤 잘하고 있다는 느낌이 든 것입니다. 실제로 예전보다 나아진 상태였죠. 몇 달 전까지만 해도 손도 못 대던 일들을 아무렇지도 않게 하고 있었으니까요. 아이가 보내는 신호를 읽어서 앞으로 벌어질 상황을 예측했고, 아이에게 잘못하고 있다는 자책감도 들지 않았습니다. 아이는 입만 열면 "아빠!"를 찾았죠. 바로 이때가 사회학자나 심리학자들이 말하는 '아이와의 황금기', 아버지로서 자신감을 얻고 그

어느 때보다 아이에게 친밀감과 유대감을 느끼는 시기였던 겁니다.

이러한 안정감은 당연히 부부 관계에도 영향을 미칩니다. 아내와의 관계가 예전보다 나아지고, 가족에 대한 소속감도 강해집니다.

아이와 함께하기 6Month

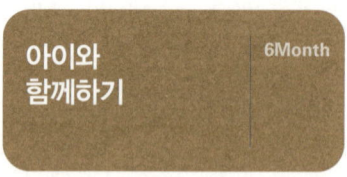
놀아주기

아기는 손에 무언가를 움켜잡거나 물건을 입으로 넣으면서 주변 환경에 더욱 관심을 갖게 됩니다.

물체에 관해 아기는, 자신이 물체에 대한 통제력을 갖고 있다는 것을 가장 먼저 깨닫습니다. 아기의 이런 놀라운 능력은 갑자기 발현되지요. 아기에게 딸랑이를 쥐여주고 팔을 흔들면 아기는 딸랑이에서 소리가 난다는 사실을 알게 되죠. 이를 몇 달 동안 반복하면, 아기는 흔드는 것을 멈추면 소리가 나지 않는 사실을 알게 됩니다. 자신이 손을 흔들면 다시 딸랑이 소리가 난다는 것을 자연스럽게 학습하는 거예요.

아기는 물체에 대해 스스로 학습합니다. 아빠가 조금만 관심을 가지면 아기에게 재미있는 시간을 마련해줄 뿐 아니라, 아기의 물체 인지 학습에도 도움을 줄 수 있습니다. 다음은 아기와 함께할 수 있는 간단한 놀이입니다.

- **잡힐 듯 말 듯 놀이** 아기의 시야를 넓혀주는 놀이입니다. 우선 아기가 흥미를 느낄 만한 장난감을 아기의 손이 닿지 않는 위치에서 들어 보이세요. 아기의 머리 위, 바로 앞, 또는 옆에서 들고 있어도 좋아요. 아기가 아예 잡기를 포기할 만큼 너무 멀리서 들고 있으면 안 됩니다. 아기가 손을 내밀어 잡으려고 하는 거리가 적당합니다. 잡힐 듯 말 듯 장난감을 이리저리 보여주다가 잡혀주세요. 아기가 즐거워할 거예요.

- **촉감 놀이** 아이가 장난감을 보지 않고 놀게 해보세요. 어두운 곳도 좋고, 장난감이 담긴 검정 비닐봉지에 넣고 아이 손을 넣게 해도 좋아요. 이때 평소에 좋아하는 장난감과 낯선 장난감을 같이 주세요. 그러면 아기들은 안 보여도 좋아하는 장난감을 집을 거예요. 매우 자연스러운 반응이죠. 이 시기의 아기는 촉각과 시각을 동시에 사용하여 보지 않고도 만져본 물체를 인식하는 중요한 단계를 거칩니다. 아기가 이 놀이를 싫어하더라도 걱정하지 마세요. 몇 주 후에 다시 해보면 다른 반응이 올 테니까요.

- **인과관계 놀이** 인과관계를 훈련시키는 놀이는 수없이 많습니다. 딸랑이 흔들기, 두 물체 부딪치기, 공을 앞뒤로 굴리기, 풀장에서 물장구치기 등등. 볼에 바람을 넣고 아기 손으로 볼을 눌러 터뜨리는 시늉을 해보세요.

- **물체 인지 능력** 아이가 생후 6개월 정도 되면 물건이 눈앞에 없어도 존재한다는 사실을 인시합니다.

  ❶ 아기의 물체 인지 능력은 단계별로 발달합니다. 어떻게 발달하는지 궁금하면 이런 실험을 해보세요. 아기에게 먼저 장난감 하나를

보여줍니다. 아기가 보는 앞에서 장난감을 베개 밑에 숨기세요. 그리고 아기에게 장난감이 어디에 있느냐고 물어보세요. 아기는 베개를 치우고 장난감을 찾아낼 거예요. 그런 후 아기가 다른 곳을 보는 사이에 다시 장난감을 재빨리 베개 밑에 감추세요. 아기는 계속해서 베개를 들춰볼 거예요.

❷ 숨고 찾는 형식의 까꿍 놀이도 물체 인지 능력을 발달시키는 데 도움이 됩니다. 특히 까꿍 놀이는 아주 훌륭한 교훈을 아이에게 가르쳐주죠. 아빠가 어디론가 가면 반드시 돌아온다는 사실 말이에요. 큰 의미가 없어 보이는 놀이지만, 이런 놀이를 통해 아기는 아빠를 더 믿게 됩니다. 아빠와 떨어졌을 때 겪는 불안감도 줄어들고요(274쪽 참고).

- **추적 놀이**   아기의 눈높이에서 장난감을 들고 있어보세요. 아기가 장난감을 본 것을 확인한 후 떨어뜨리세요. 생후 5~6개월 된 아기는 장난감이 떨어질 곳을 미리 바라보지 않습니다. 그러나 생후 7개월이 되면 장난감이 어디로 떨어질지를 예상하죠. 눈앞에서 물건을 떨어뜨려서 아기가 물건을 추적하도록 유도해보세요. 헬륨가스 풍선을 들고 있다가 손을 놓아 풍선이 위로 올라가게 해도 재미있습니다. 아기는 '평소대로' 바닥 쪽을 추적하다가 풍선이 위로 올라가면 깜짝 놀랄 거예요.

다른 것으로는, 움직이는 물체를 추적하는 놀이가 있습니다. 움직이는 물체를 추적하는 건 아기에게 이제서야 막 생긴 능력입니다. 아기는 순식간에 물건이 사라지면 그것을 추적할 수 있어요. 아기를 식탁 앞에 앉히고 얼굴을 마주보며 앉으세요. 식탁 위에서 장난감 하나를

장난감 고르기

좋은 장난감
- 블록.
- 잡고 구부리기 쉬운 인형.
- 전화기, 컴퓨터, 자판, 신발 등의 실생활에 사용되는 물건.
- 소리를 내고 특유의 질감이 있는 것.
- 악기가 될 만한 것.
- 공.
- 딱딱한 책.

나쁜 장난감
- 아기가 쉽게 씹을 수 있는 고무로 된 것.
- 작아서 삼키기 쉽고, 분리되는 부분이 있거나 두루마리 휴지 심에 들어갈 정도로 작은 것.
- 아기를 찔 수 있는 것.
- 전류가 흐르는 것.
- 깃털이나 솜이 빠질 수 있는 동물 인형이나 털 날리는 장난감(내용물이 빠지지 않으면 상관없음).
- 줄, 리본, 고무 밴드가 있는 것(아기가 입에 넣어서 목에 걸릴 위험이 있음).
- 보행기(위험성이 있음. 239쪽 참고).

직선으로 몇 번 움직여서 시선을 끄세요. 그 다음, 장난감 앞에 종이 상자를 두고 아까처럼 장난감을 움직이세요. 생후 6개월 된 아기들은 목을 쭉 빼고 상자 뒤쪽을 쳐다보며 장난감이 다시 나타나길 기다립니다. 아기가 흥미를 보이면, 이번에는 이 놀이를 응용해볼 차례입니다. 장난감을 직선 경로가 아닌 수직으로 움직여서 장난감이 상자 위로 나타나도록 하세요.

까꿍 놀이로도 추적 놀이를 할 수 있죠. 아기가 보지 못하도록 문 뒤에 서세요. 그 다음에 문을 살짝 열고 머리만 빠끔히 내미세요. 몇 번

> ### 아기가 혼자 놀 시간을 주세요
>
> 엄마 아빠가 항상 아기를 재미있게 해줄 필요는 없어요. 물론 아기와 많이 놀아주어야 하지만, 아기에게는 혼자서 노는 것도 중요하거든요. 아기가 혼자 놀 때 무얼 하고 있는지만 확인하고 내버려두세요. 혼자 잘 노는 아기에게 말을 거는 건 아기를 방해하는 것입니다. 혼자서 무언가를 만들어보거나 엄마 아빠와 함께 한 경험을 되풀이하며 아기는 욕구를 충족시킵니다. 또한 무엇을 가지고 얼마 동안이나 놀지를 스스로 결정하면서 자신감을 갖게 되죠.

똑같은 위치에서 머리를 내민 뒤, 좀더 높거나 낮은 위치에서 머리를 내밀어보세요. 아기들이 무척 좋아하는 놀이랍니다.

아기가 반응을 보이지 않더라도 걱정할 필요는 없어요. 아기들의 성장 속도는 제각각이고, 좋아하는 놀이도 저마다 다르니까요. 참, 이 시기의 아기들에게는 비싼 장난감을 사주지 마세요. 딸아이가 어렸을 때 비싼 장난감을 사준 적이 있는데, 그때 깜빡 잊고 상표를 떼지 않았습니다. 그런데 아이가 장난감이 아닌 그 상표를 가지고 노는 게 아니겠어요? 제 딸아이는 지금도 옷가게에 가면 옷마다 붙은 상표를 보느라 여념이 없답니다.

당신과 배우자 | 6Month

 긴장감 극복하기

이 시기에 이르면 부부가 모두 훨씬 편해졌다는 느낌이 들 거예요. 진정한 가족을 이루었다는 충만감도 생기죠. 물론 모든 부부가 그런 것은 아닙니다. 아직 긴장감이 맴돌고 서로 만족하지 못하는 부부도 많아요. 아직도 이런 상태라면 심호흡을 하고 다시 마음을 다잡아야 합니다.

남자들은 아내와의 관계가 만족스러울 때 아버지로서의 역할에 더욱 충실해집니다. 아기보다는 아내와의 관계가 더 중요하죠. 부부 사이가 좋지 않으면 자연히 아기와도 멀어집니다.

또 한 가지! 엄마 아빠의 관계가 어떤지 아기가 모른다고 생각하면 착각입니다. 생후 11개월짜리 아기도 엄마 아빠 사이가 나쁘면 낯선 사람이 다가오는 '위험' 상황이 발생해도 아빠에게 도와달라는 표현을 하지 않습니다!

가족 문제

6Month

🐭 아기 맡기기

부모가 모두 집에서 아기를 돌보는 것이 가장 이상적인 육아 형태라는 것은 많은 연구 결과로도 입증되었습니다. 부모들도 이 사실을 잘 알고 있지요. 그러나 알면서도 어쩔 수 없어, 대부분 아빠가 밖에서 일하고 엄마가 아기를 맡아 키우거나 그 반대로 하고 있습니다. 하지만 그마저도 어렵다면 어떻게 해야 할까요? 누구에게, 어디에 아기를 맡겨야 할까요? 낮 시간에 누가 어떻게 아기를 돌볼지는 부모나 아기에게 모두 중요한 문제입니다. 몇 가지 보육 방법과 각각의 장단점을 살펴봅시다.

집에서 돌보기

보모가 집으로 와서 아기를 돌보는 것입니다. 부모로서는 가장 편리하고 마음도 편한 방식이죠. 아기를 데리고 이동하지 않아도 되고, 아기가 낯선 환경에 잘 적응할지를 고민하지 않아도 되기 때문입니다. 아기는 충분한 관심을 받으며, 외부 병균이나 질병이 노출될 위험 없이 성장할 수 있습니다.

처음에는 아기를 낯선 사람에게 맡기는 것이 매우 걱정스러울 거예요. 보모가 믿을 만한 사람인지, 아기를 잘 돌봐줄지 의구심이 드는 게 당연해요. 다른 한편으로는, 심리학자 로런스 커트너 Lawrence Kutner가 '자연적 경쟁 구도'라 일컫은 묘한 경쟁심이 들 수도 있어요. "우리는 아이가 우리 외에 다른 어른에게 친밀감을 느끼길 바란다. 그러나 동시에 다른 어른이 나의 자리를 대신할까봐 걱정된다." 걱정하지 마세요. 그 누구도 당신을 대신할 수는 없습니다.

보모에게 번거롭더라도 매일매일 아기를 어떻게 돌보고 있는지 일지에 기록해달라고 부탁하세요. 낮잠을 언제 얼마나 잤는지, 우유를 언제 얼마나 먹었는지, 기저귀는 언제 갈았는지, 용변의 상태는 어땠는지……. 보모를 신뢰하지 못하고 귀찮게 하는 것 같다고요? 그렇지 않습니다. 기록장에 기록하는 것은 그리 번거로운 일이 아니며, 이를 통해 서로 책임을 나눠지고 상대방을 더 신뢰하는 결과를 가져옵니다.

가장 이상적인 것은 저녁 때 보모와 아기의 일과에 대해 이야기를 나누는 것입니다. 그러나 깜빡 잊고 보고하지 않거나 물어보지 않을 수도 있고, 시간상 너무 상세히 이야기하기 어렵다는 단점이 있습니다. 기록을 하면 아기에게 우유와 약을 먹이는 등의 일을 잊어버리기가 어렵지요. 아기의 일정이나 상태에 변화가 있을 때 육아 일지는 더욱 유용합니다. 갑자기 아기가 아플 때 의사에게 일지를 보여주면 더 정확한 진단을 할 수 있을 테니까요.

육아 일지는 일반 공책에 줄을 그어 간단히 만들어 쓰면 됩니다.

보모를 찾는 방법

가장 좋은 3가지 방법.
- 주변 이야기, 입소문
- 대행업체
- 관련 웹사이트

마음 놓고 아기 맡기기

마음에 딱 맞는 보육 시설이나 보모를 구하기는 결코 쉽지 않습니다. 간간히 뉴스 프로그램에 등장하는 흉악한 소식은 아이를 맡겨야 하는 부모들을 더욱 심란하게 만듭니다. 마음 놓고 아기를 맡기려면 어떤 대비를 해야 할까요?

- 잘 알고 믿을 수 있는 사람을 고용하는 건 기본. 친구나 친척, 이웃 등 주변의 이야기를 잘 고려해보세요. 바로 결정을 내리지 말고 그 시설이나 보모를 여러 차례 방문 혹은 만나보고 결정하세요.
- 반드시 인가된 시설에 맡기세요. 인가된 시설에서 일하는 사람은 그곳에서 일하기 전에 철저한 조사를 받습니다.
- 개인적으로 사람을 고용할 때에는 대행업체를 이용하세요. 업체에서는 신원 조사와 관련 교육을 통과한 사람을 보내주니까요.

적당한 사람이 나서면 우선 전화로 1차 인터뷰를 하세요. 기본적인 인적 사항과 근무 기간 및 조건 등을 협의하여 조건이 맞는 사람을 걸러내세요. 이렇게 몇 사람을 추려서 집으로 초대합니다. 지원자를 면접할 때에는 아기와 같이 해야 합니다. 지원자가 아기를 어떻게 대하는지, 아기는 지원자를 잘 따르는지 편안한 분위기에서 살피세요. 아이를 안기 전에 조심스럽게 다가가 편안하게 말을 거는 지원자라면 일단 오케이! 아기의 머리를 쓰다듬으며 바로 이야기를 시작하는 지원자는 훌륭한 자질을 갖췄다고 볼 수 있습니다.

그리고 기저귀 가는 모습을 보여달라고 하세요. 능숙한지, 조심스러운

- 믿을 만한 보모를 구했다 하더라도 불안감이 가시지 않을 때에는 집 안에 폐쇄회로 TV를 설치하세요. 공개적인 장소에 설치하여 보모도 카메라가 있다는 사실을 알게 하거나, 라디오나 가구 뒤에 몰래 설치할 수도 있습니다. 나중에 집에 와서 볼 수 있도록 녹화를 해주는 카메라도 있고, 직장에서 컴퓨터나 PDA로 확인할 수 있도록 이미지를 바로 보내주는 카메라도 있습니다.

보모나 시설을 구할 때 가장 중요한 것은 부모의 직감입니다. 아무리 입소문과 평판이 좋아도 찾아갔을 때 혹은 만났을 때 느낌이 좋지 않으면 다른 곳을 알아보세요. 사실 집에 폐쇄회로 TV를 설치하고 싶은 마음이 들 정도면 다른 사람을 알아보는 게 좋아요.

지, 아기를 배려하는지, 아기의 관심을 돌리는 기술이 있는지 확인하세요.

최종적으로 한두 명의 지원자를 뽑은 후 대행업체에 다음 두 가지 사항을 확인하세요. 만약 다른 직장을 다닌 경력이 있다면 왜 그 일을 그만두었고 왜 이 일을 선택했는지, 업체에서는 어떤 지원자를 추천하는지 말이죠. 최종 단계에서 지원자에게 물어볼 질문은 다음 페이지에 정리해두었습니다.

이런 과정을 거쳐 한 명을 선발한 다음에는 아내가 직장에 복귀하기 일주일 전부터 일을 시작해달라고 말하세요. 이 기간에 지원자의 성품과 육아 방식을 확인하고 조율할 수 있습니다.

부모님께 맡기기

가까운 곳에 아기를 기꺼이 돌봐주실 부모님이나 장인·장모, 친척이 산다면 더없이 좋겠죠. 무엇보다 믿을 수 있고, 부탁하지 않아도 아기를 사랑해줄 테니까요. 아기를 부모님께 맡기는 것은 다른 사람에게 맡기는 것보다 훨씬 편리하고 경제적인 측면에서도 유리하죠. 2003년 미국 통계국에서 조사한 결과에 따르면, 5세 미만의 아이 중 약 21퍼센트가 조부모의 돌봄을 받고, 절반은 아예 조부모 집에서 생활하는 것으로 나타났습니다. 미취학 아동을 맡아서 돌봐주는 친척의 비율은 전체의 8퍼센트였습니다.

만약 부모님이 아기를 키워주신다면, 최대한 존경심과 감사함을 표현하세요. 물론 손자와 함께 시간을 보내는 것이 행복하시겠지만, 자기만의 시간을 포기하는 건 쉬운 결정이 아닙니다. 자식을 위해 제대로 의사 표현을 하지 못하시는지도 몰라요. 자식이 먼저 헤아리고 힘들지 않은지 물어봐야 합니다. 최근 〈미국공중보건저널〉에서 발표한 내용에 따르면, 일주일에 9시간 이상 손자를 돌보는 할머니는 그렇지 않은 사람보다 심장병에 걸릴 확률이 55퍼센트나 높다고 합니다.

최종 지원자에게 물어볼 질문

이것을 기본으로 다른 질문들을 추가하세요.

- 육아 경험이 있는지?
- 돌본 아이의 연령대는?
- 근무할 수 있는 요일과 시간은? 갑자기 일이 생기면 일을 더 해줄 수 있는지?

- 교육 수준은 얼마나 되는지?
- 요리까지 해줄 수 있는지?
- 지원자의 성장 환경은?
- 응급 상황이 생기면 어떻게 대처하시겠어요?
- 아기 심폐소생술을 할 줄 아세요? (모를 수도 있어요. 그럴 때에는 의료 기관에서 관련 수업을 듣도록 해주세요.)
- 아기와 보내는 시간 중 가장 좋아하는 시간은?
- 운전면허증과 기타 자격증이 있으세요?

꼭 짚고 넘어가야 할 사항들

- 급여와 휴가.
- 한 명 이상의 아이를 돌볼 수 있는지의 여부. 비슷한 연령대의 아기가 있는 이웃과 같이 보모를 구하면 비용을 줄이고, 아이에게도 친구가 생겨서 좋아요.
- 개인적인 전화 사용 문제.
- 직업에 대한 투철한 책임 의식. 우유 먹이기, 목욕시키기, 기저귀 갈기, 옷 갈아입히기, 책 읽어주기는 물론이고, 아기가 자는 동안 가벼운 집안일과 요리도 해주면 좋겠죠.
- 우리말 사용이 능숙한지. 응급 상황에서 정확하게 설명할 수 있는지.
- 이민 및 취업 허가증 발급 상태.
- 보모가 지켜주길 바라는 내용을 정리한 계약서. 앞으로 서로 오해할 일이 없도록 필요한 절차입니다.

거주 보모

집에서 같이 생활하며 아기를 돌봐주는 보모도 같은 방법으로 뽑으면 됩니다. 다만, 아침이고 밤이고 같은 공간에서 생활해야 하기 때문에 취향이나 생활 습관 등을 좀더 면밀히 살펴야겠지요. 본격적으로 근무하기 전에 1~2주일쯤 출퇴근을 시키며 적응기를 갖는 게 좋습니다.

보모의 집에 맡기기

만약 보모가 출퇴근이나 거주가 어려운 경우에는 보모의 집에 아기를 맡길 수도 있습니다. 그러면 한두 명의 아이를 더 맡아 돌보거나, 보모의 아이도 같이 생활할 수 있죠. 나쁠 건 없습니다. 아이들은 아이들을 좋아하니까요. 다른 아이와 어울리면 아기의 정서에도 좋고, 보모가 자기 집에서 아기를 돌보면 오랫동안 일할 가능성이 높아요.

어떤 경우든 보모에게 일이 생기거나 해서 갑자기 아기를 돌봐줄 사람이 없을 때를 미리 대비해두어야 합니다.

외부 보육시설

많은 부모들이 외부 보육시설을 찾습니다. 집에서 아기를 기를 수 있는 여건이 되어도 일부러 다른 시설을 알아보지요. 아기의 신체 및 정서 발달에 도움이 되는 다양한 시설과 전문 교육을 받은 선생님들이 있으니까요. 그러나 시설이 좋다고 해서 좋은 보육 서비스를 제공하는 것은 아닙니다.

부모들이 외부 보육시설을 선호하는 또 다른 이유는 아이의 사회성 발달에 좋기 때문입니다. 전문가들도 아이가 다양한 친구들과 어울리면 장기적으로 독립심과 사회성 발달에 도움이 된다고 말합니다. 단점이라면 시설에서 보육하는 아이들이 많다보니 개별적으로 많은 관심을 주지 못한다는 것입니다. 또한 생후 6개월 된 아기는 아직 친구들과 어울린다고 보기 어렵기 때문에 아기를 돌봐주는 사람과의 관계가 더 중요하죠. 아이들이 많기 때문에 세균에 노출될 위험도 큽니다. 보육시설에 다니는 아이들이 병원에 더 자주 가는 이유가 여기에 있습니다.

아기를 돌보는 선생님은

- 아기를 진심으로 좋아하는가? 아기도 잘 따르고 좋아하는가?
- 아기의 수준에 맞게 이야기를 하는가?
- 아기를 보면 반갑게 인사하는가?
- 다른 일이 있어도 아기가 원하는 것을 먼저 챙겨주는가?
- 심폐소생술, 응급처치 등에 능숙한가?
- 육아와 관련하여 계속 교육을 받고 있는가?
- 아기가 관심을 갖는 교육 프로그램을 잘 알고 다루는가?
- 부모의 질문에 항상 답변을 성실히 해주는가?
- 오늘 아기가 어떻게 지냈는지 잘 이야기하는가?
- 부모의 의견을 잘 받아들이는가?
- 너무 많은 아이를 돌보고 있지는 않은가? 시설마다 교사 1인당 몇 명의 아이를 돌보는지를 따져보세요. 영아와 유아들의 경우, 현실적으로 교사 1인당 3명 이상은 감당하기 어렵습니다.

보육시설 선택시 체크 리스트

- 분위기가 밝고 쾌활한가?
- 튼튼한 울타리가 있고 안전한 놀이 시설들이 마련된 마당 혹은 운동

장이 있는가?
- 교사가 마당 전체를 관찰할 수 있는가?
- 휴식 공간과 놀이 공간이 독립적으로 마련되어 있는가?
- 외부인이 시설에 드나들지는 않는가?
- 창문, 울타리, 주방용품으로 인한 사고를 방지할 대책이 마련되어 있는가?

프로그램 체크 리스트
- 놀이 시간과 식사 시간, 낮잠 시간이 잘 짜여 있는가?
- 연령대별 프로그램을 운영하고 있는가?
- 아이들 수에 비례해 충분한 장난감과 교구가 구비되어 있는가?
- 장난감이 깨끗하고 안전한가? 아이들의 잘 갖고 놀 수 있는가?

기타
- 시설의 교육 방침이나 규율에 동의하는가?
- 아이들의 웃음소리가 들리는가?
- 인가된 프로그램으로 운영되고 있는가? 인가 및 규제를 담당하는 곳은 어디인가?
- 갑자기 방문해도 괜찮은가?
- 아이가 즐거워할 수 있는 곳인가?

마음에 둔 보육시설을 한 번 이상 방문하세요. 최종 결정을 한 후에도 예고 없이 방문해보면 평소 분위기를 짐작할 수 있어요.

이런 경우에는 의심하세요

- 예고 없는 방문을 허락하지 않는다. 방문하거나 아이를 데리러 갈 때 전화를 해야 한다.
- 아이를 시설에 데려다주고 안으로 들어가지 못하게 한다.
- 맡긴지 몇 달이 되었는데 아이가 별로 좋아하지 않는다.
- 항상 새로운 초보 인력이 있는 것 같다.
- 걱정스러운 점을 말해도 시큰둥한 반응을 보인다.

좋은 보육시설을 찾는 것은 오랜 시간과 인내가 필요한 일입니다. 그러나 아이를 아무데나 맡길 수는 없죠. 많은 부모들이 시설을 고르다 지쳐서 보통 정도의 시설에 아이를 맡깁니다. 그러면 아이는 부모를 대신해줄 최고의 환경과 교사를 만날 수 없어요. 아이가 어디에서 자라는지에 따라 아이의 신체 및 정서 발달이 달라질 수도 있는 만큼, 보육시설은 반드시 신중하게 골라야 합니다.

생후 7개월

새로운 사랑의 시작

아기에게 일어나는 일들 7Month

🐨 신체

- 이제 앉을 때 바닥에 손을 대어 균형을 잡을 필요가 없습니다. 손은 물건을 집는 데 더 많이 사용하죠.
- 배를 바닥에 대고 엎드려 있다가 혼자 힘으로 앉습니다.
- 기기 시작하는데 처음에는 뒤로 길 수도 있어요. 기지 않고 양손으로 바닥을 짚고 앉은 자세로 움직이는 아기도 있고요.
- 두 손을 잡아서 일으켜 세우면 두 발을 동동거리며 앉았다 일어났다를 반복합니다.
- 엄지손가락을 자유자재로 사용할 수 있어서 예전보다 자신감 있게 물건을 잡습니다. 물체를 부딪혀 소리를 내보거나 입에 넣는 것을 여전히 좋아합니다.
- 이가 나기 시작합니다. 아직 모유 수유를 하고 있다면 슬슬 끊을 준비를 해야 합니다.

🐨 지능

- 두뇌가 발달하면서 연상력도 발달합니다. 아빠 발자국 소리를 알고, 아빠가 방에 들어서기도 전에 좋아합니다.
- 서로 다른 크기의 블록을 보면 하나씩 집어들어 줄을 세워봅니다. 블록을 비교해보기도 하죠.

- 물건을 집는 능력이 향상된 것에 흥분합니다. 아무 물건이나 집으려고 하죠. 물건을 잡고 거꾸로 들어보거나 이리저리 관찰합니다. 한 손으로 블록을 쥐고, 다른 손으로는 컵을 잡고, 눈은 인형을 봅니다.
- 물건이 보이지 않을 때에도 존재한다는 인식이 더욱 뚜렷해집니다. 물건이 떨어져도 그것이 없어졌다고 생각하지 않죠. 물건을 다시 찾으려고 손을 뻗거나 물건이 사라진 곳을 뚫어져라 쳐다봅니다. 그러나 10초쯤 물건을 찾지 못하면 금방 흥미를 잃어버립니다.

언어

- 몇 달 전만 해도 인간이 내는 소리는 모두 흉내낼 수 있었으나, 이제는 엄마 아빠의 말과 소리만 따라 합니다. 아기들 특유의 이상한 발음이나 혀 차는 소리가 거의 사라집니다.
- '바바바, 마마마, 다다다' 등 똑같은 음절을 계속해서 말합니다. 목소리 톤과 크기, 속도를 조절할 수 있고, 엄마 아빠와 이야기를 하려고 애를 씁니다. 아빠가 말한 후 말을 하고, 이에 대한 반응을 기다리기도 합니다.
- 수동적인 언어능력도 많은 발전을 보입니다. 이름을 부르면 고개를 돌려 즉각 반응을 보이고 단어도 몇 개 알아듣습니다.

감정·사회성

- 장난감 등을 갖고 노는 것도 좋아하지만, 사람과 교감을 나누는 활동을 더욱 좋아합니다.
- 어른과 아이가 다르다는 것을 인식하면서 또래 친구들과 노는 것을

좋아하게 되죠.
- 엄마 아빠의 표정이나 목소리 톤에 반응합니다. 부모가 기뻐하면 같이 기뻐하고, 부모가 슬퍼하면 따라서 슬퍼하죠. 따라서 아이에게 말을 할 때 말투나 표정에 신경 써야 합니다. 아이 때문에 화를 내면 아이는 이를 알고 웁니다. 이때 바로 아이에게 미소를 지으며 다독여주면 울음을 그칩니다.
- 낯선 사람에 대한 불안감이나 수줍음은 여전합니다. 아이를 낯선 사람과 혼자 두면 난리가 나죠.
- 엄마 아빠의 모든 행동을 따라 하려고 합니다. 스스로 젖병이나 컵을 쥐고 마시려고 합니다.

아빠에게 일어나는 일들 — 7Month

🐻 새로운 사랑의 시작

수많은 작가들이 사랑을 묘사하려고 하지만, 언제나 부족한 느낌이 드는 것은 사랑의 종류가 너무나도 많기 때문입니다. 아내에 대한 사랑과 여동생에 대한 사랑은 완전히 다릅니다. 같은 가족이라 해도 여동생에 대한 사랑과 부모님에 대한 사랑도 다르죠. 그런데 부모가 되어보면 아이에 대한 사랑은 그 어떤 사랑과도 비교할 수 없습니다.

아이에 대한 사랑은 행복한 경험이라고 말하지만, 가끔은 그 사랑 때문에 두려움을 느끼게 됩니다. 아이에게 무서운 일이 일어나면 어쩌지? 갑자기 넘어져서 목이 부러지면? 트럭에 치이면? 너무 아파서 깨어나지 못하면? 상상만으로도 너무 끔찍하죠.

아이에게 무슨 일이 생긴다는 상상만 해도 심장 박동수는 증가하고, 주먹이 불끈 쥐어지며 호흡이 가빠집니다. 그런 순간에는 내 아이에게 해코지를 하는 사람이 있으면 죽일 수도 있겠다고 느끼죠.

외톨이가 된 기분

아빠가 아이를 돌보다보면 외로운 순간이 많습니다. 생후 7개월이면 아이를 유모차에 태우고 산책을 자주 나가게 되는데, 그러면 아이를 데리고 밖에 나온 엄마들과 자주 마주칩니다. 엄마들은 끼리끼리 모여 앉거나 걸으며 아이에 대해 이런저런 이야기를 나눕니다. 수다를 떨며 정보를 교환하고 스트레스도 풀죠. 그런데 그 속에 아빠가 끼기는 어렵습니다. 어떻게 인사까지는 할지 몰라도 그 이상은 어렵죠. 아이를 데리고 나온 다른 아빠를 만나도 마찬가지입니다. 참으로 어색하고 괜히 외롭고, 마치 외톨이가 된 기분이 들어요.

최근에는 이런 상황에도 조금씩 변화가 생기고 있습니다. 아빠들이 서서히 음지에서 양지로 나오고 있죠. 하지만 그래도 서로 다가서지 못한 채 소외감을 느끼는 건 매한가지입니다. 소심하게 괜히 아이에게만 말을 붙이다가 집으로 돌아오면 왠지 부족한 아빠 같고 그래요. 이는 대단히 상징적인 모습입니다. 이런 일이 반복되며 아버지로서 사는 일이 외로울 수밖에 없습니다.

🐻 다른 아빠들과 친해지기

아빠로서 느끼는 소외감을 극복하는 좋은 방법은 아빠들의 모임을 갖는 것입니다. 비슷한 또래의 아이가 있는 이웃이나 친구들과 모임을 만들어 보세요. 자칫 축구 모임으로 새더라도 충분히 해볼 만한 일입니다. 아빠들도 아이를 중심으로 모이면 서로 어려운 점을 털어놓다가 너도나도 이야기보따리를 풀어놓으며 친해집니다. 엄마들처럼 말이죠. 해보면 꽤 재미난 일이랍니다.

아빠들의 모임을 꾸리고 거기에 참여하면 좋은 점이 많아요.

- 아빠들만의 세계가 펼쳐집니다. 엄마들 주변에는 양육에 관한 조언을 해주는 사람들이 널려 있죠. 아이 옷은 어디가 싸고 좋은지, 비 오는 날 갈 만한 곳, 병을 치료하는 좋은 방법, 우는 아이 달래는 법, 보모를 구하는 방법 등등 귀를 기울이면 유용한 정보를 많이 얻을 수 있어요. 그런데 아빠들 모임을 만들어보면 아빠들도 엄마들 못지않게 많은 것을 알고 있다는 사실을 알 수 있습니다.
- 비슷한 처지의 아빠들끼리 좋은 아빠가 되는 방법을 찾아보세요. 남자는 길을 몰라도 묻지 않는다는 이야기는 지겹지만 사실이랍니다. 다른 아빠들에게 물어보면 나만 아빠 역할을 힘들어하는 게 아니라는 걸 금세 알 수 있어요. 아빠들도 저마다 양육에 대한 목표와 방법이 있습니다. 혹 그렇지 않더라도 혼자 헤매는 것보다는 같이 헤매는 편이 낫죠.
- 아빠들 모임에는 엄마들을 끼워주지 마세요. 엄마가 모임에 들어오는 순간, 아빠들은 육아를 새롭게 배워야 하는 학생이 돼버리죠. 비슷

한 고민을 가진 사람들끼리 만나야 편하게 어울릴 수 있습니다.
- 비슷한 처지의 아빠들끼리 모여서 아기 이야기를 주고받는 것도 해 보면 꽤나 재미난 일이랍니다.

모임에 참여할 아빠들을 찾기가 쉽지 않을 거예요. 그러나 주변에 이야기를 하면 분명히 반응이 있을 겁니다. 다른 아빠들을 찾을 수 있는 곳을 알려드릴게요.

- 교회.
- 아이가 태어난 병원.
- 아내를 담당했던 산부인과 의사.
- 담당 소아과 의사.
- 엄마들 모임 대표.

그래도 아빠 모임은 정서상 어렵다고 느껴지면, 적어도 다른 아빠들과 연락은 하고 지내세요. 만일 아이를 주도적으로 키운다거나 한다면 더욱 이런 노력이 필요합니다. 일대일로 다른 아빠들과 연락하거나 인터넷으로 연락을 주고받으세요. 양육에 관한 정보를 알려주는 웹사이트와 토론 모임을 찾아보세요. 아빠들의 모임에 참여한 남자들이 아빠로서 훨씬 더 행복감을 느낀다는 조사 자료는 많습니다. 아버지로 살아가면서 겪는 문제를 혼자 힘으로 해결하기는 어려워요. 친구를 만드세요.

아이와 함께하기 — 7Month

🐨 훈육 입문

한 저명한 소아과 의사는 이렇게 말했습니다. "훈육은 당신이 아이에게 하는 일 중 두 번째로 중요한 것이다." 이 말은 전적으로 맞습니다. 그런데 여기서 짚고 넘어갈 부분이 있어요. 훈육은 벌을 내리는 것과 다릅니다. 훈육은 가르침과 한계를 정해주는 것입니다. 훈육의 목표는 아이가 충동적인 행동을 조절하도록 돕는 데 있습니다. 그러나 이 시기의 아이에게는 자기 행동을 조절하는 것이 불가능한데 그 이유를 살펴보죠.

첫째, 필요한 것과 필요 없는 것에 대한 구분이 없어요. 둘째, 자신이 무엇을 잘못했는지를 이해하지 못합니다. 무엇이 옳고 그른지도 모르죠. 책으로 아빠 얼굴을 때리거나 음료수를 엎질러도 그런 행동이 나쁘다는 것을 알지 못합니다. 이 시기의 아이들에겐 '의도' 따윈 없어요. 게다가 아이의 기억력은 매우 짧습니다. 훈육한답시고 아이를 혼내도 아이는 벌을 받는 동안 자신이 뭘 잘못했는지를 잊어버리죠.

그러나 아이의 몸놀림이 점점 자유로워지면서 위험한 상황에 놓일 가능성도 높아집니다. 가만히 두고만 볼 수 없는 시점이죠. 그렇다고 엄하게 하진 마세요. 무엇을 하면 되고, 무엇을 하면 안 되는지만 반복해서 교육시키세요. 물론 아직 잘 안 되겠지만.

아이가 위험하거나 해서는 안 될 행동을 할 때 제지하는 방법은 간단합니다. 아이의 짧은 기억력을 거꾸로 이용하는 거예요. 가령 아이가 위험한 물건을 쥐고 있다면, "어, 저게 뭐지?" 하면서 아이의 관심을 다른 쪽으로 돌리고 재빨리 그 물건을 손에서 빼내는 겁니다. 귀중한 물건을 달라고 떼를 쓰면, 관심을 잠시 다른 데로 돌리고 장난감을 주며 말을 시켜보세요.

손가락으로 대화하기

어린아이를 둔 부모라면 한 번쯤 이런 생각을 했을 겁니다. '아이가 무슨 생각을 하고 있는지 말해주면 얼마나 좋을까.' 그렇다면 아이에게 수화를 가르쳐보세요. 수십 년 전부터 이에 대한 연구가 꾸준히 진행되고 있습니다. 청각장애인 부모가 아이에게 수화를 가르치면 생후 9개월이 되기 전에 의사소통이 가능해진다고 합니다. 일반적인 부모 밑에서 자라는 아이는 생후 12개월이 되어야 조금씩 말을 하는데 말이죠. 아이에게 손으로 의사소통하는 방법을 가르치는 것이 유익하다는 주장이 설득력을 얻는 이유입니다. 실제로 이 시기의 아이는 혀와 입보다는 손을 사용하는 것이 더 익숙합니다.

수화는 아이의 의사소통 능력을 발달시키고 운동성과 언어능력을 향상시킵니다. 정서 발달뿐 아니라 두뇌 발달에도 도움이 되죠. 아이와 수화로 대화를 하면 부모에게도 좋습니다. 아이가 원하는 것을 알면 아이를 더 잘 돌볼 수 있고, 아이가 우는 일도 줄어들죠. 이렇게 부모와 아이가 더 안정되면 훨씬 수월해집니다. 그러면 육아가 즐거워지며, 아이와의 관계도 더욱 친밀해지죠.

아이와 수화를 하는 방법에는 두 가지가 있습니다. 비슷하지만 다른 점도 있어요. 살펴볼까요?

- 조지프 가르시아Joseph Garcia의 《아이와의 수화Sign with Your Baby》는 미국수화언어ASL에 기초합니다. 대부분의 수화가 직관적이죠. 무언가 먹고 싶을 때에는 손가락을 입에 갖다 대고, 나비를 나타낼 때에는 양쪽 엄지를 맞잡고 나머지 손가락으로 날갯짓을 하는 식으로요. 표현하기 힘든 수화도 있습니다. 예를 들어 엄지를 이마에 대면 아빠이고, 턱에 갖다 대면 엄마죠. 주먹을 쥐고 엄지를 둘째와 셋째 손가락 사이에 위치시키면 화장실에 가고 싶다는 뜻이에요. 손을 들어 세 번째와 네 번째 손가락만 내리면 비행기를 뜻합니다. 가르시아는 수화를 가르치는 것이 힘들면 실제 언어를 가르치는 것도 힘들 거라고 말합니다. 수화 언어를 알면 수화를 하는 다른 아이들이나 청각장애인과도 이야기할 수 있습니다. 최근 미국에서는 수화를 공부한 아이들에게 입학 기회를 주는 대학의 수가 늘어나고 있습니다.
- 린다 에크레돌로Linda Acredolo와 수잔 굿윈Susan Goodwyn의 《아기수화 Baby Signs》 역시 미국수화언어에 기초하지만 가르시아의 수화와는 다른 점이 많습니다. 아이가 계속 수화를 사용할 것이 아니라면 최대한 배우기 쉽게 하자는 것이 그들의 주장이에요. 또, 기본적인 수화를 배운 뒤에는 각자 조금씩 수정 응용하면 된다는 입장입니다. 그러면 가족 외의 사람들과는 의사소통이 힘들겠죠. 그러나 아이와 함께 둘만의 수화 언어를 만들면 둘에서는 쉽게 소통할 수 있어요.

둘 다 좋은 방법입니다. 말 못하는 아이와 소통할 수 있다니 참으로 놀랍고 고마운 일이죠. 아이와 소통하려고 일부러 수화를 배울 필요는 없습니다. 기본적인 수화 동작을 익혀서 편리한 대로 응용하면 되니까요.

생후 6개월이 되면 손으로 물체를 가리키고 손을 흔들며 인사를 합니다. 그러면 수화를 가르쳐도 됩니다. 가장 흔하고 쉬운 몇 가지 동작부터 시작하세요. 우리 부부는 막내딸에게 '우유' '음식' '더' '새끼 고양이'를 가르쳤죠. 반복이 가장 중요하므로 기회가 닿을 때마다 말을 하면서 손동작을 보여주세요.

다른 가족들에게도 아이에게 수화를 써달라고 부탁하세요. 다른 형제들이 수화를 사용하면 아이는 더 재미있어 하며 빨리 배우겠죠.

중요한 것은 인내를 갖고 수화를 재미있는 활동으로 만드는 것입니다. 처음 한두 달은 수화를 가르쳐도 별 반응이 없을 수 있어요. 포기하지 말고 몇 가지 동작을 계속 반복하세요. 이 동작들을 아이가 곧잘 따라하면, 그 이후에는 훨씬 더 빨리 배울 겁니다.

치아 발달

아기의 치아는 엄마 뱃속에 있을 때부터 형성되기 시작합니다. 4개월부터 형성되어 7개월째에 치아 형태가 잇몸 속에서 모습을 드러내죠. 그러다 세상에 태어나서 3개월이 지나면 치아가 잇몸 밖으로 나오기 시작합니다. 생후 1년 뒤에 이가 나는 경우도 흔하죠. 문제는 이가 나면서 치석이 생긴다는 점입니다. 어른들이 1년에 몇 번씩 치과에 가서 치석을 제거하듯, 아기의 치석도 없애주어야 합니다.

아기의 치석은 어떻게 제거해야 할까요? 하루에 한 번씩 마른 거즈나 아기용 면수건으로 이를 닦아주면 됩니다. 개월 수에 따라 나오는 유아용 칫솔을 사용해도 됩니다. 어느 경우든 치약을 사용해서는 안 됩니다. 치약은 아기 손에 닿지 않는 곳에 두고, 생후 24개월 이후부터 쓰세요. 아무리

고무젖꼭지

이미 많은 부모들이 고무젖꼭지, 일명 '쪽쪽이' 때문에 고민합니다. 이걸 아기에게 물려도 되나? 언제 물리고 언제 떼어야 하나? 혹시 치아 발육에 이상이 생기지 않을까?

대답은 "괜찮다."입니다. 고무젖꼭지는 아기의 욕구를 해소하는 데 큰 도움을 줍니다. 이 시기의 아기들은 엄마 젖꼭지나 제 손가락을 빠는 것만으로는 빨고 싶은 욕구를 충족시키지 못합니다. 치과 의사들은 만 4세까지는 고무젖꼭지를 물려도 괜찮다고 말합니다. 젖꼭지를 하루라도 빨리 떼려고 아이와 실랑이를 벌일 필요가 없는 거죠.

그러나 엄지손가락을 빠는 것은 여러 가지로 문제가 됩니다. 첫째, 엄지손가락은 젖꼭지처럼 입 모양에 꼭 들어맞지 않기 때문에 이를 상하게 할 위험이 있습니다. 물론 아직 이가 덜 났기 때문에, 다섯 살이 돼서야 이런 문제가 발생하죠. 둘째, 엄지손가락을 자주 빨면 말하는 데에도 지장을 줄 가능성이 있어요. 또한, 대부분의 세균은 손을 통해 몸에 들어온다는 점 명심하세요.

순한 치약이라 하더라도 독성이 있어서 자칫 아기에게 큰 위험을 초래할 수 있어요. 생후 12개월부터는 아주 부드러운 칫솔을 쓰세요.

이가 솟아요

아기의 이가 하얗게 솟아오르면 신기하고 귀엽죠. 이때 유념해야 할 두 가지가 있습니다.

첫째, 이가 나는 순서는 정해져 있어요. 우선 아래 중앙 앞니 두 개, 위

고무젖꼭지는 이런 점을 유의하자!

- 젖꼭지를 아이의 목에 걸거나 실에 묶어서 아이 옷 등에 연결하지 마세요. 목이 졸릴 위험이 있습니다.
- 꼭지 부분은 무독성으로 한 가지 재료로만 만든 것이어야 합니다.
- 아이의 입 부분에 들어맞는 부분은 떼어낼 수 없어야 하고, 침이 흐를 수 있도록 구멍이 있어야 합니다.
- 꼭지 부분에 구멍이 나거나 찢어진 부분이 없는지 확인하세요. 젖꼭지가 조금이라도 낡았다면 바로 새것으로 교체하고요. 아기가 고무젖꼭지의 일부를 씹어 삼키는 불상사는 없어야겠죠.
- 잘 때에는 고무젖꼭지를 물리지 마세요. 젖꼭지를 물면서 자는 데 익숙해지면 젖꼭지가 입에서 떨어질 때마다 잠에서 깨어납니다.

쪽 앞니 두 개, 그리고 앞니 양 옆, 이런 순서로 이가 나죠. 대부분의 아이들은 생후 1년이 되면 앞니 8개가 모두 나고, 24개월이 되면 총 20개의 이가 납니다.

둘째, 이가 나는 것은 아기나 주변 사람들에게 그리 즐거운 경험이 아닙니다. 이가 잇몸에서 솟아오르기 시작하면 가벼운 통증이 느껴지거든요. 아기는 불편함을 느끼고 무언가를 자꾸 물어뜯으려고 하죠. 침도 더 많이 흘리고요. 설사나 복통, 발열 등은 이가 나는 것과 상관이 없어요. 그러나 침을 많이 흘리면서 턱이나 앞가슴 주변에 뭔가 오톨도톨 솟아납니다. 발진은 침이 잘 마르지 않아서 생깁니다.

다행히 이가 나면서 생기는 불편함은 그리 오래가지 않습니다. 아기의 잇몸을 마사지 해줄 수 있는 치발기나 조금 단단한 과자 등을 물려주세요. 이가 날 때 유난히 통증을 느끼는 아기는 소아과에서 아세트아미노펜 액을 처방받으세요.

집 안 곳곳에 숨어 있는 위험 요소들

아이의 움직임이 점점 더 자유로워지면서 엄마 아빠의 걱정은 늘어만 갑니다. 특히 집 안을 돌아다니며 위험한 물건을 만질까봐 이것저것 치우고 막고 설치하게 되죠. 아직 방비를 안 했다면 지금 당장 시작하세요.

우선 무릎을 꿇고 아기의 눈높이에서 집 안을 바라보세요. 전등 코드를 잡아당기고 싶고, 스피커 선을 물어보고 싶지 않으세요? 무언가를 넣어달라고 손짓하는 콘센트 구멍은 또 어떻고요. 콘센트 구멍을 막는 것은 시작에 불과합니다. 그럼 기본적인 것부터 알아볼까요?

집안 구석구석

- 귀중품은 아기의 손이 닿지 않는 곳에! 아무리 만지지 말라고 얘기해도 소용없어요. 그러길 바라는 것 자체가 욕심이죠.
- 벽걸이식 가구나 가전제품이 잘 걸려 있는지 연결 부위를 다시 점검하세요. 가구 위에 올려놓은 물건은 밑에서 가구를 흔들어도 떨어지지 않을 만큼 잘 놓여 있나요?
- 유모차에 무거운 것을 걸지 마세요. 유모차가 뒤집힐 수도 있어요.

- 히터나 선풍기는 바닥보다 조금 위쪽에 두세요.
- 계단의 맨 위와 아래에 안전문을 설치하세요. 몇 달 뒤 아기가 걸음마를 시작하면 계단을 오르내리는 연습을 시키세요.
- 각 방에 화재경보기를 설치하고 소화기도 준비해두세요.
- 이층집에 살고 있다면 밧줄로 만든 탈출용 사다리를 사두세요.
- 적십자, YMCA, 인근 병원 등에서 응급처치 및 심폐소생술 수업을 들어두세요.
- 구급상자를 구비하세요(상자 안에 넣을 것은 242쪽 참고).
- 깨진 유리 조각 등 위험한 것을 휴지통에 버리고 나면 곧장 휴지통을 비우세요. 휴지통은 자주 비워주세요.
- 항상 주변을 청결히 하세요. 동전, 클립, 화분용 흙, 개 사료, 먼지 뭉치 등은 아기가 좋아하는 장난감이죠.

주방 주변
- 안전자물쇠를 찬장과 서랍 등에 설치하세요. 그래도 안심은 금물. 자물쇠를 달아도 서랍 문이 아기 손가락이 들어갈 정도로 열리거든요.
- 자물쇠를 채우지 않은 서랍에는 아기가 만져도 안전한 물건들을 넣어주세요.
- 유아용 식탁 의자는 튼튼해야 합니다. 탁자는 제자리에 잘 고정되어 있어야 하고, 아기를 지탱하는 끈은 편안하면서 단단해야죠.
- 유아용 식탁 의자를 벽에 세워두지 마세요. 아기가 건드리면 쓰러질 위험이 있어요. 의자에 앉아 있을 때에는 절대로 일어서지 못하게 하세요.

- 다리미와 다리미판을 치우세요. 전깃줄은 당연히 위험하고, 다리미판은 쓰러지기 쉬워요.
- 가스레인지는 가급적 안쪽 화구火口를 사용하고, 냄비나 프라이팬의 손잡이는 벽 쪽으로 돌려놓으세요.
- 주방에서 요리할 때에는 아기가 들어오지 못하게 하세요. 바쁘게 요리하다 보면 아기와 부딪힐 수 있어요. 실수로 아기에게 요리 재료를 떨어뜨리거나 주방 기구로 아기를 칠 수도 있죠.
- 요리하는 동안 아기를 들어 올리지 마세요. 아기에게 수증기가 무엇이고 어떻게 물이 끓는지 설명해주는 것은 좋지만, 자칫 뜨거운 기름이나 수증기로 화상을 입을 수도 있어요.
- 컴퓨터 마우스나 곤충채집망을 아기의 손이 닿지 않는 곳에 두세요.
- 가능한 플라스틱 접시를 사용하세요. 유리는 잘 깨지고, 일단 깨지고 나면 아무리 깨끗하게 치워도 몇 주 동안 파편이 나옵니다.
- 소아과 의사 전화번호를 전화기 주변에 붙여놓으세요.

외출할 때

햇빛과 신선한 공기는 아기에게 매우 유익하죠. 그러나 햇볕 아래에 서는 순간, 아기의 피부는 그을리기 시작합니다. 아기의 피부는 굉장히 얇고 햇볕에 잘 탑니다. 특히 피부가 하얄수록 더 빨리 타죠. 유년기에 햇볕에 심하게 타면 피부암 발생 확률이 높아집니다. 아기와 함께 외출할 때에는 다음 사항을 유의하세요.

- 구름이 끼거나 바람이 분다고 마음을 놓아선 안 돼요. 흐리고 바람 부는 날에도 햇볕이 쨍쨍한 날과 똑같이 자외선이 내리쬡니다. 고지대

보행기

저도 어릴 때 보행기를 탔고, 막내딸을 빼고는 두 딸도 보행기를 탔습니다. 그런데 보행기의 안전성에 대해서는 아직 논란이 있지요.

소아과 의사들은 보행기를 사용하지 말라고 합니다. 보행기 자체의 문제보다는 보행기로 인한 안전사고가 많이 발생하기 때문이죠. 따라서 집에 계단이 없거나 안전문을 설치하면 안전 문제는 크게 염려할 것이 없습니다.

보행기의 또 다른 문제점은, 아기가 보행기를 타고 다니며 눈앞에 보이는 것들을 만지고 치고 다닌다는 것입니다. 아기에겐 재미있겠지만 어른들에겐 아니죠. 보행기는 아기를 역경에 처하게 하기도 합니다. 문지방을 넘지 못해서 울음을 터뜨리기도 하고, 가구 뒤편에 끼기도 하죠.

최근에는 보행기가 아기의 신체 발달을 저해한다는 주장이 힘을 얻고 있기도 합니다. 아기에게 보행기 태우는 것이 걱정된다면 '쏘서exersauser'를 사주세요. 보행기처럼 생겼지만 바퀴가 없고, 의자가 돌아가 아기 스스로 움직일 수 있습니다. 누르거나 돌리며 놀 수 있는 장난감도 부착돼 있어 아기가 좋아합니다.

나 물, 눈, 모래 근처에서는 특히 조심해야 합니다. 빛이 반사되어 햇볕이 더 강하기 때문이죠.

- 햇볕을 직접 받을 때에는 땅굴 위로 고개를 빠끔히 내미는 마멋을 기억하세요. 다람쥣과 설치 동물인 마멋은 밖에 나갈 때 먼저 고개만 내밀죠. 그림자가 어른 키만큼 길면 밖에 나가도 되고, 짧아지면 서둘러 집에 돌아오세요. 나갈 때에는 준비를 철저히 하고 말이죠.
- 피부를 최대한 가리고 나가세요. 아기에게 모자와 자외선 차단 기능

이 있는 선글라스를 씌우세요. 긴 팔과 긴 바지를 입히되, 섬유 조직이 촘촘한 면 소재 옷이 가장 좋습니다.

- 햇빛에 노출되는 피부에는 모두 선크림을 발라주세요. SPF 15 또는 30 정도의 선크림을 외출 30분 전에 바르세요. 2~3시간마다 덧발라주어야 합니다. 그리고 아이를 최대한 그늘에서 놀게 하세요. 선크림을 발라주기 전에 아기의 등이나 팔에 미리 발라서 피부 트러블이 생기지 않는지 먼저 확인하고요.
- 부모가 모자를 쓰고 선크림을 바르는 모습을 아기에게 꼭 보여주세요. 아기들은 모자와 선크림을 싫어하죠.
- 베이비오일은 절대 사용하지 마세요.
- 아이가 햇볕에 타서 피부에 물집이 생기면 반드시 소아과를 찾으세요. 의사는 진통제로 아세트아미노펜이나 이부프로펜을 처방하고, 피부염 치료에 쓰이는 1/2 히드로코르티손 크림을 추천할 거예요. 아이에게 아스피린은 좋지 않습니다. 햇볕에 타면 수분이 손실되기 때문에 물이나 우유를 충분히 마시게 하세요. 적당히 차가운 마른 수건으로 탄 부위를 닦아주고, 수분이 많고 알로에가 들어간 로션을 발라주세요. 석유나 벤조카인이 들어간 제품은 아이에게 좋지 않아요. 햇볕에 탄 피부가 어느 정도 회복되면 그때 다시 외출하세요.

거실에서

- 유리로 된 미닫이문이나 큰 창문에 커다란 스티커를 붙여서 아기가 부딪히지 않게 예방하세요.
- 화분을 치우세요. 화분을 깨뜨리는 것도 문제지만, 약 700종 이상의

식물이 병을 유발할 수 있답니다. 은방울꽃, 포인세티아, 아이리스 등 아주 흔한 식물도 말이죠.
- 방의 모서리, 탁자나 의자 등 각이 있는 가구의 가장자리에 접착식 안전 패드를 붙이세요.
- TV가 넘어지지 않도록 잘 지지해놓으세요.
- 창문 가까이에 가구를 두지 마세요. 아기들은 기어 올라가는 것을 좋아하기 때문에 자칫 잘못하면 떨어져서 유리에 다칠 수 있습니다.

침실 및 아이 방에서
- 수제 또는 옛날식 아기침대를 치우세요. 요즘의 안전 기준에 맞지 않기 때문이죠. 특히 튀어나온 기둥 부분이 위험해요.
- 모빌 같은 장난감도 이젠 침대 주변에서 치우세요. 생후 5개월이 되면 모빌을 잡아당길 수 있어요. 그러면 모빌 끈이 흉기가 될 수도 있죠.
- 블라인드나 커튼, 벽에 걸린 코드나 리본 장식 등을 아기 손이 절대 닿지 않도록 처리하세요.
- 장난감은 세척이 가능하고 아기의 입, 코, 눈 등에 들어가지 않을 만한 크기여야 합니다. 장난감이 아기의 눈을 찌를 수도 있으니 부드러운 것이 좋겠죠. 줄이나 분리할 수 있는 부분이 포함된 것은 좋지 않아요.
- 장난감 상자 뚜껑은 연 상태에서 고정할 수 있어야 해요. 뚜껑이 갑자기 닫히면 아기가 손을 다칠 수 있거든요. 또한 장난감 상자 안을 가득 채우지 마세요. 장난감은 서너 개 정도가 적당해요. 더이상은 아기의 주의를 산만하게 할 뿐이죠.
- 서랍 문은 항상 닫아놓으세요. 아기는 서랍이 열려 있으면 계단이라

구급상자에 꼭 넣어야 할 물품

- 반창고
- 부착식 거즈
- 항생 연고
- 피부 소독제
- 부목용 막대기
- 소독용 탈지면
- 일회용 얼음찜질팩
- 긴급 전화번호
- 순한 비누
- 핀셋
- 끝이 둥근 가위

- 타이레놀
- 접착식 테이프 반창고
- 살균 연고
- 반창고
- 상처 소독제
- 붕대용 천
- 일회용 물수건 팩
- 소독 거즈나 패드
- 토근액(구토 유도제)
- 수술용 장갑
- 15센티미터짜리 붕대

고 착각해요.
- 침대에는 최소한의 물건만 놓으세요. 이불, 안전대, 몇 개의 장난감만 있으면 됩니다. 큰 장난감이나 베개는 필요하지 않아요. 인형은 아기 침대에서 나가는 받침대 역할을 할 수 있으므로 치우세요.
- 옷장 서랍이 쉽게 열리지 않는지 점검하세요.

욕실에서
- 아기가 쉽게 들어가지 못하도록 안전문을 설치하세요.
- 아기용 변기도 있어야겠죠.
- 샤워실이 따로 있다면 문을 꼭 잠가두세요.

- 욕조나 싱크대, 양동이 등 물이 있는 곳에 아기를 혼자 두지 마세요. 익사는 아기에게 일어나는 예기치 못한 사고 3위랍니다. 아주 적은 물이라도 아이는 익사할 수 있어요.
- 약이나 화장품은 높은 곳에 두세요.
- 약 서랍에 아기 손이 닿지 않게 하세요.
- 전기면도기나 드라이기는 코드를 뽑아서 아기의 손이 닿지 않는 곳에 보관하세요.
- 욕실용 매트나 시트지를 이용해 아기가 욕조에서 미끄러지는 것을 방지하세요.

차 안에서

- 유아용 카시트는 아이가 만 두 살이 되기 전까지는 뒤쪽을 보도록 설치하세요.
- 유아용 카시트의 벨트와 의자 상태를 수시로 점검하세요.
- 차 안에는 가급적 여타 물건을 두지 마세요. 교통사고가 나면 사소한 물건도 흉기로 돌변합니다.

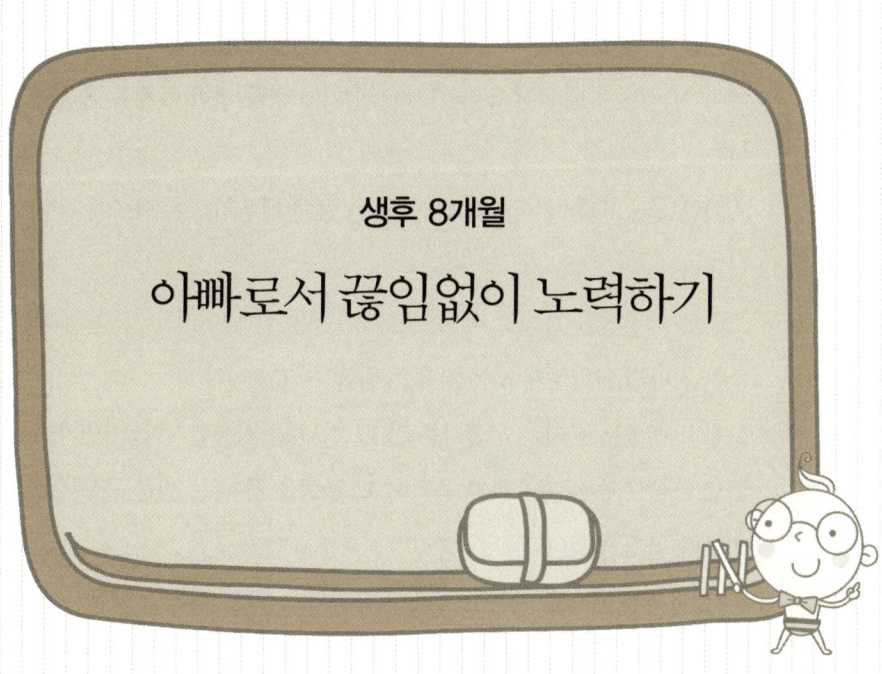

생후 8개월
아빠로서 끊임없이 노력하기

아기에게 일어나는 일들 — 8Month

🐨 신체

- 깨어 있는 동안 매우 활동적입니다. 잘 기고 항상 엄마 아빠를 따라다니죠.
- 기어다니는 것을 다 익히고 나면, 몸을 곧게 세우기 프로젝트에 돌입합니다.
- 스스로 어정쩡한 자세로 설 수 있어요. 물론 잘 넘어지죠. 그렇게 몇 주만 지나면 완벽하게 서는 자세를 취할 수 있습니다.
- 모험심이 있는 아기는 무언가를 할 때 한 손만 사용합니다. 어딘가에 기댈 때에도 손은 자유롭게 움직이죠. 관절을 쭉 펴는 법을 구부리는 법보다 먼저 익힙니다.
- 손을 핀셋 모양으로 만들어 물체를 잡습니다. 새로 생긴 능력을 시험하려고 주로 작은 물체를 집어들지요.
- 한 손에 장난감을 들고 있다가 새로운 장난감을 보면 갖고 있던 것을 버리고 새로운 것을 잡습니다. 그런 다음, 처음 장난감을 다시 주워서 다른 손으로 쥐죠.
- 우유병이나 컵을 잘 잡습니다.
- 활동량이 늘어나면서 깨지 않고 10~12시간 동안 잡니다.

지능

- 활동이 왕성해지면서 탐구하고 무언가를 발견하는 능력도 발달합니다. 서랍과 옷장을 엄마 몰래 재빨리 비우는 것이 그 증거입니다.
- 이제 멀리 있는 물건에도 관심을 보입니다. 예를 들면, 저쪽에 있는 의자를 발견하고 그쪽으로 기어가서 여러 각도로 의자를 살펴보죠. 심리학자 셀마 프레일버그Selma Frailberg는 이렇게 말합니다. "의자를 관찰한 후, 의자 다리 하나와 레슬링을 하며 의자 다리가 둥글고 매끄럽다는 것을 알게 된다. 입을 갖다 대어 맛을 보기도 한다. 며칠이고 의자를 요리조리 살펴보며 의자를 파악한다. 아이는 우리가 '의자'라고 부르는 것의 속성을 파악하고, 그 속성이 의자라는 사물을 구성한다는 것을 깨닫는다."
- 보이지 않는 물건이 존재한다는 사실을 더 확실히 인식합니다. 물건을 숨기면 열심히 찾죠.
- 한동안 자신이 물건을 떨어뜨리면 어른이 주워주는 놀이를 즐깁니다. 물건이 떨어지는 모습을 보고 자신도 높은 곳에서 떨어질 수 있다는 사실을 깨닫고 무서워하죠. 이때부터 계단 위 등 높은 곳에 가면 겁을 냅니다.
- 양손에 각각 다른 물건을 잡아 제 신체의 능력을 시험합니다.

언어

- 엄마 아빠가 쓰는 표현이나 억양을 끊임없이 따라 합니다.
- 감정을 표현하려고 여러 가지 소리를 내죠.
- 2음절 단어를 계속 사용합니다. 'ㅂ, ㅍ, ㅁ'는 아이가 가장 좋아하는

소리입니다. 그 다음에는 'ㄷ' 소리를 냅니다.
- 이제 이름은 더이상 소리가 아니라 자신을 인식하는 수단입니다. 이제는 자기 이름뿐 아니라 차, 전화기, 텔레비전, 냉장고 소리에도 반응합니다.

감정·사회성

- 낮에 할 일이 너무 많아서 낮잠 잘 시간이 없다고 생각합니다. 잠잘 시간이 부족하고, 자신이 원하는 것을 모두 할 수 없다는 생각에 화를 내죠.
- 기분이 좋으면 더욱 사교적이 됩니다. 대화에 끼고 이것저것 이야기하고 싶어하죠.
- 거울을 보면 미소 짓고, 안아달라며 두 손을 번쩍 듭니다.
- 아는 사람과 함께 있으면 기분이 좋고, 낯선 사람과 같이 있으면 두려워합니다. 낯선 사람을 만나면 엄마 아빠에게 찰싹 달라붙죠.

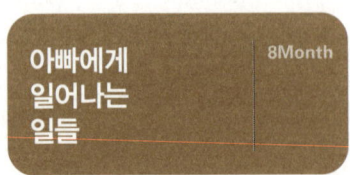

유연성과 인내 기르기

첫딸이 태어나기 전에는 저도 시간관념이 철저한 사람이었습니다. 어떤 상황에서도 약속 시간을 칼같이 지켰기 때문에 다른 사람들도 그러길 바랐죠. 그런데 아이가 태어나면서 상황이 180도 달라졌습니다. 아이를 데리고 가까운 가게에서 쇼핑하는 것은 마치 에베레스트 산을 정복하는 것처럼 힘들었죠. 제 시간에 맞춰 어디를 간다는 것 자체가 불가능했어요.

어느 정도 시간이 흐르고 보니, 시간을 철저히 지키면서 동시에 좋은 아빠가 되기란 불가능하다는 것을 깨달았습니다. 이제는 다른 사람들이 늦으면 그럴 만한 사정이 있을 거라고 이해합니다. 융통성 있는 사고는 삶의 다른 부분에도 영향을 미쳤고, 이런 변화는 분명 아이가 저에게 준 선물입니다.

최근 새롭게 아빠가 된 남자들을 조사한 결과, 딱 7개월간만 아빠로 살면 다른 사람을 이해하는 능력이 월등히 향상된다고 합니다. 최선이 어려우면 차선을 선택하는 융통성도 생기고요. 정말로 아이를 키우는 일은 다른 사람의 처지나 관점을 이해하는 과정이라고 할 수 있습니다. 공감 능력을 키우는 훈련 아닌 훈련인 셈이죠.

그런데 모든 아빠가 이런 변화를 쉽게 받아들이는 것은 아닙니다. 어떤 아빠들은 아기로 인해 예정된 일정에 차질이 생기면 짜증을 내고 혼란스러워하죠.

 아이와 많은 시간을 보낸다는 것

아빠마다 아이와 시간을 보내는 방법과 그 시간이 갖는 의미가 조금씩 다릅니다. 아이와 많은 시간을 보내는 아빠는 대체로 다음과 같은 역할을 합니다.

- 선생님 역할을 하고 도덕적 지침을 줍니다.
- 늘 가까이에서 아이에게 도움을 줍니다.

아이와 많은 시간 보내기

장점

- 아이들이 자라는 모습을 볼 수 있다. 나의 가르침으로 아이가 변하고, 무언가 성취하는 모습을 보는 것 자체가 기쁘다.
- 아빠로서 자신감이 생긴다. 아이의 발달에 의미 있는 일들을 하며 아이를 키운다는 느낌이 든다. 다른 사람한테 '좋은 아빠'라는 말을 듣거나 아이가 잘 자라고 있다는 이야기를 들으면 자신감이 커진다.
- 사랑은 사랑으로 돌아온다. 아이는 아빠를 좋아하고, 아빠에게 더욱 애교를 부린다.
- 아빠 노릇을 하면서 본인도 정서적으로 성장한다.
- 삶과 세상을 바라보는 가치관과 세계관이 변한다. 앞만 보고 계획대로 달려 나가던 모습이 줄고 가족의 소중함을 깨닫는다. 아이와 함께 보내는 시간에서 큰 만족감을 얻는다.
- 대를 잇는다는 느낌이 정서적 안정감을 준다. 아이를 통해 나란 존재가 계속 이어질 거라는 느낌이 든다.
- 웃을 일이 많아진다. 아이와 놀면 저절로 웃음이 나온다.
- 공부할 기회가 생긴다. 아이의 공부를 도와주려면 어쩔 수 없이 다시 책을 잡아야 한다.
- 평범했던 삶이 새롭게 갱신된다. 삶의 목적이 생기고 방향이 바뀐다.
- 결혼 생활의 밀도가 높아진다. 어떤 아빠들은 아이가 생기면서 결혼 생활이 좋아졌다고 말한다. 아이라는 공통 관심사가 부부 관계에 큰 영향을 미치기 때문이다.

단점

- 자신만의 시간이 줄어든다. 남자에게 시간은 자유를 의미한다. 아이와 함께하면 이 자유를 포기해야 한다. 취미 활동도 줄여야 한다. 아이와 함께 있지 않을 때에도 아이 생각이 난다.
- 희생이 필요하다. 양육 때문에 계속 하고 싶은 공부나 직업적 기회를 미루거나 포기할 수 있다. 꿈과 계획에 차질이 생기는 것이다. 젊은 나이에 아빠가 되는 경우 이런 희생이 더 많다.
- 늘 생각보다 돈이 많이 든다. 젊은 아빠일수록 이 고민은 더 크다.
- 부부 관계가 소홀해질 수 있다. 아내와 둘만의 시간을 갖기 어렵다. 신체적·정서적 친밀감을 느낄 시간이 줄어들고, 중요한 이야기를 할 시간도 부족하다.
- 체력적으로 힘들다. 아이가 어려서는 낮밤이 바뀌어 잠을 제대로 못 자고, 조금 크면 아이를 쫓아다니느라 바쁘다. 아이가 학교에 들어가면 성적과 친구 문제 등을 걱정하느라 힘들다.
- 다른 일을 포기하게 된다. 아빠가 되지 않았다면 지금쯤 책을 저술하거나 영화감독이 되어 있을지도 모를 노릇이다.
- 아이가 커갈수록 아이와 아빠의 관계가 역전된다. 아빠에게는 아이가 점점 더 중요한 존재기 되는데, 아이에게는 아빠의 비중이 점점 더 줄어든다. 인생의 의미가 사라진다는 느낌이 든다.
- 몸과 마음이 지쳐서 다른 일은 거들떠보지도 않게 된다.

- 아내와 똑같이 공평하게 부모 노릇을 합니다.
- 출근과 퇴근을 반복하는 수동적인 역할에 머물지 않습니다.
- 좋은 조력자로서의 역할을 합니다.

이 책을 포함해 육아서들을 보면 아이와 좋은 관계를 유지하는 아빠가 되는 것은 매 순간 멋지고 아름다운 일이라는 인상을 줍니다. 그러나 어떻게 항상 멋지기만 하겠어요. 오히려 전혀 멋지지 않고 고된 것이 아빠의 역할입니다. 또, 아이와 함께 많은 시간을 보내다 보면 자칫 다른 사람에게 소홀해질 수도 있어요. 아이와 많은 시간을 보내는 것의 장단점을 요약해 놓은 앞 페이지 표를 참조하세요. 이 표는 롭 팔코비츠Rob Palkovitz의 '아버지의 역할' 연구를 토대로 아빠들을 인터뷰한 내용을 덧붙여 만들었습니다.

만회하기는 쉽지 않다

회사에서 일을 하는데 아이가 보고 싶으면 하루가 그렇게 길 수 없습니다. 그래서 집에 돌아가면 짧은 시간이나마 아이와 많이 놀아주려고 애를 씁니다. 왠지 그래야 할 것 같고, 아이에게 못한 것을 '만회'하고 싶은 마음이 들거든요. 그런데 이때 주의할 점이 있습니다. 의욕이 앞서면 아이를 지나치게 들뜨게 하거나, 반대로 너무 엄격하게 대하기 쉽습니다. 그러지 마세요. 퇴근 후 집에 들어가서 아이를 보면 먼저 꼭 안아주세요. 그리고 책을 읽어주거나 그저 곁에 있어주세요. 이제 아빠를 알아보고 좋아하는 아이에게 너무 잘 보이려고 하지 말라는 얘기입니다. 조용히, 천천히 다가가세요.

하루 종일 아이가 너무 보고 싶어서 혹은 옆에 있어주지 못해서, 의욕이

> ### 서로 너무 다른 남과 여
>
> 눈이 먼 다섯 남자와 코끼리 이야기 아세요? 눈먼 다섯 남자들이 한 명씩 코끼리를 만지고 그 생김새를 설명했는데 모두 제각각이었다는 이야기지요. 코를 만진 사람과 귀를 만진 사람의 이야기가 판이하게 달랐다는 것인데, 이는 부부에게도 해당되는 이야기입니다. 아무리 같이 오래 산 부부라 할지라도 같은 사물이나 상황을 전혀 다르게 이해하고 받아들입니다. 남편은 최선을 다한다고 하는데, 아내 눈에는 한참 부족해 보이는 식이죠.
>
> 육아와 관련하여 남녀 간의, 부부 간의 시각 차이는 왜 생기는 걸까요? 서로 다른 잣대로 육아 문제를 바라보기 때문입니다. 여자는 자신이 한 일과 남자가 한 일을 비교합니다. 그래서 자신이 육아와 가사를 도맡아 한다고 느끼죠. 그런데 남자는 자신을 아내가 아닌 다른 남자들과 비교합니다. 그러니 자기가 많은 일을 하고 있다고 당당하게 얘기하는 거죠.

앞서고 미안한 마음이 들어도 참으세요. 그런 태도는 오히려 아빠와 아이의 정서적 거리만 만듭니다.

딱히 아이와 보내지 못한 시간을 만회할 구체적인 방법은 없어요. 서두르지 말고 머뭇거리지도 말고 성의껏 놀아주세요. 가장 중요한 것은 아이와 놀아줄 때 완벽하게 몰입하는 것입니다. 전화를 받고, TV를 보며 노는 시늉을 하지 마세요. 그런 일은 아이가 잠든 후로 미루세요. 양보다는 질이 중요합니다. 그렇게 하면 아이와 아빠의 관계는 순조롭게 깊어질 거예요.

아이와 함께하기　8Month

 책을 읽어주는 법

태어난 직후부터 아이에게 꾸준히 책을 읽어주었다면, 생후 9개월 무렵이면 벌써 이야기의 줄거리를 예상하고 손동작이나 소리를 흉내내는 수준에 이릅니다. 이제부터는 좀더 적극적으로 책을 읽어줄 때가 된 거죠. 책에 나오지 않는 다른 이야기도 하고, 책에 등장하는 물건도 실제로 보여주세요.

생후 10개월이 되면 아기는 앉아서 책장을 넘길 수 있는데, 보통 한 번에 2~3페이지를 넘깁니다. 아기가 뭘 아느냐고요? 천만의 말씀. 아기는 책장을 넘기며 이야기의 구조와 그 느낌을 충분히 전달받습니다. 책을 거꾸로 놓으면 이제 바로 놓으려 하죠.

생후 11개월이 되면 등장인물을 따라 가며 내용을 파악합니다. 그래서 좋아하는 책과 싫어하는 책이 생기죠. 읽었던 책을 계속 다시 읽어달라고 하고요. 팝업북을 읽어줄 시기입니다. 아기는 책과 친해지는 방법이 책을 물어뜯는 것이라고 생각합니다.

생후 12개월이 되면 책장을 한 장씩 넘길 수 있게 됩니다. 아빠가 물어보는 그림을 정확히 짚고, 동물이 우는 소리도 잘 맞히죠. 어떤 경우이든 칭찬을 잊지 마세요.

책 읽기는 아빠와 아기의 친밀도를 높이는 최고의 놀이입니다. 아이를 무릎 위에 앉히고, 팔로 아이 등을 감싼 자세로 아이 어깨쯤에 책이 오도록 해서 읽어주세요.

이제부터는 삽화가 밝고 이야기 줄거리가 단순한 책을 선택합니다. 노래, 손가락 놀이, 사진 등이 포함된 책은 아이들에게 늘 인기죠. 그러나 읽어주는 방법이나 내용보다는 읽어주는 것 자체가 더 중요하다는 것 잊지 마세요. 아이들은 운율이 있는 것을 좋아하므로 동요 CD가 포함된 책도 좋아요. 꼭 끝까지 읽을 필요도 없어요. 좋아하는 책을, 특정 부분만 계속 읽어달라고 해도 그렇게 해주세요.

 낯가림이 너무 심해요

생후 7~8개월이 되면 낯선 사람을 대하는 아기의 행동이 달라지는 것을 알 수 있습니다. 불과 몇 주 전까지만 해도 다른 사람을 보면 벙긋벙긋 웃던 아이가, 이제는 아는 사람이 다가와도 엄마 아빠에게 찰싹 달라붙죠.

아기가 생애 처음으로 느끼는 두려움, 그것이 바로 '낯가림'입니다. 아기는 이제 자신과 엄마 아빠 등 자신을 돌보아주는 사람이 서로 다른 독립된 존재임을 인식하기 시작해요. 전체 중 50~80퍼센트의 아이가 겪는 낯가림은 보통 생후 7~8개월, 늦어도 생후 12개월쯤에는 생기며 몇 주에서 6개월까지 지속됩니다.

특히 소극적이고 적응이 느리며 감각이 무딘 아이가 낯가림이 심합니다(160~168쪽 '아기의 기질' 참조). 적극적이고 적응력이 빠르면 상대적으로 낯가림이 별로 없어요. 낯가림은 부모 이외의 사람들을 꾸준히 만나게 해주면 쉽게 사라집니다.

낯가림 문제를 해결할 수 있는 방법을 알아보죠.

- 가능한 친구들을 집으로 초대하세요. 익숙한 공간에서는 낯가림이 덜해요.
- 새로운 장소나 사람이 많은 곳에 갈 때에는 아기를 꼭 안아주세요.
- 새로운 장소에 갔을 때 아이가 잘 모르는 사람에게 아이를 건네주지 마세요. 아이가 평온한 마음이 들도록 말이죠.
- 친구나 친척, 아는 사람들에게 아이가 낯가림이 심하니 좀 양해해달라고 부탁하세요. 아이에게 조심스럽게 다가오고, 혹시 아이가 울고 소리를 지르더라도 이해하라고요.
- 아이가 낯가림을 극복하는 데에는 시간이 필요해요. 낯선 사람에게 억지로 적응시키려 하지 마세요. 아빠 목을 붙잡고 울 때 혼내는 것도 금물.
- 혹시 타인에게 아이를 맡길 일이 생기면, 적어도 엄마 아빠가 집을 나서기 20분 전에는 와달라고 부탁하세요. 엄마 아빠가 곁에 있으면 아무래도 마음의 문을 쉽게 여니까요.
- 아침에 출근했다가 밤에 아이를 만나면, 아이가 아빠를 낯선 사람으로 여기고 울 수도 있어요. 그래도 상처받지 마세요. 아이에게는 시간이 필요할 뿐이에요.

가족 문제
8Month

 경제적 문제

경제적 문제는 부부가 싸우는 이유 중 단연 첫 번째입니다. 특히 첫아이를 낳은 초보 부모들은 뜻하지 않은 비용 지출로 고민하게 됩니다. 가장 흔한 요인들을 살펴볼까요?

- **대화 부족** 아이 양육을 위해 아내가 몇 개월이나 휴직할지 구체적으로 이야기했나요? 그 기간에 생활비를 어떻게 줄여 쓸지 의논했나요? 의외로 많은 부부들이 이런 문제를 이야기하는 것을 미루거나 아예 하지 않습니다. 돈 문제는 누구에게나 그다지 유쾌한 화제가 아니기 때문이죠. 이야기를 꺼내면 서로 안 좋은 말이 오갈까봐 두렵기도 하고요. 그러나 지금 이야기하지 않으면 나중에 문제가 더 심각해져요.

- **수입 부족** 아내는 자신의 육아휴직으로 경제력이 약해진 것이 불만이고, 남편은 그만큼 돈을 더 벌어야 한다는 부담감을 느낍니다.

- **성장 배경** 부모의 성장 배경은 아이에게 큰 영향을 미칩니다. 그 영향은 긍정적일 수도 있고 부정적일 수도 있죠. 가난한 집에서 자란 부모는 돈을 잘 안 쓰거나 못 쓰고, 반대로 보상 심리 때문에 최대한 좋은 것을 사주려고 합니다. 반면에 후한 집에서 자란 부모는 자기가 받은 대로 아이에게도 돈을 많이 쓰거나, 반대로 아이에게 확실한 경

제관념을 심어주려고 절약을 강조하죠. 부부 간의 의견 조율과 합의가 필요합니다.

- **습관 차이**   나는 아침은 간단하게 먹고 점심은 괜찮은 레스토랑에서 먹고 싶다. 그런데 아내는 아침도 간단하게 먹고 점심도 집에서 싸가라고 한다. 아내는 다른 데에는 구두쇠면서 먹는 것만은 값비싼 유기농을 고집한다. 나는 먹는 것은 대충 먹어도 옷은 좋은 걸 입고 싶다.

- **돈에 대한 관념 차이**   아내는 신용카드 할부로 사는 것을 좋아해서 비싼 것도 쉽게 산다. 나는 신중하게 고민한 뒤에 현금으로 사는 걸 좋아한다.

- **남녀 차이**   일반적으로 남자와 여자는 돈을 어떻게 써야 하는지에 대한 생각이 다릅니다. 남자는 저축 같은 장기적 금전 문제에 관심이 크고, 반면 여자는 아이가 다른 사람에게 어떻게 보일지에 관심이 많죠. 우리 아이가 어떤 옷을 입는지를 보고 사람들이 그 부모의 능력을 짐작한다고 여깁니다. 문제는 남편이 아이의 옷을 사는 데 돈을 많이 쓴다고 타박하면, 아내는 그것을 아이에 대한 사랑의 부족으로 받아들인다는 것입니다. 심지어 자신에 대한 사랑이 식었다고까지 생각하죠.

- **유연한 사고 부족**   특히 여자에게 엄마가 된다는 일은 매일 매일이 놀라운 경험입니다. 그래서 처음에는 3개월로 계획했던 육아휴직 기간이 6개월, 1년으로 늘어나기도 하죠. 혹은 그 반대가 되기도 하고 말이죠. 여기서 중요한 점은 유연하게 사고하라는 것입니다. 계획을 세우는 것도 중요하지만, 그것을 그때그때 적절히 바꾸고 수용하는

것은 더 중요합니다.

🐻 경제적 문제를 지혜롭게 해결하는 방법

- **현실 감각을 쌓으세요** 아이는 집안의 경제생활에 중대한 영향을 미칩니다. 식비, 의료비, 보육비 등 갑자기 돈 들어갈 일이 많아지죠. 특히 장애가 있는 아이를 돌보거나 부모님과 함께 산다면 더욱 신중하게 예산을 짜고 지출을 자제해야 합니다.
- **예산을 세우세요** 요즘에는 예산을 짜고 수입과 지출을 관리해주는 컴퓨터 프로그램이 많이 나와서 큰 도움이 됩니다. 가계부에 수입과 지출 내역을 빠짐없이 기록하세요. 특히 소액으로 나가는 현금 지출을 꼭 기입하세요. 모아 보면 의외로 큰 액수가 됩니다.
- **부부가 정기적으로 가계 회의를 하세요** 서로 고민을 듣고 같이 해결하려고 노력하다보면 껄끄러운 경제 문제로 다투는 일이 적어집니다. 서로 생각이 달라도 두 사람에게는 어디까지나 가정이라는 공동의 목표가 있음을 잊지 마세요. 비난하거나 큰 소리를 내지 말고, 대화를 단절시키는 표현은 자제하세요. '당신은 항상' '당신은 절대로' 같은 표현 말이에요.
- **우선순위를 점검하세요** 지출에도 순서가 있어요. 음식, 옷 등 필수품에 대한 지출이 우선이죠. 휴가나 사교육비 등은 그 다음이에요.
- **물건은 꼭 비교해보고 구입하세요** 인터넷 쇼핑몰이 제일 싼 줄 알고 기저귀를 잔뜩 구입했는데, 동네 할인마트에서 더 저렴하게 판다는 걸 알면 속이 쓰리죠.

- **협상과 타협이 중요합니다** 　아내가 원하는 대로 아침을 간단히 먹고 점심도 도시락을 싸간다고 해보죠. 그러면 아내도 뭔가를 양보해야겠죠. 아이 옷을 사는 지출을 줄이거나 다른 곳에서 말이죠. 하루가 다르게 자라는 아이 옷을 굳이 비싼 것으로 사줄 필요는 없습니다.
- **현실적인 계획을 세우세요** 　실현 가능한 저축 계획을 세우고 보험도 들고요.

다음 사항도 참고하세요.
- **은퇴 연금을 최대한 활용하세요** 　국민연금만으로는 노후 자금이 부족합니다. 수령가능한 퇴직연금 액수는 얼마나 되는지 꼼꼼히 체크한 뒤 연금저축이나 연금보험을 미리 들어야 합니다.
- **지출에서 세금의 비중을 최대한 줄이세요** 　연말정산 때 돌려받을 수 있는 세금 환급 범위를 꼼꼼히 확인하고 영수증을 꼬박꼬박 모으세요.
- **대학 자금을 지금부터 준비하세요** 　조금씩이라도 미리 준비해두면 나중에 돈이 없어서 아이를 대학에 못 보내는 일은 없습니다.

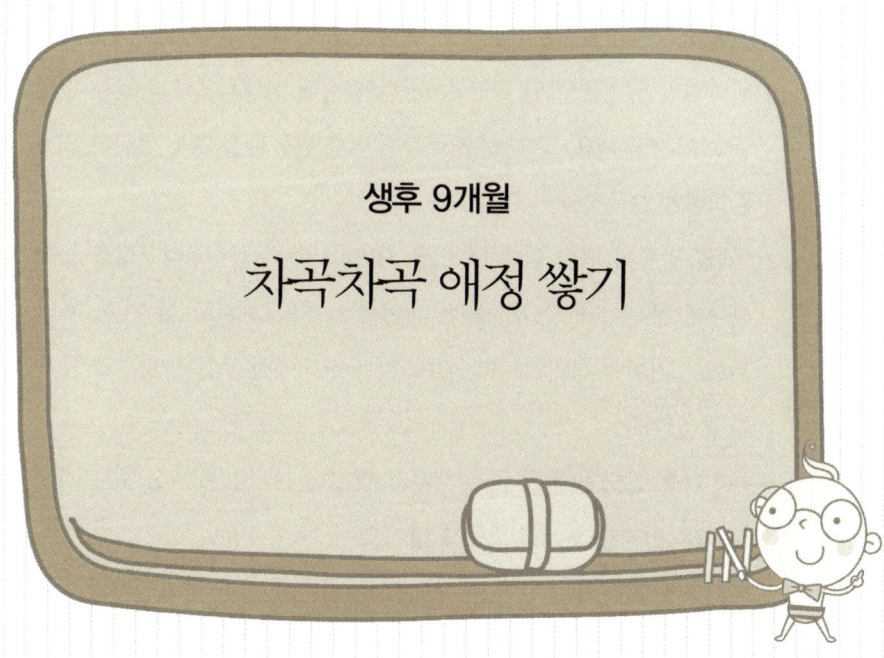

생후 9개월

차곡차곡 애정 쌓기

아기에게 일어나는 일들 — 9Month

🐻 신체

- 비약적인 발전을 보인 지난 두 달간에 비해 신체적으로 특별한 변화는 보이지 않아요. 그 대신 지금까지 익힌 활동들을 더욱 열심히 해서 완벽하게 습득하죠.
- 9개월 말쯤이 되면 이제 매우 잘 기어다녀요. 집안 구석구석을 돌아다니며 블록이나 장난감을 집고 던지고 해요. 뒤로도 잘 기고, 계단 위로도 기어서 올라갑니다. 앉아 있는 상태에서 모든 방향으로 몸을 틀 수 있어요.
- 무언가를 잡으면 몸을 곧추 세우고 몇 초간 서 있어요. 선 채로 가구나 벽을 만져본 후 조심스럽게 앉지요.
- 손가락을 하나씩 움직일 수 있어요. 손가락을 집안 구석구석에 있는 구멍과 틈 사이에 넣어보죠.
- 이 시기에 가장 주목할 사항은, 아이가 두세 개의 블록으로 탑을 쌓는 것입니다. 이는 매우 중요한 발전이죠.

🐻 지능

- 전에는 새로운 기술을 익히면 끊임없이 그 기술을 사용해보았죠. 이제는 예전에 익혔거나 아는 것들을 새로운 방법으로 시도해봅니다. 예를 들면, 유아용 식탁 의자에서 숟가락이 아닌 그릇을 떨어뜨려보

거나 컵을 쳐볼 거예요. 그리고 엄마 아빠가 얼마나 빨리 그것을 주워 오는지 관찰하죠.
- 세상에 있는 것을 제 맘대로 좌우지할 수 없다는 걸 깨닫게 됩니다. 예를 들면, 이제 태엽 장난감을 들고 태엽을 감아달라고 '부탁'하죠.
- 물건이 눈앞에 보이지 않아도 존재한다는 것을 인식하기는 해도 아직 완벽하게 개념이 잡힌 것은 아니에요. 장난감을 숨기는 것을 보면 그 장난감을 찾으려고 하지만, 똑같은 장난감을 다른 장소에 숨기면 아이는 첫 번째 장소에서만 찾으려고 하죠. 아직은 보이지 않는 물건이 항상 동일한 장소에 있다고 믿습니다.
- 아이는 행동에 따른 결과를 하나하나 배워갑니다. 아빠가 외투를 입으면 외출하는 줄 알고 울음을 터뜨리죠.
- 기억력이 발달해서 뭔가를 잠시 중단했다가 다른 일을 하고, 원래의 일로 돌아갈 수 있어요.

언어

- 옹알이를 하면서 특유의 목소리와 음색을 갖게 됩니다. 소리를 듣고 특정 인물이나 물체를 파악합니다. '칙칙폭폭'은 기차 소리이고, '음메'는 소가 우는 소리라는 것을 알아요.
- 자기 이름을 인식할 뿐 아니라, 몇 가지 간단한 표현에 반응해요. "장난감이 어디 있니?" "안 돼." 정도의 표현은 충분히 알아듣고 대답합니다. "수건 좀 가져오렴." 등의 간단한 얘기를 알아듣고 잘 따릅니다.
- 아직 말을 잘하려면 몇 개월이 더 필요하지만, 모국어 특유의 운율이나 소리에 대한 감각은 이미 상당 수준에 올라 있어요. 한 독일 연구

가에 따르면, 생후 9개월이 되면 이미 단어들의 배열에 민감해진다고 합니다. 문장을 들을 때 단어별로 쪼개 들을 수도 있고요.

감정·사회성

- 아빠와 노는 것을 무척 좋아합니다. 관심을 끌려고 일부러 큰 소리를 내기도 하죠. 엄마 아빠를 웃게 하려고 갖은 재롱을 다 부립니다. 흉내내기 선수가 되어 엄마 아빠가 잘 쓰는 "응." "어." 등의 표현을 계속 따라 합니다. 뿐만 아니라 엄마 아빠의 표정과 행동을 모두 따라 하려고 하죠. 재채기, 걸음걸이, 숟가락으로 밥 먹는 시늉, 물 마시는 시늉 등등.
- 필요한 것을 손으로 가리키거나 앓는 소리를 내어 적극적으로 표현해요.
- 좋고 싫음이 더욱 분명해져서 싫은 것은 손으로 밀쳐냅니다.
- 세상을 알아가는 것이 두려워서 전보다 엄마 아빠에게 더 달라붙고 혼자 남으면 울어요. 이 '분리불안' 증상은 전에 겪었던 낯가림과는 다릅니다. 전에는 괜찮았던 것들을 무서워하기도 하죠. 늘 듣던 진공청소기나 강아지 소리에 울음을 터뜨리기도 합니다.

> **아빠에게 일어나는 일들**　　9Month

 아이와 좀더 가까워진 느낌

아이가 점차 다양한 반응을 보이고 엄마 아빠에게 매달리면서 아이에 대한 부모의 애착도 깊어집니다. 아이는 언제쯤 엄마 아빠에게 애착을 느낄까요? 정답은 생후 6~9개월쯤입니다. 이 무렵 아이는 자신이 필요로 하는 것을 주는 부모에게 더욱 친밀함을 느끼고, 엄마 아빠가 옆에 없어도 마음속에 어떤 이미지를 갖게 됩니다.

그러나 아이가 그렇다고 해서 애착 형성을 게을리하라는 얘기는 아니에요. 애착은 하루아침에 만들어지는 것이 아니거든요. 오랜 시간이 걸리고, 가능한 일찍 형성될수록 좋답니다. 지금까지 아이에게 소홀했다면 이제라도 노력하면 됩니다.

아이와 안정적인 애착을 형성하는 가장 좋은 방법은, 같이 오랜 시간을 보내는 것입니다. 일상적인 것부터 재미난 것까지 다양한 활동을 함께하는 것이 좋습니다. 심리학자 헨리 빌러Henry Biller는 이렇게 말합니다. "아버지와 아이가 친밀한 관계를 일찍 맺을수록 그 관계는 돈독해진다." 아이에게 하는 말이나 행동은 애착을 쌓는 데 큰 영향을 미칩니다.

1950년 존 볼비John Bowlby와 메리 아인스워스Mary Ainsworth는 300~400명의 부모 및 그 아이들을 대상으로 부모 자식 간의 상호작용을 조사했습니다. 그 결과, 크게 두 가지 종류의 애착이 있다는 결론에 도달했죠. 첫 번째는 '안정'입니다. 안정된 아이는 자신이 필요로 하는 것을 부모가 충족

애착	생후 12개월
안정 3명의 아이 중 2명이 해당. 일단 좋은 출발이지만, 그렇다고 해서 아이가 자라면서 문제를 일으키지 않는 것은 아니다.	• 필요할 때 부모가 항상 옆에 있어주어 든든함. • 아프거나 배고플 때 부모에게 의지해도 된다고 생각함. 부모와 상호작용 시도. • 부모를 본보기 삼아 주변 환경을 잘 관찰함. • 잘 울지 않고 재우기도 쉬움.
회피 6명 중 1명.	• 부모와의 신체적 접촉을 피함. • 부모를 기댈 수 있는 존재로 여기지 않음. • 반응을 잘 하지 않음. • 사랑받고 싶지만 표현을 잘 하지 않음.
애증 6명 중 1명.	• 많이 울지만 부모의 위로를 확신하지 못함. • 방치되는 것에 대한 두려움. • 불안해하고, 쉽게 화를 냄. • 부모, 선생님 등 어른들에게 달라붙음. • 나이에 비해 미성숙하고, 정신적으로 산만함.

시켜준다는 확신이 있습니다. 두 번째는 '불안정'입니다. 불안정한 아이는 자신의 필요를 부모가 충족시켜주지 못할까봐 걱정합니다. 불안정은 다시 두 가지로 나뉘는데, '회피'와 '애증'이 그것입니다. 이것이 바로 '애착이론'의 기본 줄거리죠. 더 상세한 내용은 위의 표를 참조하세요.

볼비와 아인스워스는 아이를 관찰하면서 모은 자료로 그들이 자라나면서 보여줄 모습을 예측하기도 했는데요. 비록 그들의 이론은 50년 전에 만들어졌지만 현재까지도 그 가치를 인정받고 있습니다.

좋든 싫든 부모님과 당신의 애착은 당신과 아이의 애착에 영향을 미칩니다. 물론 영향을 미칠 뿐, 그것이 대물림되는 것은 아닙니다. 본인의 유

유아기	부모
• 독립적이고 사람을 잘 믿음. • 사람을 대하는 방법을 빨리 익힘. • 잘못된 방향을 고쳐주면 곧 순응함. • 모든 사람과 잘 어울림. • 훗날 사회지도자가 됨. • 호기심이 많고 배우려는 의지가 강함.	• 아이를 부드럽게, 일관성 있게 대함. • 아이가 울면 안아주고, 밥을 먹이는 등 아이에게 필요한 것을 적절한 때에 제공.
• 호기심이 부족함. • 의심이 많음. • 이기적이고 공격적인 경향이 있음. • 친구가 별로 없음.	• 감정이나 욕구를 숨김. • 아이가 일찍 독립해야 한다고 생각. • 아이가 울 때 안아주는 것을 싫어함. • 냉소적임.
• 자신감이 부족함. • 화가 났을 때 감정 조절이 잘 안 됨. • 감정적으로 지나치거나 참음. • 적응력이 부족할 때가 많음.	• 양육에 일관성이 없어서 아이가 부모의 행동을 예측하기 어려움. • 자기 생각만 함. • 부모에게서 받지 못한 사랑이나 부부가 서로 받지 못한 사랑을 아이를 통해 채우려고 함.

년 시절을 떠올려보세요. 당신이 왜 부모님과 애착 관계를 형성하지 못했는지 이해가 될 거예요. 이 과정이 중요한 이유는, 과거의 실수를 되풀이하지 않기 위해서입니다.

배우자와의 관계 역시 아이와의 애착에 영향을 미칩니다. 관련 연구들에 따르면, 부부 사이가 좋을수록 아이와 부모의 관계도 좋다고 합니다. 일과 가족의 균형이 잘 이루어지면 아빠와 아이의 애착이 잘 형성된다는 연구 결과도 있습니다.

아빠와 아이의 애착

지금까지의 애착 연구는 주로 엄마와 아이의 관계에 집중됐지만, 최근에는 아빠와 아이의 애착 관계에 대한 연구가 활발히 진행되고 있습니다. 아이와 적극적으로 애착을 형성한 아빠가 정신적으로 더 안정돼 있고, 아빠와의 애착 관계가 아이의 행복에 큰 영향을 미친다는 연구 결과가 많습니다. 한 마디로, 엄마와의 애착 관계 못지않게 아빠와의 애착 형성이 아이의 발달에 중요하다는 것이지요. 아빠와 좋은 애착 관계를 유지하는 아이는 다음과 같은 특성을 보입니다.

- 지적 능력이 우수하고 기능 발달 시험에서 높은 점수를 받는다.
- 정서적으로 안정적이고 자신감이 있다. 세상을 탐구하는 데 관심이 많다.
- 독립심이 강하고 외향적이다. 새로운 시도를 좋아한다.
- 부모와 잠시 떨어져도 불안해하지 않는다.
- 문제를 끈기 있게 잘 해결한다.
- 아빠와 친밀한 관계를 유지한 세 살 된 미숙아는, 그렇지 못한 정상 분만아보다 지능지수가 높다.
- 다양한 체험을 하면서 성격이 더욱 원만해진다.
- 사회적 책임감이 잘 형성된다.
- 언어 및 수리 감각이 좋다.
- 학교 성적이 좋고 교외 활동에도 적극적으로 참여한다. 수업 태도도 좋다.
- 성에 대한 고정관념에 사로잡히지 않는다. 가령, '여자는 수학에 약

하다'와 같은 고정관념을 잘 믿지 않는다.
- 정이 많고 감정이 풍부하다.
- 여자 아이의 경우, 사춘기 이후에 성(性)적으로 일찍 눈뜰 확률이 줄어든다.
- 또래 사이에 인기가 많고, 문제를 덜 일으킨다.

그렇다면 아빠와 아이의 애착 형성을 방해하는 요소에는 무엇이 있을까요?

- 평일에 아이와 놀아줄 시간이 거의 없는 아빠가 주말에 이를 만회하려면 많은 시간과 노력이 필요하다.
- 상당수의 남자들이 장인 장모가 부부 문제에 너무 관여하거나 아내를 감싸고돈다고 말한다.
- 육아는 여자들의 영역이라는 고루한 생각.
- 아이의 사랑을 놓고 아내와 경쟁한다는 느낌.
- 결혼 생활에 대한 만족도. 이에 따라 아이와 아빠의 관계도 달라진다.
- 아내에 비해 자신이 아이에게 해줄 수 있는 게 별로 없다는 생각. 그러나 아이가 젖을 떼고 이유식을 먹기 시작하면 자신감을 회복할 기회가 많다.
- 아빠의 나이. 젊은 아빠들은 경제적인 문제로 아이와 많이 어울리지 못한다. 35세 이상의 아빠들은 경제적으로 안정되어 있어 젊은 아빠들보다 아이와 더 많은 시간을 보낸다.
- 아이의 기실. 다가가기 쉬운 아이가 폐쇄적인 아이보다 애착 관계를 형성하기 쉽다.

- 수입 문제. 수입이 없거나 결혼하지 않고 아이를 기르는 아빠는 흔히 '좋은 아빠'가 되기 어렵다고 생각한다. 자신감이 문제이다.

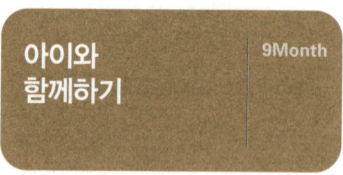

아이와 함께하기 9Month

🐻 놀아주기의 중요성

지난 7~8개월 동안 아이는 물건을 바라보며 엄마 아빠가 가져다주기만을 바랐습니다. 그러나 이제 몸을 자유롭게 움직일 수 있게 되면서 그동안 하지 못했던 일들을 하느라 정신이 없죠. 뭐든지 만지고, 쥐고, 비틀고… 가히 '호기심 대마왕'이 됩니다. 아이가 가만히 앉아서 무언가를 응시하는 모습을 발견해도 놀라지 마세요. 이 시기의 아이는 깨어 있는 시간의 20퍼센트를 정보를 흡수하는 데 보낸다고 합니다.

아이의 놀이는 우유를 먹고 기저귀를 가는 것만큼이나 중요합니다. 발달심리학자 브루노 베텔하임Bruno Bettelheim은 저서에서 이렇게 지적했습니다. "부모와 충분히 놀이 시간을 갖지 못한 아이들은 지적인 어려움을 겪게 된다."

아이에게 최대한 다양하고 풍부한 놀이 환경을 만들어주세요. 여기서 중요한 것은 아이의 놀이를 바라보는 철학입니다. 베텔하임은 이렇게 말합니다. "부모의 진심 어린 태도는 아이에게 막대한 영향을 미친다. 부모가 놀이를 어떻게 생각하고 얼마나 중요하게 여기는지, 그리고 얼마나 관심을 갖고 놀이에 참여하는지가 아이에게 그대로 전달된다. 부모가 놀이에 관심을 갖고 그 과정에서 관용과 존경심을 심어주면, 아이는 부모에게 더욱 친밀감을 느끼고 세상에 더욱 힘찬 발걸음을 내딛을 것이다."

🐭 두뇌 계발

다음은 아이의 다양한 감각을 자극하여 두뇌를 계발하는 데 도움을 주는 활동들입니다.

- 모양은 비슷하지만 가지고 노는 방법이 다른 두 개의 장난감을 준비하세요. 예를 들어, 하나는 꾹 눌러야 소리가 나고 다른 하나는 흔들어야 소리가 나는 것을 준비합니다. 아이에게 그중 하나를 주고 놀게 한 뒤, 잠시 후 다른 장난감으로 바꿔주세요. 욕조에 물을 받아놓고 그 위에 플라스틱 컵을 띄워서 보여주는 놀이도 좋아요. 아이가 빈 컵을 가지고 놀면, 이번에는 컵에 물을 가득 채워서 컵이 가라앉게 해보세요.
- 종이나 딸랑이를 흔들어서 아이의 관심을 끌어보세요. 그런 후, 그 장난감을 다른 장난감들 속에 섞어놓으세요. 아이가 어떤 장난감을 선택하나요?
- 숨기기 놀이를 한 단계 상승시켜보세요. 이제 베개나 수건 밑에 장난감을 숨기는 놀이는 아이에게 너무 쉽죠. 장난감 위에 수건이나 이불을 여러 겹 덮어놓아 보세요. 수건을 치웠는데도 장난감이 보이지 않으면 깜짝 놀랄 거예요. 그러나 돌쟁이 아기도 수건을 한 장 치웠는데 장난감이 안 보이면 자기가 왜 그걸 찾고 있는지 금방 잊어버립니다.

아이와 놀아줄 때도 남녀는 다르다!

남자와 여자는 아이와 놀아줄 때도 서로 다릅니다. 그래서 결과적으로 서로 상대방의 방식을 보완해주죠. 보통 아빠는 엄마보다 더 활동적으로 놀아줍니다. 신체적인 것 외에도 남자와 여자는 달라요.

아빠는 아이가 스스로 무언가를 하게끔 유도합니다. 모험심을 발휘하여 무언가를 스스로 선택하고 그 결과를 느껴보기를 바라죠. 이와 달리 엄마는 아이가 안전하게 놀고, 실패로 인한 좌절감을 느끼지 않기를 바랍니다. 물론 모험심도 가급적 자제하도록 교육하죠.

남녀가 양육 태도에서 얼마나 다른지 알아볼까요? 아이가 블록으로 탑을 쌓고 있는데 곧 무너질 것 같아요. 이 상황에서 아빠들은 탑이 무너지게 놓아두는 반면, 엄마들은 탑이 쓰러지지 않도록 지탱해주죠. 아이가 나무 위에 기어오르면, 아빠는 높이 올라가라고 격려하지만 엄마는 조심하라고 외칩니다.

엄마와 아빠의 놀이 방식이 얼마나 다른지 보여주는 연구 결과는 많습니다. 대부분 이 놀이 방식의 차이가 아이에게 큰 영향을 미친다는 내용이죠. 주목할 점은, 아빠가 아이와 많이 '활동적으로' 놀아 줄수록 아이의 지적 능력이 자극받고 향상된다는 것입니다.

아빠와 엄마는 아들과 딸을 대하는 태도도 달라요. 아빠는 딸보다 아들과 더 많이 이야기하고, 아들과 더 활동적으로 놀아주죠. 반면에 딸을 아들보다 더 많이 안아주고 도와줍니다. 반면에 엄마는 딸과 아들을 동등하게 대합니다.

하지만 성역할에 관해서는 아빠와 엄마가 비슷한 양상을 보이는데요. 여자 아이에게는 핑크색 옷을 입히고 인형을 쥐여주고, 남자 아이가 인형을 갖고 노는 장면을 발견하면 눈살을 찌푸립니다.

- 흉내내기 게임을 하세요. 아이는 부모를 흉내내면서, 아빠 엄마가 누군지 그리고 무엇을 하는지를 인식합니다. 그리고 형제나 자매의 행동을 흉내내면서 자신의 훗날 모습을 연습하죠. 블록 놀이를 할 때 블록 조각뿐만 아니라 사람이나 자동차, 동물 등을 함께 갖고 놀게 하면 좋아요.
- 아이에게 사물의 쓰임이 한 가지 이상이라는 것을 보여주세요. 예를 들어, 장갑은 손에 끼기도 하고 돌돌 말아서 인형을 만들 수도 있다는 걸 보여줍니다.
- 도구를 사용하게 하세요. 실을 묶은 장난감을 멀찍이 놓아보세요. 장난감은 멀리 있지만, 장난감과 이어진 실 끝은 가까이에 있죠. 아이가 기어가나요, 아니면 실을 잡아당기나요?
- 아이가 주변 환경을 탐험하게 만들어주세요. 아기 때 집안 구석구석을 돌아다니며 놀았던 아이가 나중에 학교 성적도 좋답니다.

아이의 신체 발달 운동

생후 9개월이 되면 아기는 두 발을 어느 정도 통제할 수 있게 됩니다. 그리고 몇 달에 걸쳐 두 발로 걷기를 연습하지요. 물론 아이 혼자 연습해도 되지만, 엄마 아빠가 응원해주면 더 신나서 연습하겠죠?

- 아이의 발 근처에 장난감을 두고 아이가 발로 장난감을 차는지 지켜보세요.
- 공을 아이의 손이 닿지 않는 곳까지 굴리세요. 아이는 기어가서 공을 가져올 거예요.
- 계단을 오르내리는 연습을 시키세요. 물론 옆에 어른이 반드시 있어

야죠. 계단을 내려올 때에는 뒤쪽으로 내려오도록 연습시키세요. 먼저 시범을 보여주며 설명하세요.
- 서로 술래를 바꿔가며 잡기 놀이를 하세요. 놀이가 끝나면 아이를 꼭 안아주세요. 좀더 활동적인 아이라면 레슬링을 해도 좋아요. 잡기 놀이는 아이에게 즐거움만 선사하지 않아요. 아이는 '아빠가 떠나도 언젠가는 반드시 돌아온다'는 중요한 교훈을 터득하게 됩니다. 분리불안을 덜 느끼는 거죠. 이렇게 아빠와 많이 뒹굴며 논 아이는 그렇지 않은 아이보다 훨씬 더 사회적이 됩니다.
- 공 튀기기 놀이를 해보세요. 아이를 안아 공 위에 발을 올리게 한 뒤 반동을 주어 아이의 몸이 튀어 오르게 하는 겁니다. 아이를 안고 발로 공을 굴리게 해도 재미있어 합니다.

촉각과 시각을 함께 발달시키기

- 퍼즐 놀이를 해보세요. 이 시기 아이들에게는 홈이 파여서 끼워 맞추는 나무 재질 퍼즐이 좋아요.
- 장난감을 쌓거나 끼워넣기를 하세요. 순서와 자리를 정하는 능력이 향상돼요.
- 부서지거나 구길 수 있는 것을 주세요. 비닐봉지처럼 소리가 나면 더 좋겠죠.
- 아이의 손가락에 실을 묶거나, 테이프로 손가락 몇 개를 감아보세요. 실을 풀고 테이프를 떼어낼 수 있나요?
- 욕조 안에 물총처럼 무언가 나오거나 돌릴 수 있는 장난감을 두세요.
- 계량컵과 숟가락처럼 무언가를 퍼서 담을 수 있는 장난감이 좋아요.

> ### 기어다니기
>
> 아이가 걷는 모습을 빨리 보고 싶겠지만, 걸으려면 우선 기어야 합니다. 아기가 팔꿈치와 양 무릎으로 기는 것이나 앉아서 다리로 엉덩이를 미는 것이나 모두 기는 것에 포함됩니다. 기어다니는 것은 아이의 발달에 중요한 단계이니 아이가 마음껏 기어다니게 하세요. 기어다니기와 수학 능력이 연관돼 있다는 주장도 사실로 입증되었습니다.

- 할인마트에서 쇼핑할 때 아이에게 물건을 건네어 카트 안에 넣게 하세요.
- 아이에게 TV 채널을 바꾸게 하고, 오디오에 CD를 넣어보게 하세요.
- 손뼉을 치며 노는 게임을 하세요.

원인과 결과에 대한 훈련하기

어떤 행동을 하는지에 따라 결과가 달라진다는 사실은 이 시기 아이들이 깨쳐야 할 중요한 교훈입니다.

- 인형이 튀어나오는 장난감을 사주세요. 문이 네 개 정도 달리고, 문을 밀거나 돌려서 열 수 있는 것이 좋아요. 촉각과 시각을 동시에 발달시키는 데 안성맞춤이죠.
- 공은 당연히 으뜸가는 장난감이에요. 굴리거나 튕길 수 있고, 다른 것을 넘어뜨릴 수도 있죠. 공은 말랑말랑한 것으로 골라주세요.

> ### 칭찬하는 법
>
> 아이가 어떤 행동을 했을 때 성공 여부와 상관없이 칭찬해주어야 합니다. 그러면 아이는 무언가를 시도하는 것이 그것을 성취하는 것만큼이나 중요하다는 교훈을 얻게 됩니다. 무언가에 성공했을 때에만 칭찬해주면 아이는 자신감이 떨어져 새로운 모험에 소극적이 됩니다.

- 냄비, 프라이팬, 실로폰 등 아이가 치고 놀 수 있는 것을 준비하세요. 아이는 여러 가지 물체를 쳐보면서 각각의 물체가 서로 다른 소리를 낸다는 것을 배웁니다. 또 힘을 주는 정도에 따라 다른 소리가 난다는 것도 알게 되죠.
- 문처럼 경첩이 달린 것도 좋은 장난감이 될 수 있어요. 물론 아이의 손이 끼지 않도록 주의를 기울여야 하죠.

아이가 경험하는 세계가 풍부할수록 엄마 아빠보다는 다른 것에 더 관심을 가집니다. 장난감에 밀린다니 믿을 수 없다고요? 조금만 지나면 감사하게 될 거예요. 그렇다고 한꺼번에 장난감을 여러 개 사주면 안 돼요. 하나를 싫증이 날 때까지 가지고 논 후에 다른 것을 사주세요. 또 아이와 쉬지 않고 놀아줄 필요는 없어요. 아이에게도 혼자만의 시간이 꼭 필요하답니다.

최고의 장난감은 역시 블록

요즘에는 아이의 정신 및 신체 발달을 촉진하는 좋은 장난감들이 많이 나와 있습니다. 그러나 '친환경, 유기농, 최첨단' 소재와 기술로 만든 고급 장난감이 꼭 아이의 발달에 좋은 것만은 아니랍니다. 가장 저렴하면서도 아이의 발달에 필수적인 장난감, 무엇인지 아시죠? 바로 블록입니다. 그 이유는 이렇습니다.

- 촉각과 시각을 동시에 발달시켜줍니다. 무언가를 움켜쥐고 놓는 능력도 향상되죠.
- 물건의 모양, 크기, 범주 등을 저절로 익힐 수 있어요. 더 나아가 훗날 아이가 살아가는 데 꼭 필요한 물체에 작용하는 중력, 사물의 구조, 균형감각도 배울 수 있죠.
- 사고 능력을 향상시킵니다. 앨버트 아인슈타인은 저서에서 이렇게 말했죠. "블록처럼 무언가를 결합시키는 놀이는 생산적 사고를 하는 데 필수적이다. 말이나 다른 신호에 논리적인 연관성을 형성하기 전에 블록 놀이를 하면 나중에 다른 사람과 의사소통을 하는 데에도 도움이 된다."
- 아이가 블록을 갖고 놀다보면 자기가 갖고 노는 것들이 조금씩 다르다는 걸 알게 됩니다. 같은 블록이라도 아이가 유난히 좋아하는 모양이 있다는 게 그 증거입니다.

가족 문제   9Month

🐻 가사 분담

초보 엄마 아빠들의 약 90퍼센트가 출산 이후 극도의 스트레스를 호소합니다. 그중 가장 큰 요인으로 꼽히는 것이 바로 불공평한 가사 분담입니다. 경제적인 어려움은 그 다음을 차지하죠.

🐻 아이를 키우는 일은 얼마나 힘든 걸까?

아이가 태어나기 전에는 막연하게 해야 할 일이 많이 늘어날 거라고만 생각합니다. 그러나 현실은 언제나 상상 그 이상이죠. 아이가 태어나면 집안일이 얼마나 늘어나는지를 조사한 연구에 따르면, 설거지는 2배, 세탁은 4~5배, 쇼핑은 3배, 식사 준비는 2배, 청소는 6배쯤 늘어난다고 합니다.

여기서 짚고 넘어가야 할 점은, 이런 일들을 아이를 돌보면서 '추가로' 해야 한다는 것입니다. 아이 돌보기는 정말 어마어마한 강도의 육체노동이에요. 평균 하루에 6~8회 기저귀를 갈고, 전신 목욕 1회에 엉덩이 씻어주기 4~5회, 밤에 2~3회 우는 걸 달래고, 낮에는 밤보다 2배쯤 더 아이를 안고 달래야 하죠. 이뿐인가요. 계속 배고프다고 우는 아이를 시도 때도 없이 먹이는 문제는 어떻고요. 아이는 혼자서는 아무것도 할 수 없기 때문에, 먹이고 씻기고 입히고 재우고 놀아주기까지 해야 합니다.

어떤 초보 엄마는 출산 전과 후의 차이를 이렇게 표현하더군요. "토네이도를 TV로만 보는 것과 회오리바람이 우리 집을 실제로 강타하는 것의 차이!"

그러면 누가 일을 할 것인가?

아이가 태어나기 전에는 부부가 집안일을 공동으로 분담하기로 약속합니다. 만약 그러기로 했다면, 당신은 육아에 대한 책임을 부모가 똑같이 져야 한다고 말하는 95퍼센트의 평균적인 사람에 속합니다. 사실 너무도 당연한 얘기죠. 부부가 가사를 공평하게 분담하면 결혼 생활도 그만큼 즐거워집니다. 그러나 대부분의 아빠들이 아이가 태어나기 전에 했던 말을 행동으로 옮기지 못합니다. 훌륭했던 계획을 슬그머니 폐기하고 고전적인 남녀 역할로 돌아가죠. 결국 여자는 더 많은 가사를 떠맡게 되고, 남자는 아내가 기대했던 것보다, 무엇보다 스스로 생각했던 것보다 집안일을 덜 하게 됩니다.

 ### 남자가 집안일을 덜 하는 까닭

연구 자료를 봐도 여자가 밖에서 일하는 시간은 늘어나는 반면, 남자가 집에서 일하는 시간은 잘 늘어나지 않는다고 되어 있습니다.

그러나 관련 연구 결과들은 다소 불합리한 자료에 근거를 두고 있어요. 그 이유를 살펴볼까요? 첫째, 대부분의 연구가 아빠들이 주말에 아이와 함께 보내는 시간을 고려하지 않습니다. 둘째, 아이와 놀아주는 시간을 가사에 포함하지 않습니다. 셋째, 아이와 함께 어떤 활동을 하는 것과 아빠로서의 의무를 다하는 것을 구분하지 않습니다. 아이에게는 청소하고 요리 해줄 사람도 필요하지만, 주위에 보호하는 사람이 항상 있어야 하죠. 이런 점을 고려하면 남녀의 가사 분담 차이가 줄어듭니다. 하지만 여자가 더 많은 일을 하는 것은 사실입니다.

그렇다면 남자가 집안일을 덜 하게 만드는 요인들로는 어떤 것들이 있을까요?

- 아이를 돌보는 것은 여자 몫이고, 생계를 유지하는 것은 남자의 몫이라는 고정관념. 조사에 따르면, 미국 내 42퍼센트의 남자와 37퍼센트의 여자가 이 전통적인 역할 분담에 찬성하는 것으로 나타났습니다. 이 수치는 계속해서 감소하는 추세이지만, 아직 무시할 수 없는 비율입니다.
- 부인은 남편이 서툴거나 아이가 불안해한다고 느끼면 스스로 여러 가지 일을 떠맡습니다. 이때 남편은 자신이 부족하다고 여기기보다 부인이 처음부터 아이를 능숙하게 돌봐주기를 바라죠. 남편은 부인에게 아기를 넘겨주고 안도의 한숨을 내쉽니다. 그러면 부인은 남편을 비난하고 늘 의심의 눈초리를 보냅니다. 결국 남편은 더욱 음지로 들어가게 되죠.
- 남자가 육아에서 맡는 역할은 늘 부수적인 것으로 취급하는 분위기. 기저귀 갈기나 달래고 같이 놀아주는 것도 젖을 먹이는 일만큼이나 중요하다는 생각을 해야 합니다.
- 남자가 육아에 적극 참여하는 것을 마땅치 않게 여기는 부모님 눈초리. 남자가 육아를 도맡으면 천지가 개벽한다고 믿으시죠.
- 육아 문제에서 남자와 여자를 차별하는 사회 분위기. 여자에게는 당연한 육아휴직을 남자가 신청했다간 회사에서 잘릴 수도 있죠.
- 역할 모델의 부재. 주변에 좋은 남편이자 좋은 아빠인 남자를 찾아보기 힘들죠. 아빠로서 어떤 역할을 해야 하는지 알려주는 사회적 지원책이 마련되어야 합니다.

여러 가지 어려움이 있지만, 이를 극복하고 육아에 더욱 적극적으로 참여하려는 아빠가 늘어나고 있습니다. 그러나 각오를 단단히 해야 해요. 처음에는 조금 노력하다가 이내 전통적인 역할로 돌아가는 경우가 많거든요. 다시 말하거니와, 전통적인 방식 또는 역할은 결혼 생활의 만족도를 떨어뜨립니다.

가사 분담과 관련된 또 다른 문제점은, 여자들이 하는 일만을 중요하게 여기는 시각입니다. 차를 수리하고, 잔디를 깎고, 은행에 가는 일은 왜 중요하게 생각하지 않죠? 청소하고 요리하는 것만 가사가 아닙니다. 남편과 부인이 가족을 위해 하는 모든 일을 가사에 포함시켜야 합니다. 그렇다면 남편이 직장에 출근해서 돈을 버는 것도 일종의 가사라고 할 수 있죠. 물론 맞벌이 부부이면서 남편이 집안일을 분담하지 않는 것은 문제가 있지만요.

멋진 동물 아빠들

수컷이 알을 낳는 경우는 없어요. 그러나 알을 수정시키는 정자가 없으면 알은 부화하지 못하죠. 알을 품는 쪽은 대부분 암컷이지만, 수컷이 품는 경우도 적지 않습니다. 알을 품어서 부화시키는 데서 그치지 않고, 부화된 새끼를 도맡아 기르는 수컷도 있습니다.

큰가시고기는 짝을 만나기 오래전부터 해초로 멋진 집을 짓습니다. 집을 다 지으면 밖으로 나가 암컷을 유혹하죠. 암컷은 맘에 드는 수컷의 집에 들어가는데, 이때 로맨틱한 순간은 그리 길지 않아요. 수컷은 암컷이 알을 낳자마자 떠나달라고 요구합니다. 암컷이 떠나면 수컷은 알을 수정시키고 몇 주 동안 집을 지킵니다. 집안 내부를 통풍시키고, 집을 수리하고 주변을 청소하죠. 알이 부화되기 전까지는 집을 절대로 떠나지 않습니다.

물에 사는 곤충 중 몸집이 가장 큰 물장군은 암컷을 유혹하려고 갖은 애를 쓰다가 암컷이 산란하면 그 알을 수정시킵니다. 암컷은 수컷의 등 위에 약 100개의 알을 낳고 보호막을 씌우죠. 수컷은 몇 주 동안 알을 보호하는 임무를 맡아요. 부화된 새끼들은 수컷에게 찰싹 달라붙어서 수영에 자신이 붙을 때쯤 떠납니다.

열대 담수어인 시클리드는 둥지를 짓지 않아요. 암컷이 알을 낳으면 수컷은 그 즉시 모든 알을 제 입에 넣습니다. 이렇게 입 안에 알을 물고 있기 때문에 최대 2주까지 아무것도 먹지 못합니다. 알이 부화되어 새끼들이 수영을 할 수 있게 된 뒤에도 수컷은 여전히 새끼를 이동시킬 때 제 입 안에 넣고 다닙니다. 식사를 하거나 신선한 공기를 마시고 싶을 때만 새끼를 입 밖으로 내보내죠. 조금이라도 위험한 기미가 있으면 바로 새끼들을 입 안에 넣고요.

개구리 역시 부성이 강한 아빠로 유명합니다. 독화살개구리의 올챙이들은 흡착성 강한 입을 이용해 아빠 등에 찰싹 달라붙어 있습니다. 수컷은 새끼를 등에 '업고' 활동하죠. 다윈코개구리는 더욱 독특해요. 알이 부화하려고 하면 수컷은 혀를 이용해 알들을 몸 내부에 있는 주머니에 넣습니다. 알들은 올챙이가 되어 꼬리가 생길 때까지 주머니 안에서 생활합니다.

포유류와 조류는 암수가 같이 양육에 가담하는 경우가 많죠. 거위, 갈매기, 비둘기, 딱따구리 등 많은 조류가 암수가 같이 알을 품고 둥지를 짓습니다. 새끼를 보호하고 먹이를 주는 것도 함께해요. 캘리포니아쥐 수컷 역시 새끼의 먹이를 조달할 뿐 아니라, 체온 조절 능력이 없는 새끼들을 위해 둥지를 따뜻하게 합니다.

동물 아빠들은 인간과 마찬가지로 가족을 보호하고자 기꺼이 자신을 희생하죠. 물떼새의 일종인 킬디어는 날개가 부러진 척해서 알이나 갓 부화한 새끼를 보호합니다. 아빠 킬디어는 다친 척하며 땅바닥에 퍼덕거리며 소리를 지릅니다. 이렇게 해서 포식동물을 둥지에서 멀리 떨어진 곳으로 유인하죠.

그러나 가장 헌신적인 동물 아빠는 역시 황제펭귄이죠. 암컷이 음식을 찾으러 나가면 수컷은 발 등에 알을 얹고 돌봅니다. 수컷은 두 달 동안 아무것도 먹지 않고, 꼿꼿이 선 채 알을 보살핍니다. 알이 부화하면, 수컷은 식도에서 우유 비슷한 액체를 게워 올려 새끼들에게 먹입니다. 암컷이 먹이를 갖고 돌아올 때쯤이면 수컷은 몸무게가 12킬로미터쯤 줄어 있죠. 수컷은 그제야 음식을 제 입에 넣고 혼자만의 시간을 갖습니다.

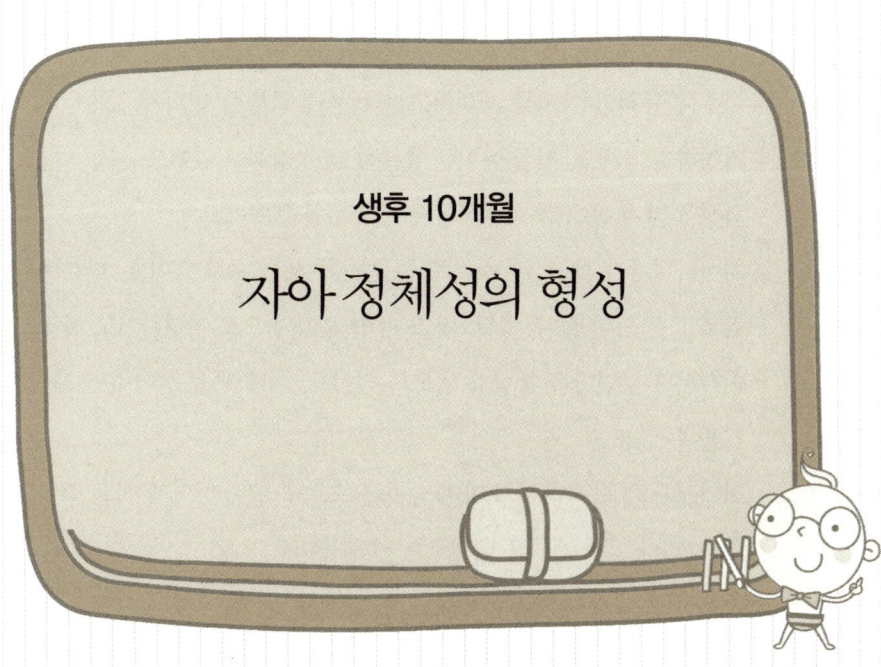

생후 10개월

자아 정체성의 형성

아기에게 일어나는 일들 | 10Month

 신체

- 아주 활동적인 아이를 제외하고는 행동에 특별한 변화가 없습니다. 걱정하지 마세요. 지금 아이는 충분히 잘 성장하고 있어요. 다만 다음 과정을 밟기 전에 잠시 휴식을 취하고 있을 뿐이에요.
- 기어다니다가 잘 앉고, 스스로 몸을 곧게 세울 수도 있어요. 다른 사람의 도움 없이 설 수 있고, 몇 초 동안 혼자 힘으로 지탱하기도 하죠.
- 어디서나 무언가를 붙잡고 옆으로 걸어요. 이때 손을 잡아주면 계속 걸을 수 있죠.
- 여기저기 잘 올라타서 소파나 의자를 오르내리는 건 이제 식은 죽 먹기. 그러나 아직 계단을 내려오는 건 힘들어요.
- 손을 더욱 자유자재로 사용해요. 한 손으로 두 개의 물건을 잡고, 모든 걸 입에 갖다대죠. 촉각과 시각의 발달이 두드러져서 뭐든지 유심히 관찰하고 만져봅니다.
- 신체 양쪽을 다르게 사용할 수 있다는 걸 알게 돼요. 특히 손을 사용하는 것을 좋아해서, 한 손으로 물건을 들고 다른 손으로 이 물건을 받치죠.
- 손에 너무 많은 것을 쥐고 있으면, 물건 하나를 떨어뜨리고 다른 물건을 잡아요.
- 물건을 잡는 것은 능숙하지만, 내려놓는 것은 아직 서툴러요.

지능

- 보이지 않는 물체가 존재한다는 것을 완벽하게 인식하지는 못해도 이를 계속 생각합니다. 아빠가 옆에 없어도 아빠를 떠올리죠. 그래서 낯선 사람과 잠시 한 공간에 있어도 덜 불안해합니다. 눈앞에서 장난감을 숨기면 잘 찾습니다. 똑같은 장난감을 다른 장소에 숨겨도 찾을 수 있어요.
- 물건을 크기에 따라 다르게 다루어야 한다는 걸 알아요. 작은 물체는 손가락으로 잡고, 큰 물건은 두 손으로 잡죠.
- 한 가지 물건을 가지고 다양한 방식으로 놀 수 있어요. 종이를 주면 구기고, 씹어보고, 찢어보죠. 볼펜이나 연필로 벽에 낙서를 하기도 해요. 어떤 물건이건 두 가지로 분류하죠. 입에 넣을 수 있는 것과 없는 것. 또 자신이 무언가를 예측하고 통제할 수 있다는 사실을 인식합니다.
- 기억력이 발달하면서 한 가지 행동에 더욱 집중할 수 있어요. 아이가 무언가를 하고 있을 때 관심을 다른 쪽으로 유도하기가 쉽지 않아요. 잠시 관심을 돌렸다가도 이내 이전 일로 돌아갑니다.
- 보이는 것을 보이지 않는 것과 연관지어 생각하는 상징적 사고가 가능해요. 몇 달 전에는 주사기를 든 간호사를 보고 울음을 터뜨렸지만, 이제는 병원에 도착하자마자 울어대죠.

언어

- 이전에도 '다다' 같은 음절을 발음했지만, 그것이 무슨 의미인지는 몰랐어요. 이제는 '안 돼' '엄마' 같은 간단한 표현이 의미하는 바를

알아요. 가끔은 한 단어를 하루 종일 반복해서 말하기도 해요. 아직 단어를 발음하지 못해도 걱정할 건 없어요. 아이는 특정한 소리를 내서 관심을 끌려고 하는 거예요.

- 여러 가지 소리를 이해하고, 신체 부위를 찾는 놀이를 할 수 있어요.
- 단어를 구사하면서 그에 맞는 몸짓을 취해요. "싫어." 하면서 고개를 가로젓고, "안녕." 하며 손을 흔들죠.
- 어른들의 대화를 열심히 듣고, 자신이 구사할 수 있는 몇 개의 단어로 대화에 참여하려고 해요.

감정·사회성

- 지금까지는 하루 종일 기어다니고 옹알이하고 여기저기 돌아다니느라 바빴던 아이가 이제는 침대에서 뒹굴어요. 집중할 수 있는 시간이 늘어나면서 책을 많이 읽어달라고 조르죠.
- 흉내내는 실력이 일취월장해요. 엄마 아빠의 모든 걸 따라 하죠. 전화를 하고, 신발을 신고, 밥을 먹는 모습도 흉내내요.
- 예전보다 덜 울어요. 이 시기에는, 엄마 아빠를 부르기 위해서라기보다 두려움을 표현하기 위해 울어요.
- 엄마 아빠의 감정에 더욱 신경 쓰고, 자신의 감정을 잘 표현해요. 엄마 아빠가 행복하면 아이도 행복하죠. 혼나면 입을 삐죽 내밀어요. 진짜로 화를 내기도 하죠. 오랫동안 아이를 혼자 두거나 하면 아이는 울거나 꼬집는 걸로 응징합니다.

아빠에게 일어나는 일들
10Month

 그 누구도 대신할 수 없어!

벌써 아빠로서 살아온 지 1년이 다 되어갑니다. 아빠로서 조금은 자부심을 가져도 좋아요. 아내나 친구, 친척들에게 '좋은 아빠'라는 칭찬을 받는다면 더욱 좋겠죠. 그러나 좋은 아빠라는 인증장을 주는 사람은 따로 있습니다. 바로 아이지요.

아이가 없었을 때를 생각해보세요. 나의 자아를 발견해야 한다고 느낀 적이 있나요? 그런데 아이는 당신 속에 숨어 있던 새로운 자아, 즉 '아빠'를 발견하게 해주었습니다. 아빠라는 역할만큼 당신을 행복하게 하고, 강하게 만들고, 사랑을 느끼게 해준 역할이 있었나요? 그 역할을 성실히 수행했다는 것만으로도 자부심을 느낄 만합니다.

 또 다른 성취감

회사에서 나를 필요로 하고 존중해주면, 스스로 가치 있는 사람이라는 생각이 들어 더욱 열심히 일하게 됩니다. 이와 마찬가지로 가정에서 가치를 인정받는 남편은 훨씬 더 좋은 아빠가 될 수 있습니다. 아빠가 된다는 것은 무엇일까요? 많은 남자들이 "인생에 더 많은 목표와 성취감을 제공하는 것"이라고 대답합니다. 어떤 이들에게는 아빠가 되는 것이 인생 최대의 목표이자 장기적인 계획입니다. 어떤 이는 이렇게 말하더군요. "드디어 내가 있어야 할 곳에서 하고 싶었던 것을 하는 느낌이 든다." 아빠가 된 지

1년 정도가 되면 아이가 없었던 때를 잘 기억하지 못합니다. 그만큼 아빠가 된다는 것은 삶의 모든 영역에 침투하여 삶 전체를 변화시키는 압도적인 경험이죠.

나는 안 보이나?

아빠가 되면 정체성에 많은 변화가 일어납니다. 아이가 생기는 것만큼 당신이 어른이라는 사실을 입증해주는 일도 없죠. 이제 당신은 아버지의 아들인 동시에 한 아이의 아버지입니다. 이것은 평생을 따라다닐 부인할 수 없는 사실이에요.

아빠가 되면 혼란스럽고 힘들고 버거운 일만 있는 것은 아닙니다. 아이를 키우면서 다시 소년이 되는 경험도 할 수 있죠. 다시는 하지 못할 거라고 생각했던 일들, 예를 들면 낄낄대고 짓궂게 장난치고 뒹구는 등 점잖은 어른에게는 어울리지 않는 행동을 해도 용서받을 수 있어요. 기어다니며 동물 흉내를 내거나 '응가' 같은 아기 말을 써도 되죠. 한마디로, 자유로운 영혼으로 돌아갈 수 있습니다.

때로는 아이로 인해 내 고유의 존재감이 약해졌다는 느낌이 들 수도 있어요. 사람들이 나를 그저 아이 아빠로만 여길 때가 그렇죠. 아이를 데리고 밖에 나가면 사람들이 정작 아이는 알아듣지 못하는 질문을 퍼붓습니다. "이 옷 어디서 샀니?" "나이가 몇 살이야?" "이름이 뭐니?" 그러면 아빠로서 대신 답변할 밖에요. 사람들은 그제야 내가 있다는 것을 알아차립니다.

특히 미혼 여성들은 당신을 아빠로서 강렬하게 인식할 거예요. 세심한 남자 또는 미래의 짝으로 말이죠. 여자들은 아이와 행복한 시간을 보내는 남자를 보면 매력을 느끼거든요. 여기에 강아지까지 낀다면 금상첨화겠죠.

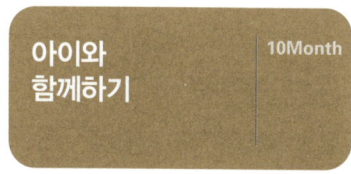

 아이에게 음악 들려주기

아이는 옹알이를 하기 전에 노래 비슷한 말을 흥얼거립니다. '구구구' 소리를 내거나 아빠처럼 소리를 내려고 음의 높낮이를 조절하죠. 아이가 흥얼거릴 때 아빠가 장단을 맞춰주면 근사한 듀엣 탄생!

실제로 아직 아이에게는 언어와 음악 사이에 별다른 차이가 없어요. 그런데 부모들은 이 둘의 차이를 분명히 하려는 경향이 있죠. 아이가 어른의 말을 이해하는 듯 보이는 순간부터 노래를 불러주지 않는 거예요. 그때부터는 아이의 언어능력을 발달시키는 데만 집중하죠.

엄마 아빠 모두에게 음악적 재능이 없다고 해서 아이까지 그러란 법은 없어요. 아이의 가능성을 열어주는 것과 무언가를 성취하게 하는 것은 다르죠. 그러나 아직 많은 부모들이 이 차이점을 인식하지 못하고 있습니다.

음악 교육을 연구하는 에드윈 고든Edwin Gordon은 모든 아이가 어느 정도 음악에 적성을 갖고 태어난다는 사실을 입증했습니다. 조사 대상 아이들의 68퍼센트가 '보통'의 음악 적성을 타고난다고 합니다. 그리고 16퍼센트가 높음, 나머지 16퍼센트는 낮음으로 나타났죠. 고든은 모든 아이에게 IQ처럼 '음악지능'이 있다고 말합니다.

음악적 잠재력과 상관없이 환경은 아이의 재능에 큰 영향을 미칩니다. 엄마 아빠가 음치에다 다루는 악기가 하나도 없더라도 아이에게 훌륭한 음악적 환경을 만들어줄 수 있어요. 어떻게 해야 하는지 볼까요?

- 생후 3개월부터 음악을 들려주세요. 박자, 리듬 등이 다양한 음악이 좋겠죠. 생후 10개월 된 아이는 아직 집중력이 약하기 때문에 변화가 있는 음악을 틀어줘야 더 집중할 수 있어요.
- 아이에게 음악을 들으라고 강요하지 마세요. 아이에게 기어다니라고 강요하지 않듯, 음악도 자연스럽게 접해야 합니다.
- 아이가 음악에 집중하지 않는 것 같아도 음악을 끄지 마세요. 음악을 듣는 것만으로도 음악적 능력은 발달하니까요.
- 가사가 있는 노래는 되도록 피하세요. 아이의 언어능력이 많이 발달하는 시기라 음악보다는 가사에 집중할 거예요.
- 기회가 닿는 대로 아이에게 노래를 불러주세요. 잘 부르고 못 부르는 것은 중요하지 않아요. '음음음'처럼 의미가 없는 단어를 넣어 불러주세요.
- 엄마 아빠가 좋아하는 음악을 들려주세요. 아이는 엄마 아빠가 음악에 어떻게 반응하는지를 살필 거예요. 아이는 엄마 아빠가 그 음악을 좋아하는지 싫어하는지도 알아차리거든요.
- 아이가 음악에 어떻게 반응하는지 살피세요. 아이는 몇 달 전보다 훨씬 활발히 움직입니다. 그리고 전혀 그렇지 않아 보여도 리듬을 탈 거예요.

학자들은 음악을 배우는 과정은 언어를 배우는 과정과 비슷하다고 말합니다. 언어를 배우는 과정을 참고하면 음악 교육을 어떻게 시켜야 할지 감이 올 거예요. 기억하세요. 이 순서가 바뀌는 법은 없답니다.

- 듣기. 아이는 태어나기 전부터 언어의 변화와 리듬을 들어왔어요. 아직 소리를 듣고 반응을 보이진 않아요.
- 흉내내기. 처음에는 많이 서툴지만 옹알이를 하면서 드디어 단어 하나를 말해요. 물론 그 말을 알아듣지는 못하죠.
- 이해하기. 언어에 더 능숙해지면서 사람들이 말하는 것을 분석하고 이해해요. 심지어 표현을 의미 있는 단어와 구로 나누어 듣죠.
- 만들기. 이제 아이는 자신만의 표현을 만들어내고, 다른 사람들이 이해할 수 있는 말을 하기 시작해요.
- 읽기와 쓰기. 읽기와 쓰기는 앞 단계를 다 능숙하게 할 수 있게 된 후, 다섯 살은 되어야 가능합니다.

아이와 효과적으로 대화하는 방법

아이가 아직 말하는 것이 서툴러도 아이에게 많은 이야기를 해주어야 합니다. 부모가 이야기를 많이 해주면 아이는 많은 것을 배우죠.

- **격려해주기** 아이가 의미 없는 표현을 하더라도 반응을 해주세요. 아이가 "바바."라고 말하면, 상황에 따라서 "우유 줄까?"와 같은 대답을 해주어야 합니다.
- **확인시켜주기** "배가 어디 있을까?"라고 물었을 때, 아이가 자신의 배를 가리키면 칭찬해주고 다른 질문을 하세요. 만약 대답을 하지

않으면, "여기 있네."라고 하면서 배를 가리키고 다른 질문으로 넘어가세요. 아이가 관심을 보이는 것에 대해 질문하며 계속 이야기를 이끌어가세요.

- **차이점 알아보기** 아빠 손가락을 가리킨 후 아이의 손가락을 가리켜보세요. 코끼리 코를 보여주고 아이의 코를 가리키며 크기가 얼마나 다른지 이야기해주세요.

- **리포터 되기** 아이에게 우유를 먹이면서 우유에 관계된 이야기를 해주세요. 우유의 맛이 어떤지, 색깔과 질감 등을 묘사하는 거예요. 같이 외출하면 할 이야기는 더 많아진답니다. 날씨가 어떤지, 주변에 어떤 나무가 있는지, 신호등 색깔은 어떤지 등등. 어른들에겐 너무나도 익숙한 일상이 아이에겐 온통 신기하고 새로운 일들이죠.

- **편하게 이야기하기** 강의를 하듯이 하는 것은 금물. 편안하게 대화하듯이 말을 건네세요.

- **'안 돼'라고 말하지 않기** 어렵지만 노력해야 합니다. 부정적인 표현을 줄여야 하는 첫 번째 이유는 그 모호성 때문입니다. 아이에게 "안 돼." "하지 마." 같은 표현을 하면, 아이는 도대체 무엇이 잘못되었고 어떤 행동을 해야 하는지를 모릅니다. 아이는 단지 그렇게 하면 엄마 아빠가 싫어한다는 것만 알죠. 알다시피 부정적인 표현은 아이의 창의성과 모험심 발달에 좋지 않아요. 그 대신에 왜 안 되는지를 자세하게 설명해주세요. 예를 들면 "칼은 날카롭고 아기들에게는 위험하단다."라든가 "엄마 물건을 콘센트로 가져가는 것은 위험해."라고 말이죠.

- **책 읽어주기** 책 읽어주기는 일상적인 일로 자리잡아야 합니다.

- **노래 불러주기**   몇 달 전부터 노래를 불러주었다면 당신은 멋진 아빠예요. 아직 노래를 불러주지 않았다면 지금부터 시작하세요. 일상적인 말투를 쓰며 손짓도 곁들이세요. 수화를 익힌 아이는 그렇지 않은 아이보다 더 많은 단어를 압니다.

아이의 성 정체성

흔히 여자 아이는 공주님, 남자 아이는 왕자님이라고 부르죠. 대부분의 고정관념이 그러하듯, 이 호칭에는 중요한 사실이 담겨 있습니다. 남자와 여자는 단지 신체 구조만 다른 것이 아닙니다. 엄마 뱃속에 있을 때부터 남자와 여자는 머릿속부터 다르다는 주장도 있어요. 태어난 후에는 남녀의 구조적인 차이가 행동에 영향을 미칩니다.

- 신생아 시기에는 남자 아이가 여자 아이보다 많이 울고 덜 자는 경향이 있어요. 그 한 가지 이유로 산모가 남자 아이를 낳을 때 진통하는 시간이 여자 아이 때보다 한 시간 정도 더 걸린다는 사실을 꼽기도 합니다. 평균적으로 남자 아이가 몸집이 더 크니 당연한 이야기인지도 모르지요. 진통이 오래되면 산모가 더욱 힘들기 때문에 이런 점이 아이의 행동에도 영향을 미칠 수 있어요.
- 여자 아이는 남자 아이보다 사람에 대해 관심이 많아요. 생후 4개월이 되면 여자 아이는 사진을 보고 자신이 아는 사람과 모르는 사람을 구분할 수 있어요.
- 남자 아이는 음식을 덜 가리고, 고통에도 덜 민감해요. 남자 아이는 청각도 덜 예민해서 여자 아이처럼 주변의 모든 소리를 집중해서 듣

지 않죠. 연구자들은 이런 이유로 남자 아이가 여자 아이보다 부모의 말에 반응을 덜 보인다고 말합니다.

여러 가지 생물학적 차이에도 불구하고, 생후 18개월까지는 겉모습만 봐서는 남자인지 여자인지 구분하기 힘들죠. 여기서 짚고 넘어가야 할 사항이 있어요. 정말로 여자와 남자는 다를까요? 아니면 우리가 다르다고 가정하는 것인가요?

코넬 대학의 존 콘드라이John Condry와 산드라 콘드라이Sandra Condry는 200명의 성인에게 생후 9개월 된 아기가 장난감을 갖고 노는 장면을 보여 주었습니다. 대상자의 절반은 그 아이가 여자인 줄 알고, 나머지 절반은 남자라고 생각했습니다. 두 그룹은 똑같은 영상을 시청했지만 반응은 완전히 달랐습니다. 상자에서 인형이 튀어나오는 장면을 보고 영상 속 아이가 남자라고 생각한 그룹은 아이가 화를 내고 있다고 했고, 여자라고 생각한 그룹은 아이가 두려워한다고 대답했습니다.

이런 생각의 차이가 아이와의 상호작용에도 영향을 미칠까요? 충분히 그럴 수 있습니다. 많은 엄마들이 여자 아이에게는 우유를 더 오래 먹이고, 울 때에도 더 빨리 달래줍니다. 여자 아이에게 더 민감하게 반응하는 것이죠. 그리고 기질이 똑같이 까다롭다고 할 때 남자 아이보다 여자 아이를 더 꼭 안아주고 편안하게 해주는 경향이 있습니다. 이런 양육 태도의 차이가 먼 미래에 큰 차이를 가져옵니다. 연구 결과에 따르면, 부모가 많이 안아준 남자 아이는 그렇지 않은 남자 아이보다 지능지수가 더 높은 것으로 나타났습니다.

부모들은 여자 아이와 남자 아이를 다르게 대하면서 은연중에 전형적인

남자들이 하는 일이라고?

흥미로운 것은 성역할에 대한 편견과 인식이 아이가 태어나기 전부터 시작된다는 것입니다. "부모는 아이가 건강하게만 태어나면 여자 아이든 남자 아이든 상관없다고 한다. 그러나 실제로는 남편과 부인 모두 남자 아이를 선호하는 경향이 있다."

아빠가 남자 아이를 선호하는 이유는, 같이 놀기가 더 편하고 자신의 성을 물려주려는 무의식적인 욕망 때문입니다. 엄마는 아들이 남편에게 어떤 의미를 지니는지를 본능적으로 알고 말이죠. 그래서 아들을 둔 아빠는 어린이집을 더 자주 찾고 오래 머문다고 합니다.

남자 아이를 선호하는 경향은 가족 구성원 전체에 큰 영향을 미칩니다. 첫아이가 딸인 부부는 아들을 보려고 아이를 더 낳습니다. 그러나 첫애가 아들인 집은 아이를 더 낳지 않는 경향이 있어요. 연구자들은 딸보다 아들을 낳기가 더 어렵다는 인식이 이런 경향을 낳는다고 설명합니다. 그리고 자신이 원하는 성의 아이를 가진 아빠가 아빠 역할에 더 만족한다고 해요.

실제로 부모가 바라던 성별을 갖고 태어난 아이는 그렇지 않은 아이보다 부모와 더 좋은 관계를 유지합니다. 이는 특히 아들을 바랐는데 딸을 낳은 경우에 두드러집니다. 한 연구 결과에 따르면, 아들만 가진 부부가 이혼율이 가장 낮고 딸만 가진 부부가 이혼율이 가장 높은 것으로 나타났습니다.

남녀의 이미지를 아이에게 심어주죠. 예를 들어, 여자 아이가 말을 많이 하면 좋아하면서 남자 아이가 그러면 부정적으로 보는 식입니다. 이는 여사가 남자보다 말이 많다는 고정관념을 아이에게 심어줍니다. 그렇다면 남자 아이가 여자 아이보다 더 활동적이라는 것이 사실일까요? 여자 아이는 인형을, 남자 아이는 트럭을 갖고 노는 것이 정말 아이가 원하는 바일까요?

왜 우리는 남자 아이와 여자 아이를 다르게 대하는 것일까요? 일부에서는 부모들이 자기가 받은 사회적 교육을 무의식중에 아이에게 전달한다고 말합니다. 남녀의 차이는 생물학적인 차이에서 비롯된다고 주장하는 사람들도 있죠. "남자 아이와 여자 아이는 어른들에게 서로 다른 반응을 이끌어낸다. 원초적이고 본능적인 반응들이 우리에게 아이를 어떻게 대할지를 알려준다. 남자 아이는 몸집이 더 크고 강하기 때문에 아이와 과격한 놀이를 많이 하게 된다. 반면 여자 아이는 조용하고 눈을 맞추고 이야기하는 것을 좋아하기 때문에 과격한 놀이보다는 이야기를 많이 하게 된다."

생물학적인 요인이든 사회적 요인이든 이야기의 요점은 간단합니다. 남자 아이와 여자 아이는 다르다는 것이죠. 그러나 생물학적인 요인이 아이의 운명을 결정짓게 해서는 안 됩니다. 남자 아이와 여자 아이가 다른 것은 사실이지만, 그것이 어느 한쪽이 더 똑똑하다거나 낫다는 것을 의미하지 않아요.

이번 장의 요점은 우리 모두 전형적인 성역할의 굴레에 빠지기 쉽다는 것입니다. 물론 남자 아이와 여자 아이는 다르게 대해야 합니다. 그러나 그것이 아이의 풍부한 경험과 잠재력을 억누르는 결과를 가져와서는 안 되겠죠. 남자 아이에게는 거칠고 활동적인 것을, 여자 아이에게는 부드럽고 사랑스러운 것만을 교육시킨다면, 아이는 기성세대의 고정관념을 고스란히 물려받게 됩니다.

남자 아이에게는 말을 많이 시키고 인형 놀이를 하게 하세요. 여자 아이라면 활동적인 놀이를 시키고 독립심을 길러주세요. 다만 아이마다 타고

나는 기질을 억지로 바꾸려 해서는 안 됩니다.

 대화를 많이 하자

초보 부모들이 가장 많이 하는 실수가 있어요. 아이가 태어난 뒤 부부 간에 대화가 단절되거나 예전과는 다른 방법으로 대화하는 것이지요. 이런 변화는 부부 관계에 장기적이고 결정적인 영향을 미칩니다. 그렇다면 왜 많은 부모들이 아이가 태어난 뒤에 대화를 안 하거나 다른 방식으로 말하는 걸까요?

- 아이가 생기면 예전에는 가능했던 것이 불가능해지는 경우가 많죠. 예를 들어 아이가 생기기 전에는 가사 분담으로 다툼이 생겼을 때 가사도우미를 고용했다면, 아이가 태어난 뒤에는 경제적인 문제로 그렇게 하기가 쉽지 않습니다. 그러면 전에는 없었던 갈등과 다툼이 일어나는 것이죠.
- 부부 두 사람만의 혹은 혼자만의 시간이 부족해지죠. 아이가 없을 때에는 단둘이 이야기하고 외출하는 게 자연스러운 일상이었지만, 아이가 생기면 그런 것이 특별한 일이 됩니다. 간혹 외출을 하더라도 아이를 맡기고 제시간에 돌아오는 문제에 신경쓰느라 간만의 외출이

엉망이 돼버려요.
- 심신이 지칩니다. 가사를 분담하더라도 절대적인 노동량 자체가 출산 전과 크게 다르죠. 대화를 하다가 지쳐서 잠드는 게 하나도 이상하지 않아요.
- 친밀감을 높이는 활동이 줄어듭니다. 성 관계는 물론이고 친구들과 노는 일도 드물어지지요.
- 많은 시간과 에너지를 아이를 돌보는 데 쓰기 때문에 각자 개인적인 활동을 할 기회가 줄어들어요. 그러니 자연 이야깃거리도 줄고, 서로 상대를 이해하기도 쉽지 않습니다.
- 완벽한 엄마이자 아내가 되어야 한다는 부담감이 커집니다.

생후 11개월

여행을 떠나요

아기에게 일어나는 일들 — 11Month

🐻 신체

- 스스로 다리를 쭉 펴고 설 수 있어요. 쪼그려 앉았다가 몸을 곧게 펼 수 있고, 물건을 집으려고 다시 쪼그려 앉기도 하죠.
- 도움 없이 혼자서 일어나요. 서서 손을 흔드는 것처럼 두 가지 동작을 동시에 할 수 있어요.
- 난간을 잡고 계단을 오를 수 있고, 한 손만 잡아주면 여기저기 걸어 다닐 수 있어요.
- 활동적인 놀이를 좋아해요. 바닥에서 뒹굴거나 아빠 무릎 위에서 통통 튀는 놀이를 좋아하죠.
- 박수를 치고, 아직 서툴지만 책을 넘길 수 있어요.
- 숟가락을 잘 사용하지만 손으로 먹는 것을 더 좋아해요.
- 크레파스를 잡고 아무데나 그림을 그려요.

🐻 지능

- 어느 날 갑자기 의자 등받이에 곧게 등을 대고 앉아요. 그러고는 발을 어딘가에 대고 의자를 뒤로 쭉 밀어내죠. 자신의 새로운 능력을 발견하면 그 행동을 몇 주고 되풀이합니다.
- 흉내내는 능력이 발전을 거듭해요. 이 시기에는 단순히 엄마 아빠의 행동을 따라 하기보다는 어떤 의도를 갖고 행동합니다. 아빠가 찾으

라고 물건을 숨기기도 하죠. 혼자 이를 닦거나 옷을 입으려고 해요.
- 작은 물건을 큰 수납함에 넣는 데에 많은 시간을 보내요. 물건을 담으면서 크고 작음의 차이, 수납함과 물건의 차이, 안과 밖의 차이 등을 익혀요.
- 상징적 정보에 대한 지식이 확대돼요. 책을 좋아하지만, 책이 무엇으로 만들어졌는지는 아직 몰라요. 그림책 속 그림을 보며 무언가를 볼 수는 있는데 잡을 수 없다는 사실에 매우 흥미를 느낍니다.
- 자신에게 무언가를 통제할 능력이 있다는 것을 알지만 한계도 깨달아요. 손이 닿지 않는 곳에 있는 물건이 갖고 싶으면 엄마 아빠에게 가져다달라고 요구해요.

언어

- 어휘력이 크게 늘지만, 알고 있는 단어를 조합하여 문장을 만들지는 못해요. 그 대신 옹알이를 전보다 길게 하고, 때로는 진짜 단어를 구사하기도 해요.
- 아이가 옹알이를 할 때 사용하는 소리는 모국어로 한정되죠.
- 새로운 단어를 배우면 몇 번이고 반복해요.
- 단어를 상징적 의미로 사용할 수 있어요. 아빠가 아이스크림 이야기를 하면 "맛있어요."라고 하고, 고양이를 가리키면 "야옹~." 소리를 내요.
- 듣고 싶은 것만 들으려는 놀라운 능력이 생겨요. 부엌 싱크대 주변을 얼쩡대다가 "가스레인지는 위험해."라는 소리를 들어도 그냥 무시하거나 못 들은 척해요. 그러다가 아빠가 "아이스크림." 하고 속삭이면

당장 아빠에게 달려오죠.

🐻 감정 · 사회성

- 행복과 불행 이외에도 다양한 감정을 표출해요. 만약 아빠가 다른 아이와 놀아주면 질투심을 드러내죠. 그만큼 엄마 아빠에 대한 애정 표현도 노골적이 돼요.
- 인정받는 것이 무엇인지를 알아요. 장난감을 치우고 아빠를 불러서 칭찬해주기를 기다려요. 무언가를 잘못하면 잘못한 줄 알고 고개를 떨구죠. 엄마 아빠를 기쁘게 하려고 해요.
- 자신이 원하는 것을 얻지 못하면 화를 내요.
- 더 아기가 되고 싶어해요. 엄마 아빠가 더 살뜰히 자신을 돌봐주길 바라지요.
- 성 정체성을 확립하기 시작해요. 여자 아이는 엄마와 자신을 동일시하고, 엄마의 행동을 따라합니다. 남자 아이에게는 아빠가 역할 모델이죠.
- 또래 아이들과 같이 노는 것을 좋아하지만, 초등학생들처럼 서로 어울려 놀지는 않아요.

아빠에게 일어나는 일들 11Month

 아이 건강에 대한 염려

아이가 태어난 후 처음 몇 개월간은 아이의 상태가 어떤지 주로 의사에게 문의합니다. 다운증후군이나 신경학적인 결함 등 아이의 발달과 관련된 이상이 없는지 계속 물어보죠.

그러나 아이의 발달에 영향을 미치는 요인을 알아내기란 결코 쉬운 일이 아닙니다. 정기적으로 의사에게 검진을 받는다고 해도 한계가 있죠. 게다가 아이는 계속 자라기 때문에 의사는 자신의 의견보다는 부모의 의견이나 관찰 내용에 초점을 맞춰 진단을 내릴 겁니다. 그럴 때 다음 사항을 잘 기록했다가 알려주면 더 정확한 진단을 받을 수 있죠.

- 활발히 돌아다니고 장난감을 갖고 잘 노는가? 감각과 운동 능력에 문제가 있으면 언어에도 문제가 생길 수 있습니다.
- 몸을 좌우로 고르게 사용하는가? 한쪽 손이나 한쪽 발만 많이 사용하지는 않는가?
- 음식을 잘 먹고 삼키는가? 이는 아이의 영양 불균형 등 전반적인 건강 상태뿐 아니라 턱과 혀의 움직임과도 관계된 중요한 사항입니다. 언어 및 인지 능력과도 연관돼 있죠.
- 예전에는 했는데 지금은 하지 않는 행동이 있는가? 옹알이를 하거나 구구구 소리를 냈는데 어느 순간 소리를 내지 않는가? 사람들을 봐

> **이럴 수가!**
>
> 사실 이 부분은 말하기가 조심스러운 내용입니다. 그러나 결코 이상한 내용이 아니니 열린 마음으로 끝까지 읽어주세요.
>
> 이런 장면을 상상해 보세요. 아이와 함께 바닥을 뒹굴며 놀거나 잠들어 있는 아이의 뺨을 살며시 만집니다. 그런데 갑자기 성적인 흥분을 느끼는 겁니다. 사실 이는 정상적인 반응이라는 것이 전문의들의 이야기입니다. 대부분의 부모는 아이와 함께하면서 신체적으로 즐거움을 느껴요.
>
> 그러나 아무리 정상적이라고 해도 내 아이에게 그런 감정을 느낀다는 건 공포스러운 일이 아닐 수 없습니다. 내가 정말 그런 성향이 있는 게 아닐까? 내 행동에 그런 의도가 담긴 건 아닐까? 자꾸 의심이 들고 마음이 불편해지죠. 그러면 그전보다 아이를 덜 안아주고 덜 예뻐하게 됩니다.

도 반응을 보이지 않는가? 이는 모두 청각 이상을 나타내는 증거들입니다.
- 아이의 발달 정도가 개월 수에 따른 발달 지표에 잘 들어맞는가?
- 주변을 관찰하는 데 관심이 있는가?
- 기질(160~168쪽 참고)에 어떤 변화가 있었나? 물론 다루기 어려운 기질을 지녔다고 해서 아이에게 문제가 있는 것은 아니에요.

간혹 아이의 행동이나 발달에 이상이 있는 게 아닌가 노심초사하지만, 대부분은 아닌 것으로 판명납니다. 그러나 아이를 관찰하는 것을 게을리해서는 안 되죠. 아이가 잘 성장하고 있다는 확신을 얻으려면 다음 사항을 만약 그렇다면 지금 당장 아이를 안아주세요. 만약 어떤 이유에서든 아이에게 애정 어린 행동을 하지 않으면, 아이는 그렇게 하는 것이 오히려 문제가 있다고 느낍니다. 또한 아이를 의도적으로 멀리하면서 아이와 원초적인 유대감을 형성할 기회를 놓치게 됩니다.

이제 아이에 대한 순간적인 '이상 감정'을 어떻게 받아들여야 할지 알았을 거예요. 당신이 매우 건강하고 정상적인 사람이라는 사실을 깨닫는 것만으로도 해결의 실마리는 찾은 겁니다. 그런 감정 때문에 아이에게서 멀어지려는 것이 더 이상한 행동이죠. 아이를 계속 사랑해주세요. 그러면 '이상한' 감정이 저절로 사라질 거예요.

항상 확인하세요.

- 일반적인 발달 정도를 꼭 기억해두세요. 특정 시기에 아이가 무엇을 할 수 있고, 무엇을 할 수 없는지를 알면 걱정이 줄어들어요.
- 아내나 의사가 '걱정도 팔자'라고 핀잔을 주어도 신경 쓰지 마세요. 궁금한 것은 주저하지 말고 묻고 또 물으세요.
- 만약 담당 의사와 이야기하고 나서도 뭔가 께름칙하다면 다른 데서 조언을 구하세요.
- 아이의 발달 사항을 빠짐없이 기록하세요. 어떤 상황에서 아이가 어떤 행동을 하거나 하지 않는지를 기록해두세요.

- 남자들은 몸이 아파도 '괜찮겠지' 혹은 '진짜 큰 병이면 어쩌지' 하는 생각에 검진을 미룹니다. 아파도 병원에 가지 않는 것은 당신의 자유지만, 아이의 경우는 다릅니다. 아이를 잘 돌보는 아빠가 아니더라도 뭔가 이상한 느낌이 들면 병원을 찾으세요. 그 느낌이 맞는 경우가 많습니다. 물론 경미한 증상이라면 그전에 담당 의사나 간호사에게 전화를 걸어서 문의하는 게 좋겠죠.

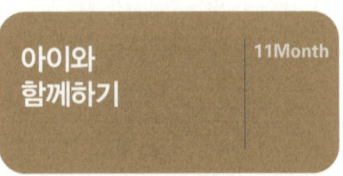

아이와 함께하기 | 11Month

자동차를 탈까, 기차를 탈까

첫아이가 생후 6개월이 되었을 때, 우리 부부는 그동안 미뤄온 여행을 떠나기로 했어요. 우리는 그동안 쌓인 마일리지를 써서 비행기 표를 구입해 한 달 동안 여행을 했습니다. 뉴욕, 프랑스, 이스라엘 등을 여행했죠. 지금 생각해도 정말 멋진 여행이었습니다.

이제 아이와의 첫 여행을 계획할 때가 되었습니다.

여행 계획 짜기

- 물론 여행 일정표를 잘 짜야겠죠 생후 7개월 미만의 아이를 데리고 갈 곳은 많아요. 오히려 아이가 걷기 시작하면 갈 수 있는 곳이 줄어들죠. 하지만 4일 동안 일곱 도시를 여행하는 것은 어른에게도 힘

든 일이에요. 가능한 동물원, 박물관, 공원 등 아이가 좋아할 만한 곳을 선택하세요.

- **사람이 붐비지 않는 곳을 가는 게 좋아요** 모르는 사람이 밀집한 곳에 가면 아이는 놀랄 거예요.
- **좌석이나 입장표는 미리미리 예매해두세요** 여행지에서 줄을 서서 기다리는 것은 어리석은 일이죠.
- **비성수기를 선택하세요** 여름 휴가철보다는 크리스마스나 설날, 추수감사절 등이 여행하기에 더 좋아요. 물론 공휴일도 피해야겠죠. 도로가 한산하고, 기차 등에도 빈자리가 많을 때 길을 나서면 아이나 부모나 두루 편하답니다.
- **심야 비행기를 알아보세요** 아이가 비행기에서 편히 잘 수 있고, 시차 문제도 저절로 해결되죠.
- **해외로 나간다면 떠나기 전에 꼭 시차를 확인하세요** 시간에 맞춰서 아이를 재우고, 식사 시간도 조절해야 하니까요.
- **여행을 떠나기 전에 아이에게 여행에 대한 이야기를 자주 해주세요** 못 알아듣는 것 같아도 아이도 즐거운 마음으로 여행을 기다리게 됩니다.
- **떠나기 몇 주 전에 병원에 다녀오세요** 아이의 건강 상태를 점검받고, 가져가야 할 약품도 안내받으세요. 만약 아이가 복용하고 있는 약이 있거나 조금만 돌아다녀도 쉽게 지친다면 미리 처방을 받으세요.

무엇을 가져가야 하나?

어디로 여행을 가든 즐거운 여행이 되려면 아이에게 최대한 익숙한 환경을 만들어주어야 합니다. 아이가 불편해하며 자꾸 보채면 여행이 즐거울 리가 없죠. 여행을 갈 때 다음 물건들을 꼭 챙기세요.

- 식기와 턱받이.
- 아이에게 필요한 우유와 유동식. 해외에서 분말 유동식을 먹일 예정이라면 생수도 챙겨야 합니다.
- 유아용 보조의자. 자동차나 식당 등에서 요긴하게 사용할 거예요.
- 좋은 배낭. 아이를 데리고 여행할 때에는 양손을 자유롭게 해주는 큼지막한 배낭이 좋아요.
- 고무젖꼭지. 아이가 젖꼭지를 물고 잔다면 꼭 챙겨 가야겠죠.
- 휴대가 가능한 아기용 잠자리. 만약 호텔에 머문다면 미리 전화로 예약하세요.
- 구급상자(내용물은 242쪽 참고).
- 아기용 샴푸와 베이비 크림, 발진 연고.
- 다목적 여행 가방(312쪽 참고).
- 아이가 좋아하는 장난감, 좋아하는 간식, 야간등. 익숙한 것이 많을수록 낯선 환경에 잘 적응해요.
- 짐은 최대한 간단히 꾸리세요. 넉넉하게 가져간다고 3주 분량의 기저귀를 싸들고 가지 마세요. 기저귀는 어디에서든 살 수 있어요.

일단 여행지에 도착하면

- 집에서 하듯이 아이를 대하세요. 평소처럼 책을 읽어주고, 노래해주고, 놀아주세요. 이런 활동들은 평소와 비슷한 시간에 하면 더 좋겠

죠. 아이의 생활 리듬을 깨뜨리지 말아야 해요.
- 너무 많은 것을 예약하지 마세요. 하루에 두 군데 정도 방문하는 일정이면 충분해요.
- 친척 등 오랜만에 보는 사람과 만날 때에는 아이가 낯가림이나 분리 불안 증상을 겪고 있다는 점을 미리 말해주세요.
- 아이를 다른 사람에게 맡길 때에는 그 사람을 조금 일찍 오게 해서 엄마 아빠 옆에서 적응할 시간을 주세요.
- 고기, 계란, 유제품 등을 주의하세요. 식중독은 주로 이 식품군에서 발생하는 경우가 많으니까요. 해외여행을 할 때에는 물, 우유, 주스, 날 음식 등을 주의하세요. 길거리에서 파는 음식은 가급적 먹지 마세요. 모유 수유를 하고 있다면 더욱 유의해야 해요.

자동차 여행

- 짧은 거리의 여행이라면 아이가 평소 낮잠자는 시간보다 한 시간쯤 일찍 출발하세요. 아이가 차에 타자마자 잠들지는 않으니까요.
- 긴 여행의 경우에는 오후 4시에서 자정 사이에 출발하세요. 그러면 곧 잘 시간이기 때문에 아이가 덜 힘들어해요. 식사는 아이가 잠들기 전에 마쳐야겠죠.
- 낮 시간에 운전을 해야 한다면, 반드시 아이 옆에 엄마나 아빠가 앉아서 놀아주어야 합니다. 자동차로 여행하면 쉽게 지치고 잠도 잘 자기 어려워요.
- 가능한 휴식 시간을 자주 가져야 해요. 스트레칭을 하면서 바깥바람을 쐬어주면 아이도 덜 힘들어해요. 아이가 여행을 즐겁게 느끼도록

다목적 여행 가방

장거리 여행을 할 때에는 큰 트렁크에 대부분의 짐을 꾸리지만, 필수품이나 위급한 상황에 사용할 물건은 다른 가방에 챙겨야 합니다. 이 가방 안에는 다음과 같은 물품을 챙기세요.

- 기저귀, 물티슈, 여분의 옷.
- 장난감, 가벼운 책. 장난감 중에서는 특히 부착형 딸랑이와 거울이 좋아요.
- 여분의 음식과 유동식.
- 고무젖꼭지, 치발기 등 아이가 빨 수 있는 것.
- 작고 포근한 담요.

최대한 고려하고 배려하세요.
- 유아용 카시트는 뒷좌석 중앙에 설치하는 게 좋아요.
- 안에서 차 문을 잠그세요.
- 아이를 절대로 차 안에 혼자 두어서는 안 돼요. 아이는 우리가 생각하는 것보다 훨씬 빨리 질식할 수 있답니다.
- 만약 운전 중에 아이가 젖을 달라고 하면 반드시 차를 세우고 수유하세요. 차 안에서 모유를 먹이는 건 아이에게나 어른들에게나 위험할 수 있어요.

차 안에 두면 좋은 것
- 음식과 마실 것.
- 책, 장난감, 덮을 것.

- 형이나 언니. 아이와 차 안에서 즐겁게 놀아주죠.
- 아이에게 들려줄 음악 CD.
- 시속 100킬로미터로 달리다가 급브레이크를 밟으면 차 안에 있는 모든 물건이 흉기로 변할 수 있어요. 따라서 뾰족하거나 날카로운 물건은 별도로 잘 보관해야 합니다.

비행기 여행

- 공항에 일찍 도착하세요. 아이와 함께 보안 검색대를 통과하는 일은 쉽지 않아요. 엑스레이 검색대를 통과하려면 유모차를 접어야 하고, 아이도 금속 탐지기를 통과해야 합니다. 그리고 부모가 통과할 때 경보기가 울리면 아이도 몸수색을 당하게 됩니다.
- 유모차에 기내 휴대용 가방, 유아용 의자 등을 연결하고, 아이는 안고 가세요. 유모차도 검색 대상이거든요.
- 좌석은 칸막이가 있는 맨 앞자리가 좋아요. 다른 자리보다 공간이 넓고, 아이가 앞좌석을 발로 차는 것도 방지할 수 있죠. 옆 자리가 빈다면 더욱 좋겠죠. 직원에게 문의할 때 아이를 두 팔로 꼭 안고 공손하게 다가가세요. 그러면 좋은 자리를 차지할 확률이 높아져요.
- 일찍 탑승하지 마세요. 아내에게 휴대용 가방을 주고 먼저 탑승하게 한 뒤, 당신은 아이와 라운지에서 조금 더 시간을 보내세요. 아이를 더 놀게 하고 지치게 만들어도 괜찮아요. 비행기라는 답답한 공간에 아이를 오래 있게 할 필요가 없어요.
- 긴 여행이고 아이가 활동적이라면 중간에 다른 곳을 경유해서 가면 좋아요. 가족 모두 몸을 움직이고 쉬었다 갈 수 있어요.

- 두 살 미만의 아이는 고무젖꼭지처럼 무언가 빨 것이 필요해요. 잠을 잘 때에도 필요하고, 비행기가 이륙하거나 착륙할 때 귀가 먹먹해지는 것도 예방할 수 있죠.
- 비행기 안에서 아이에게 물을 많이 먹이고, 콧속이 건조해지지 않도록 면봉에 물을 묻혀 닦아주세요. 장시간의 비행기 여행은 코 안 점막을 건조하게 해 감기나 축농증에 걸리기 쉬워요.
- 가능한 아이 좌석을 구매하세요. 부담이 적지 않지만, 아이를 몇 시간이고 무릎 위에 앉고 있는 것은 정말 힘듭니다. 특히 비행기 안에 사람이 많으면 더 고통스럽죠. 안전 면에서도 바람직하지 않아요.
- 가방들을 여러 차례 점검하세요.

가져가야 할 것

- 자동차 여행과 동일(310쪽 참고).
- 어른과 아이 모두 먹을 수 있는 간식. 기내식이 입맛에 맞지 않거나 아이가 먹기 어려울 수도 있어요.
- 뒤쪽을 향하도록 제작된 유아용 카시트. 비행기 좌석에도 사용할 수 있는 것인지 꼭 확인하세요.
- 고무젖꼭지. 특히 여행을 할 때에는 모든 이를 위해 젖꼭지는 필수입니다.
- 모유 수유를 한다면 담요는 필수. 다른 사람 눈치 보지 않고 편안하게 수유를 할 수 있어요.

아이와 외식하기

- 식당에 미리 전화해서 아이를 데리고 가도 되는지 확인하세요. 아이에게 필요한 유아용 의자가 구비되어 있는지도 문의하세요.
- 낮잠 시간은 피하세요.
- 붐비고 시끄러운 장소는 당연히 피해야겠죠. 물론 아이가 이런 장소를 좋아한다면 문제가 없겠지만요!
- 최대한 평범한 식당을 고르세요. 고급 식당은 여러모로 신경 쓰이는 일이 많아요.
- 출구 근처에 자리를 잡으세요. 아이가 울음을 터뜨리거나 할 때 바로 데리고 나갈 수 있게 말이죠.
- 아이와 함께 식사를 할 때에는 숟가락을 더 준비해놓으세요. 분명히 숟가락을 떨어뜨릴 거예요.
- 아이가 걸어서 다른 테이블에 가지 않도록 주의하세요. 내 눈에는 한없이 예쁜 아이지만, 다른 이에게는 훼방꾼일 따름이죠. 식당 안을 돌아다니다가 부딪히거나 다칠 수도 있어요.
- 아이를 무릎 위에 앉히고 식사를 할 때에는 특히 조심해야 합니다. 미처 제지할 틈 없이 식탁 위를 엉망으로 만들 수 있어요.
- 식당 직원들이 아이를 재밌게 해주어야 한다는 생각을 버리세요.

시차 극복 방법

- 장기간의 여행이라면 아이의 시간표를 집에서처럼 일정하게 유지하는 것은 필수. 그렇지 않으면 집에 돌아가서도 한동안 고생하게 됩니다.
- 바깥바람을 자주 쐬어주세요. 햇볕은 새로운 환경에 적응하도록 도와주죠.

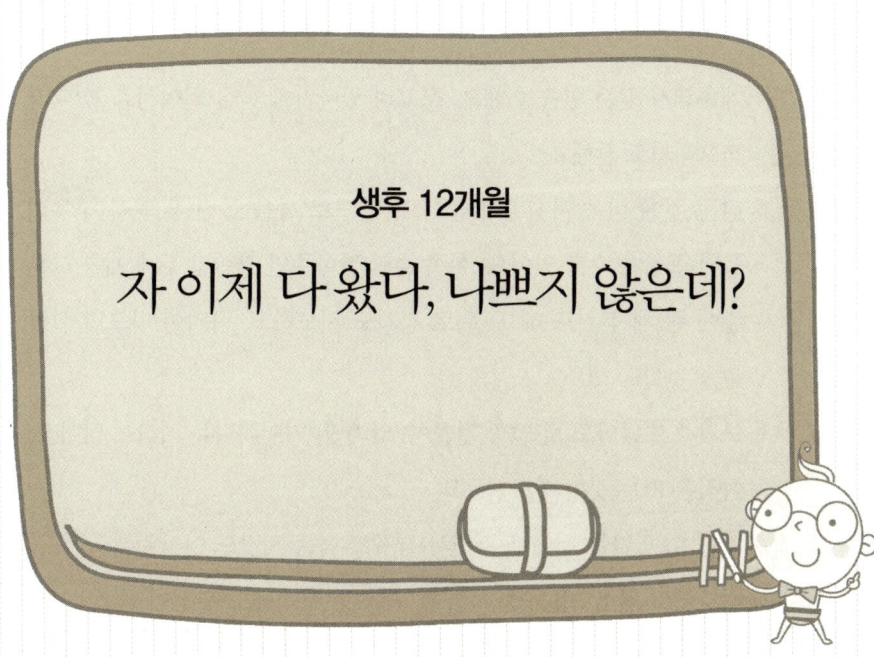

아기에게 일어나는 일들 — 12Month

 신체

- 계속해서 걷는 연습을 해요. 쪼그려 있다가도 곧잘 일어서죠. 섰다가 쪼그리기도 잘해요.
- 걷는 것에 더욱 자신감이 붙어요. 90도로 몸을 돌린 후 몸을 구부려 물건을 잡을 수도 있어요. 한쪽 손만 잡아주면 장난감 두세 개를 다른 손에 쥔 채 걷기도 해요. 뒤로 걷기도 시도하고, 음악이 나오면 살짝 춤을 추기도 해요.
- 도와주지 않아도 몇 발짝 걸을 수 있지만, 기어다니는 시간이 많아요. 아직은 기는 것이 빠르거든요.
- 걸을 수 있다는 것에 흥분해서 잠자고 먹는 시간도 아까워해요. 낮잠 시간에도 잠을 안 자려고 하고, 새로운 음식에도 관심이 줄죠. 이제 몸 움직임이 더 자유롭기 때문에 안전사고에 더 신경 써야 합니다.
- 물건의 뚜껑을 열 수 있어요. 아직까지 돌려서 여는 뚜껑은 무리지만요. 옷을 갈아입을 때 자기도 무언가를 하려고 해요. 모자를 자꾸 벗으려고 하고, 옷이나 양말 등을 잘 집어서 던지죠.
- 엄지손가락의 사용이 자유로워져서 검지와 엄지로 작은 물건도 집을 수 있어요. 물론 그만큼 물건을 잘 떨어뜨리기도 하죠.
- 손으로 이것저것 하는 것을 매우 좋아해요. 한쪽 손으로 물건을 잡으면, 다른 손으로 그것을 만지작거리죠. 물건을 집을 때 주로 사용하는

손에 물건을 놓아주면, 곧바로 그 물건을 다른 손으로 가져갑니다.
- 물건을 모으는 방법을 터득해요. 양손에 하나씩 물건을 잡고 있을 때 다른 물건을 또 주면, 잡고 있던 물건을 자기 쪽에 내려놓고 물건을 받아요.

지능

- 이 시기에 가장 훌륭한 지적 성장을 보이는 부분은 '사물 인식'입니다. 예전에 보았지만 지금은 보이지 않는 물건의 이미지를 떠올릴 수 있어요. 몰래 어떤 물건을 숨겨도 이리저리 그것을 찾아다녀요.
- 포기하지 않아요. 성공과 실패를 거듭하며 스스로 문제를 해결해나가요.
- 물건을 다른 물건 안에 넣는 것을 좋아해요. 사람들의 행동을 많이 따라 하고요. 엄마처럼 방 닦는 시늉을 하고, 아빠처럼 전화기를 들고 통화하는 시늉도 하죠. 엄마 아빠가 다치면 아픈 소리를 내기도 해요.
- 이 시기에는 물건을 갖고 노는 것이 매우 중요해요. 두 물체를 부딪쳐 보고, 블록을 쌓고, 물건을 넣고 꺼내기를 반복하며 물체의 쓰임을 익힙니다. 예를 들어, 모래에 물을 넣으면 모래의 촉감이 변한다는 것을 배워요.

언어

- 이제 6개 정도의 단어와 5가지 정도의 소리를 낼 수 있어요. '음메' '컹컹' '쾅' 등등. 아이는 연습에 연습을 거듭합니다.
- 듣는 실력도 날로 성장하고, 신체 부위를 가리키면 즐겁게 대답해요.

- 엄마 아빠의 말을 듣고 그대로 따라 하기 때문에 조심해야 해요. 심지어 아빠가 5분 동안 이야기하는 것을 듣고 그 속에 포함된 나쁜 말을 따라 할 수도 있어요. 한번 익힌 단어는 며칠 동안 수십 번 반복해요.
- 모국어의 리듬과 억양에 맞춰 옹알이를 하고, 대상에 대한 나름의 표현을 만들어가요.
- 아직 언어의 상징적 의미를 완벽히 익히지는 못해요. 친구 집에 놀러 가서 "이 책 좀 보렴." 하면 어리둥절해하죠. 아이는 집에서 본 책만이 이 세상에 존재하는 '책'이라고 생각하거든요.

감정·사회성

- 엄마 아빠가 싫어하는 행동을 하지 않으려고 해요. 인정받고 칭찬받는 걸 좋아해요.
- 엄마 아빠에게 항상 협조적인 것은 아니에요. 때로는 부모의 한계를 시험하죠. 무엇이 옳고 그른지도 인식해요. 그리고 자신이 하지 말아야 할 행동을 하면 죄책감을 느껴요.
- 유머 감각이 발달해서 비논리적인 상황을 보면 웃어요. 만약 아빠가 강아지 흉내를 내며 '음메' 소리를 내면 깔깔대고 웃죠.
- 집에서 편안함을 느끼면 다른 아이들과도 잘 놀고 자기 장난감도 잘 줘요. 그러나 집에서 불편함을 느끼면 비사교적이고 엄마 아빠에게 찰싹 달라붙죠.
- 자신이 무엇을 원하는지 분명히 알아요. 울음을 터뜨리거나 미소를 지어서 엄마 아빠를 조종하려고 하죠.
- 아이는 이제 자신만의 특성을 가진 완벽한 '사람'이에요.

아빠에게 일어나는 일들 12Month

🐭 끓는다 끓어

아내가 첫아이를 임신했을 때, 아빠가 되면 하지 않겠다고 다짐한 일이 있어요. 첫째는 아이를 때리지 않는 것이죠. 그리고 하나 더. 가게나 우체국 등에서 아이에게 소리를 지르는 부모들을 보면 그렇게 못나 보일 수가 없었어요. 그렇게 감정을 조절하지 못하는 사람은 부모가 될 자격이 없다고 생각했지요. 당연히 아이에게 소리 지르지 않기를 두 번째 목록에 올렸습니다.

하루는 딸아이가 낮잠에서 깨어나 울어대기 시작했습니다. 기저귀를 갈아주고 이것저것 점검했지만 울음을 멈추지 않았죠. 아무리 달래려고 애를 써도 아이는 울음을 멈추지 않았습니다. 아내는 집에 없었고, 그렇게 30분이 지나자 완전히 지치고 화가 치밀어오르기 시작했죠. 그전까지는 사람을 만나면 우리 아이가 얼마나 사랑스러운지 입이 닳도록 자랑했던 내가 당장이라도 아이를 창밖으로 내던지고 싶어지더군요.

물론 그런 다음에 바로 미안함과 부끄러움이 들며 화는 누그러졌어요. 그러나 몹시 나쁜 아빠가 된 것 같은 느낌이었습니다. 지나고 보니 세상의 모든 엄마 아빠가 겪는 일반적인 경험이더군요.

화 다스리기

단지 아이의 행동 때문에 화가 나는 것은 아닙니다. 직장 문제, 경제적

어려움, 건강 문제, 수면 부족 등도 양육 태도에 영향을 미치죠. 가끔은 아이에게 화풀이를 할 수도 있어요. 어떤 이유로든 화를 내는 것은 정상입니다. 문제는 화가 났을 때 하는 행동이죠. 화가 난 것을 부인하는 것은 도움이 되지 않아요. 이제 화를 잘 내고 조절하는 방법을 알아보죠.

- 관점을 바꾸세요. 사실 아이는 아빠를 화나게 만드는 행동을 많이 하죠. 그렇지만 아이는 아직 감정과 행동을 조절하는 능력이 부족합니다. 어쩌면 엄마 아빠를 화나게 하는 행동을 하는 것이 당연해요. 아이는 자신의 행동과 그에 따른 반응을 공부하는 중입니다.
- 자신을 돌아보세요. 계속 똑같은 일로 아이에게 화를 내나요? 특정 시간에 화가 나나요, 아니면 특정 행동에 화가 나나요? 혹시 아이의 어떤 행동이 어린 시절의 안 좋은 기억을 떠올리게 하지는 않나요? 왜 내가 화를 내는지 곰곰이 생각해보세요. 어떤 상황에서 화가 나는지만 알아도 화를 내는 횟수를 획기적으로 줄일 수 있답니다.
- 그냥 웃으세요. 치우는 일은 힘들지만 립스틱으로 벽에 낙서를 하는 것이 재미있기는 하잖아요. 가끔은 그냥 우스꽝스러운 행동을 하며 웃으세요.
- 적당하게 휴식을 취하세요. 몸이 피곤하면 화를 잘 내게 됩니다.
- 화를 다스리는 몇 가지 방법이 있어요. 화가 날 때 해보세요. 주먹을 쥐었다 펴기, 눈 감기, 열까지 숫자 세기, 심호흡하기, 잠시 자리를 피하기. 이렇게 하면 화가 가라앉으며 후회할 행동을 하지 않게 됩니다.
- 말을 조심하세요. 아무리 화가 나도 아이를 모욕하는 말이나 행동은 금물입니다. 아이를 모욕하는 것은 때리는 것보다 훨씬 더 심각하고

화를 주체하지 못하면

화가 나면 몸과 마음 모두 조절하기 힘들어집니다. 아무리 좋은 부모라도 갑자기 이성을 잃을 수 있어요. 화를 낸 다음에는 이렇게 하세요.

- 아이에게 사과하세요. 아이에게 왜 아빠가 화가 났는지 설명하고, 그래도 여전히 너를 사랑한다고 말해주세요. 앞으로 조심하겠다는 의사도 반드시 전달해야 합니다.
- 문제의 본질을 직시하세요. 화를 낸 다음에 아이에게 더 잘해주는 식으로 마음의 부담을 덜어서는 안 됩니다. 사람은 감정의 동물이에요. 화를 내는 건 자연스러운 일이고, 다만 화를 안 내려고 노력할 따름이죠.

기억하세요. 화를 내는 건 악순환의 시작일 뿐입니다. 무언가에 화가 나서 이성을 잃었다는 사실은 당신을 더욱 화나게 만들죠. 화가 나는 감정은 자신을 더욱 통제할 수 없게 만듭니다.

이런 악순환이 계속되면 심할 경우 신체적·정신적 학대로 이어질 수 있어요. 아이에게 소리 지르고, 모욕하고, 욕설을 하는 것 모두 학대에 포함됩니다. 계속 화를 조절할 수 없다면 의사나 친구에게 도움을 청하세요. 만약 아내가 폭력적인 모습을 보인다면, 똑같은 절차를 밟으세요.

장기적인 영향을 미칩니다.
- '너'가 아닌 '나'라는 표현을 사용하세요. "너는 이래서 나쁜 아이야."라는 표현 대신에 "나는 네가 무엇을 했기 때문에 기분이 안 좋아."라고 하세요.

- '넌 항상' '넌 절대'라는 표현은 아이를 실패자로 만들어요.
- 아이에게 보내는 메시지가 분명해야 해요. 소리치는 아이를 소리치며 혼내는 것은 좋지 않죠.
- 행동을 조심하세요. 아이는 아빠가 화를 내는 모습에서 화내는 법을 배웁니다. 아이에게 화가 머리끝까지 난 모습을 보여주지 마세요. 아이는 아빠가 왜 화가 났는지는 이해하지 못한 채 자기에게 화를 낼까 봐 두려워합니다.
- 활동적인 스포츠로 스트레스를 배출하세요. 조깅, 수영, 줄넘기, 복싱 등은 화를 다스리기에 좋은 운동이죠.

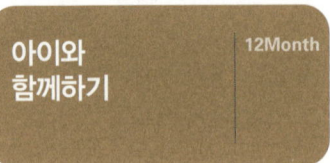

교육도 업그레이드가 필요하다

어렸을 때 아버지는 내게 이런 교훈을 심어주려고 하셨죠. "너는 양팔을 쭉 펴고 자유롭게 움직일 수 있단다. 그러나 그 자유는 다른 사람의 코를 건드리지 않는 한에서만 존중받을 수 있단다." 그렇습니다. 다른 사람의 권리를 존중하는 것이 훈육의 기본 목표가 되어야 합니다.

몇 달 전만 하더라도 아이는 이를 깨달을 수 없었어요. 아이가 올바른 행동을 하지 않더라도 장난감 쥐여주며 아이의 관심을 다른 데로 돌리기에 급급했죠. 그러나 아이의 기억력이 날로 발달하고 있기 때문에, 이제 장난감 하나를 쥐여주는 것으로는 아이의 관심을 살 수 없습니다. 이제 두세 개는 쥐여주어야 하고, 곧 장난감이 전혀 소용이 없는 시기가 옵니다.

이 시기가 되면 아이는 아빠의 교육을 시험하게 됩니다. 아빠의 반응을 살피려고 하지 말아야 할 일을 일부러 하는 식이죠. 예를 들어, 아이는 계단에서 뛰어내리기 전에 엄마 아빠가 자신의 행동을 볼 수 있도록 기다리죠. 물론 이런 행동이 위험하고 마음에 안 들겠지만, 이는 아이가 건강하게 자라고 있다는 증거이기도 합니다. 여기서 중요한 것은 아이의 한계가 어디까지이고, 부모가 정해주는 한계가 어디까지냐입니다. 도대체 아이에게 얼마나 자유를 주어야 할까요? 저의 경우에는 아버지의 '팔' 비유가 정답이었습니다. 아이가 주변을 충분히 관찰하고 활발히 움직이게 하되, 본인이나 다른 사람이 다칠 수 있는 상황은 제지해야 합니다.

- 잠재적인 위험을 줄이고 아이에게 안전한 공간을 마련해주세요. 집 안을 최대한 안전하게 관리하고, 아이가 만지지 말아야 할 물건은 치우세요. 위에 고정되어 있는 물건이 떨어질 위험은 없는지 점검하세요.
- 아이가 마음대로 뛰어놀 수 있는 공간을 만들어서 그곳에서만 놀도록 만드세요.
- 어른의 물건에 관심이 많아지는 아이를 위해 '재활용' 장난감을 만들어주세요. 오래된 전화기나 고장난 리모컨, 쓰지 않는 키보드 자판 등이 좋은 예입니다.
- 아이가 위험한 행동을 하면 현명하게 대처해야 합니다. 만약 아이가 장난감 망치로 창문을 마구 두드리고 있다고 생각해보세요. 아마 "안 돼!" 소리를 지르며 뛰어가겠죠. 그러면 아이는 그런 어른들의 반응에 재미를 느끼고 다음에 또 그런 행동을 반복할 거예요. 아이가 위험

> ### 아이가 짜증을 낼 때
>
> 생후 12개월 된 아이는 이미 다양한 면에서 많은 성장을 한 상태입니다. 특히 꼼지락대던 핏덩이가 걷고 이야기하는 것은 정말 아름다운 장면이 아닐 수 없죠. 그리 달갑지는 않지만, 짜증을 내는 것도 아이가 성장했다는 증거입니다.
>
> 아이들은 자기가 원하는 바를 부모에게 이해시키지 못했을 때 좌절하고 짜증을 냅니다. 자기가 하고 싶은 일이나 갖고 싶은 것을 부모가 저지할 때도 짜증을 내죠. 아이는 세상이 자기 마음대로 안 된다는 사실을 깨닫고 슬퍼하죠. 이런 아이를 어떻게 달래야 할까요?
>
> 1. 아이가 갖고 싶은 것을 주어서는 안 된다고 판단되면, 다른 것을 제안해서 아이의 관심을 돌리세요.
> 2. 아이가 무엇을 원하는지를 모르겠다면 열심히 알아내세요. 아이에게 먼저 물어보는 게 좋겠죠. 보통 배가 고프거나 지칠 때 짜증을 많이 냅니다.
> 3. 아이가 잘 표현하지 않으면 신체에 이상이 없는지 확인하세요. 몸에 상처가 난 곳은 없는지, 옷이 너무 꽉 끼지 않는지 살펴보세요.

한 행동을 하면 덩달아 흥분하지 말고 차분하게 그러지 말라고 얘기하세요. 말을 듣지 않으면 차분히 걸어가서 망치를 살짝 뺏으세요.
- 일관성 있는 부모가 되어야 합니다. 어떤 행동을 허락했다가 갑자기 허락하지 않으면 아이는 혼란을 느껴요.
- 복잡하게 설명하지 마세요. 아이가 이해할 수 있는 수준의 어휘로 설명해주세요.

4. 배가 고픈 것도 아픈 것도 아닌데 아이가 계속 짜증을 낸다면 난감합니다. 그럴 때에는 아이가 위험해질 일이 없고 다른 사람에게 피해를 주지 않을 장소에 아이를 내버려두세요. 일종의 무시 아닌 무시인 셈이죠. 아무리 짜증을 내도 안 되는 것은 안 된다는 사실을 인식하면 금방 모든 행동을 중지합니다.
5. 공공장소에서 아이가 짜증을 내면 같이 화내지 말고 재빨리 1번에서 3번을 시도하세요. 만약 효과가 없으면 아이를 안고 그 자리를 피하세요. 물건이 가득 실린 쇼핑카트를 한쪽에 버려두고서라도 일단 아이를 진정시키세요.
6. 아이를 때리거나 소리를 지르지 마세요. 아이가 짜증을 부리고 소리를 지르면 정말 쥐구멍이라도 찾고 싶은 심정이 되지만, 빨리 그 상황에서 벗어나면 다른 사람들의 시선을 받지 않을 수 있어요. 아이를 때리고 소리를 지르면 오히려 사람들의 이목을 끌게 되죠.
7. 절대 포기하지 마세요. 포기하는 순간, 아이는 아빠 엄마를 마음대로 조종하는 방법을 터득하게 됩니다.

- 경고하는 말의 횟수를 제한하세요. "안 돼."를 다섯 번 말하고, "너 한 번만 더 하면!"을 두 번 말하고, "마지막이야."란 경고를 세 번 주면, 아이는 적어도 아홉 번은 똑같은 행동을 해도 괜찮다고 생각하게 됩니다.
- 아이가 올바른 행동을 하면 칭찬을 아끼지 마세요. 부모가 노력해도 대부분의 아이들은 긍정적인 말보다 부정적인 말을 적게는 3배에서

많게는 40배까지 많이 듭니다.
- 현실을 받아들이세요. 아이는 이리저리 돌아다니며 학습하도록 태어 났습니다. 아빠의 이야기를 듣고 싶어도, 물건을 만지고 던지는 걸 중단할 수 없어요.
- "싫어."라는 표현은 아이의 정체성 발달에 꼭 필요한 말이에요. 아이가 스스로 결정하게 하면 부모가 세운 한계에도 잘 순응합니다.
- 아이에게 필요한 것이 무엇인지 생각하세요. 생후 9~12개월 된 아이들을 조사한 연구에 따르면, 이 시기의 아이들이 얼마나 부모의 말을 잘 듣는지는 아이가 보내는 신호에 부모가 얼마나 잘 응답하는지에 달려 있다고 합니다. 부모가 강압적으로 개입하고 명령한다고 해서 아이가 순종하는 것은 아닙니다.
- 부모가 본보기가 되어주세요. 아이의 행동을 제한하기만 하는 것은 부모의 역할을 절반만 하는 거예요. 아이는 엄마 아빠를 관찰하고 따라 하면서 엄청나게 많은 것을 배웁니다. 아이가 하지 말았으면 하는 행동은 엄마 아빠부터 자제하세요.

물기, 꼬집기, 때리기

이상하게도 아이는 생후 12개월 전후로 주변에 있는 사람을 깨물고 때리는 행동을 합니다. 아이가 이런 행동을 하면 우선 왜 그러는지를 파악해야 합니다. 아이가 물거나 꼬집는 이유부터 살펴보죠.

- 일종의 애정 표현입니다. 아빠가 살짝 무는 시늉을 하면 아이도 그대로 따라 하죠.

- 무언가 필요하다는 의사표시입니다.
- 말로 표현하지 못하는 답답함의 표현입니다.
- 이가 나는 고통을 달래는 수단입니다.
- 다른 사람들의 반응을 보려는 행동입니다.
- 피곤하거나 너무 예민해졌을 때, 또는 실망하거나 좌절한 상태입니다.
- 자기 자신이나 자기 물건을 보호하려는 행동입니다.
- 형제자매의 행동을 따라 하는 것입니다.

다행히 아이가 다른 사람을 물거나 때리는 시기는 길지 않습니다. 보통 몇 달 안으로 이런 행동이 사라지죠. 물론 아이가 이런 행동을 자주 하면 하루가 1년 같을 거예요. 이 시기를 단축하기 위해서라도 엄마 아빠가 해서는 안 되는 행동을 살펴보죠.

- 화를 내지 마세요. 아이는 더욱 방어적인 태도를 보일 거예요.
- 아이를 때리지 마세요.
- 아빠를 물었다고 해서 똑같이 아이를 물지 마세요. 무는 행위는 남을 아프게 하고 좋지 않은 행동임을 알려주어야 하는데, 똑같이 행동하면 그래도 된다고 생각합니다.
- 아이가 누군가를 물면 즉시 반응하세요. 만약 아이가 아빠 무릎 위에 있다가 아빠를 물었다면 곧바로 아이를 내려놓으세요. 이때 잠깐만 내려놓아야 합니다. 다른 사람을 물었을 때도 비슷한 반응을 보이세요.
- "너는 나쁜 아이야." 같은 표현은 삼가세요. 그 대신 "무는 것은 안

좋은 행동이야."라고 말하세요.
- 아이에게 사과하라고 강요하지 마세요. 아이는 아직 후회가 무엇인지, 물면 정말 아픈지를 알지 못해요. 아직은 제 관점만을 관철하기 때문에 다른 사람의 시각으로 바라보라고 하는 것은 무리한 요구입니다.
- 과한 반응을 보이지 마세요. 아이는 그 반응을 재미있어 하며 더 물려고 들 거예요.
- 아이가 왜 그렇게 행동하는지 생각해보세요. 특정한 시간에만 그러는지, 특정한 사람만 무는지 관찰하세요.
- 훈육 방침을 재고해보세요. 아이를 너무 많이 제한하려 들면, 아이는 오히려 자신의 자유를 주장하려고 누군가를 물 수 있어요.
- 아이에게 좋은 본보기를 보이세요. 인형을 쓰다듬게 하면서 "착하지, 이렇게 예뻐하는 거야."라고 하세요.

젖 떼는 시기

소아과 의사들은 엄마가 모유 수유를 최소 6개월에서 12개월까지 해야 한다고 주장합니다. 그 다음에 어떤 음식을 먹여야 하는지도 아직 의견이 분분한 주제이죠.

그러면 이제 모유 수유를 멈추어야 할까요, 아니면 서서히 젖을 떼야 할까요? 아이에게 모유 대신 젖병을 물려야 할까요, 아니면 젖병을 건너뛰고 바로 이유식을 먹어야 할까요? 처음부터 젖병을 물렸다면 이제 젖병을 떼야 할까요? 그 정답은 엄마와 아빠, 그리고 아이가 알고 있습니다.

이는 물론 아이가 현재 모유나 분유를 먹으면서 이유식을 먹고 있다는

> ### 아이는 왜 젖병에 집착할까
>
> 무언가를 빠는 것은 아이들의 본능적인 욕구입니다. 아무런 능력도 없이 세상에 나온 아이에게 그런 욕구가 없다면 생존 자체가 힘들어지겠죠. 아이는 배가 고프지 않더라도 안정이 필요할 때, 지칠 때, 스트레스를 받을 때 무언가를 빨고 싶어합니다. 아이가 식사 시간 이외에도 무언가를 빨고 싶어하면 그렇게 하도록 내버려두세요. 특히 엄마의 젖이나 젖병을 떼는 시기에는 더욱 그렇습니다. 제 엄지손가락이나 고무젖꼭지를 빠는 것은 아이의 치아에 큰 해를 주지 않으니 너무 걱정하지 마세요.

전제 하에 하는 이야기입니다. 나중에는 고형식만 먹겠지만, 그러려면 적게는 몇 달에서 몇 년까지도 걸릴 수 있어요.

왜 모유 수유를 중단하거나 줄여야 할까

- 아이는 이미 엄마 젖에서 얻을 수 있는 영양분을 충분히 섭취한 상태입니다. 영양뿐만 아니라 정서적인 양분도 마음껏 섭취했죠. 아내가 젖을 더 먹이고 싶어한다면 더 먹이세요. 다만, 이제는 아이의 발달과 만족을 위해서 모유 수유만 해서는 안 된다는 점만 인식하고 있으면 됩니다. 모유 수유를 오래할수록 아이가 고형식을 먹기까지 더 오랜 시간이 걸립니다.
- 아이는 이제 엄마의 젖을 잠을 자거나 편안함을 느끼는 수단으로 인식할 거예요. 스스로 잠들고 마음의 안정을 찾는 능력을 발달시켜야 합니다.

- 아빠 입장에서는 이제 먹일 만큼 먹인 겁니다. 이제 아이를 엄마에게서 분리할 시간이라고 느낄 거예요.

왜 분유 수유를 중단하거나 줄여야 할까
- 액체 형태로만 영양분을 섭취하다 보면 고체 형태의 음식에 관심을 갖지 않을 수 있어요.
- 중이염을 앓거나 충치가 생기기 쉬워요. 아이들은 대부분 눕거나 기댄 자세로 젖병을 빱니다. 그러다 보면 미처 빨아서 삼키기도 전에 분유가 흘러나오게 되죠. 입 안의 흥건한 우유는 유스타키오관에 들어가 중이염을 유발하고, 젖병을 오래 물고 있다 보면 충치가 생기죠. 반면 모유를 먹는 아이들은 어딘가에 등을 기댈 필요가 없고, 반드시 빨아야만 젖이 나오기 때문에 한 번 빨 때마다 바로 삼키게 됩니다. 따라서 중이염이나 충치가 생길 확률도 낮아집니다.
- 생후 15개월이 되면 젖병에 애착을 갖게 됩니다. 담요나 좋아하는 인형에 애착을 갖듯이 말이죠. 애착을 갖는 것은 좋지만, 몇 달 후에 젖병을 아이 손에서 떼어내기가 더 어려워져요.
- 전문가들은 젖병에 대한 지나친 의존이 정서적·신체적 발달을 방해한다고 말합니다. 아무리 늦어도 생후 18개월에는 젖병을 떼어야 합니다.
- 젖병을 떼는 가장 수월한 방법은, 아이가 젖병을 찾기 전에 고형식으로 아이의 배를 부르게 하는 거예요. 배가 부르면 젖병에 대한 관심이 저절로 줄어듭니다.

배변 훈련은 언제 해야 하나?

생후 8개월 때 아이가 배변 훈련을 했다는 이야기를 들어본 적이 있으세요? 아직 들어 보지 못했다면 곧 듣게 될 겁니다. 농담이 아닙니다. 자기 아이가 걷기도 전에 배변 훈련을 했다고 자랑하는 부모들이 있으니까요.

사실 엄밀히 말하면 배변 훈련이라는 것은 존재하지 않아요. 아이는 준비가 되면 스스로 화장실을 사용하는 방법을 배웁니다. 그런데 생후 8개월은 아직 방광이나 배설기관을 조절할 수 있는 시기가 아니에요. 아직은 큰일을 보고도 거기서 나는 냄새와 기저귀 속의 '무언가'를 연관시켜서 생각하지 못하거든요. 만약 이 시기에 배변 훈련을 했다면, 훈련을 한 주체는 아이가 아니라 그 부모일 거예요. 아이가 일을 볼 것 같으면 즉시 아이를 안고 화장실로 직행했을 테니까 말이죠.

생후 15개월쯤이 되어야 아이는 기저귀에 무엇인가 있고, 그것이 자신과 관련되어 있음을 인지합니다. 이때부터 자신이 무언가를 '만들어내고' 있다는 신호를 할 거예요. 하지만 그게 전부죠. 생후 18개월이 되면 일을 보기 전에 자신이 무언가 할 것이라는 암시를 보내지만, 화장실에 갈 때까지 참지는 못해요. 아이가 배변 훈련에 아주 강한 호기심을 드러내지 않는 한, 생후 24개월이 배변 훈련을 시작할 시점입니다.

그전에는 아이에게 어떤 과정으로 배변이 일어나는지를 설명해주는 정도면 충분해요. 기저귀를 갈며 배설물을 보여주며 이렇게 말하는 거죠. "와, 응가를 많이 했네. 나중에는 아빠나 엄마처럼 화장실에서 일을 볼 거야." 이때 냄새가 지독하다는 식으로 아이를 부끄럽게 만들지 마세요.

부분적으로 모유 수유를 해도 좋은 이유

- 아이가 좋아해요.
- 아내가 모유 수유를 통해 아이와 더 유대감을 쌓고 싶어해요.
- 다른 음식보다 값싸고 편리해요. 물론 이제는 다른 음식으로 영양분을 섭취해야 하지만요.
- 그냥 그렇게 하고 싶어요. 모유 수유를 해야 하는지, 얼마나 오래 해야 하는지를 두고는 의견이 분분합니다. 모유 수유와 관련한 결정을 내릴 때 가장 중요하게 고려해야 할 것은 아이의 관심입니다. 세 살까지 부분적으로 모유 수유를 하기로 했다면 그렇게 해도 됩니다.

이제 젖병으로 먹을까?

아직 모유 수유를 할 때인데, 아내가 회사 미팅을 하고 있어서 아이에게 젖을 먹일 수 없었습니다. 아이가 젖병에 익숙했다면 전혀 문제가 되는 상황이 아니지만, 그때까지도 아이는 계속 젖병을 거부했죠. 결국 목이 터져라 울어대는 아이를 차에 태우고 아내의 회사로 달려가야 했습니다. 이 이야기가 전하는 교훈은 두 가지입니다. 가능한 빨리 젖병을 물리고, 아이가 거부해도 포기하지 말라는 겁니다. 한 가지 비결이 있다면, 먼저 젖을 물려서 아이를 안정시킨 뒤 젖병을 물리면 아이의 거부감이 덜하다는 것입니다. 다음은 모유 수유를 잘한 엄마가 젖병을 물릴 때 유념해야 할 사항입니다.

- 작은 젖병과 젖꼭지로 시작하세요. 엄마의 유두와 크기가 비슷한 젖꼭지가 좋아요. 아이가 고무젖꼭지를 사용하고 있다면, 이와 유사한

> ### 기질에 대한 막간토크
>
> 모유 수유에서 분유 수유로 전환할 때 가장 중요하게 고려할 점이 아이의 기질이라는 주장이 있어요. 그 내용을 볼까요?
>
> - 활동적이고 낙천적인 아이는 스스로 젖을 잘 떼고, 젖을 빨기 쉽다는 점 때문에 모유보다 젖병을 좋아한다.
> - 활동적이지만 적응이 느린 아이는 낮에는 빨기 쉬운 젖병을 선호하지만, 아침과 저녁에는 모유를 먹고 싶어한다.
> - 활발하지만 의지가 약한 아이는 부모에게 크게 의지하기 때문에 모유 수유가 끝나면 엄마의 관심도 끊긴다고 느낀다. 따라서 앞선 두 경우보다 늦게 모유를 떼는 경향이 있다.
> - 적응이 느린 아이는 엄마의 젖이 자신을 보호해주는 것이라고 생각하기 때문에 모유 수유를 끊기가 힘들다. 특히 밤에는 더 심하다. 서서히 바꿔야 한다.
> - 에너지가 넘치고 적응력이 좋은 아이는 스스로 모유를 잘 뗀다.
> - 활동성은 중간 이상인데 의지가 중간 이하인 아이는 모유 수유를 회피하는 경향이 있다.

모양을 가진 제품을 선택하면 돼요.
- 젖병을 물릴 때 모유 수유 자세를 취하세요.
- 처음에는 젖병에 모유를 넣어주세요. 물론 모유를 짜는 건 힘든 일이지만, 아이를 위해서 옆에서 격려하고 도와주세요.
- 천천히 수유 시간을 늘리세요. 처음에는 몇 분 동안만 젖병을 주고,

매일 조금씩 시간을 늘려 가면 됩니다.
- 모유를 서서히 떼세요. 아이들은 아침과 저녁 수유에 더 애착을 보이므로 점심부터 젖병 수유를 시도하면 좋아요. 아이가 잘 적응하면 다음에는 아침 수유를 젖병으로 하세요. 물론 예외도 있죠. 사정에 따라 저녁부터 뗄 수도 있어요. 많은 엄마들이 저녁 모유 수유를 떼는 데 어려움을 겪는데, 이는 엄마와 아이 간에 특별한 유대감을 형성하는 시간이기 때문입니다. 밤에 젖을 먹으며 자는 아이라면 좀더 시간이 필요할 수도 있어요.
- 아이에게 젖병을 물릴 때 엄마가 옆에 없는 게 좋아요. 엄마의 젖 냄새를 맡으면 젖병을 거부할 수도 있거든요.
- 미국 소아과협회는 생후 12개월까지는 모유 수유를 해야 한다고 조언합니다. 분유를 선택할 때에는 아이의 신체 발달에 필요한 지방 성분이 골고루 들어 있는지 확인하세요.
- 아이가 하루아침에 젖을 떼리라고 기대하지 마세요. 아이와 엄마 모두 정신적으로 힘든 과정이죠. 몇 주에서 몇 달을 두고 서서히 떼세요.

아이에게 젖을 더 먹여야 할 때는?

젖을 뗄 시기가 됐더라도 젖을 떼서는 안 되는 경우나 상황이 있습니다.

- 최근에 일어난 변화로 아이가 불안해하는 경우. 예를 들어, 이사를 가거나 동생이 엄마 뱃속에 자란다는 등의 소식은 아이에게 큰 영향을 미칩니다. 돌봐주는 사람이 바뀌는 것도 아이에게는 큰 스트레스죠. 이럴 때에는 엄마의 손길이 더 절실해요.

텔레비전은 어떻게 하지?

지금까지 아이에게 책을 읽어주는 것이 얼마나 좋은지 이미 여러 차례 언급했습니다. 그러나 아이는 성장하면서 책보다는 텔레비전에서 더 많은 정보를 얻게 되죠. 이론상으로는 책 외에 다른 매체를 접하는 것이 문제가 되지 않습니다. 요즘엔 아이 교육에 유익한 텔레비전과 비디오 프로그램이 참 많죠. 그러나 텔레비전이나 비디오 시청에는 두 가지 문제점이 있습니다.

첫째, 텔레비전이나 비디오가 아이의 부모나 베이비시터 역할을 너무 쉽게 대신해주고 있어요. 수많은 연구 결과를 언급하지 않더라도 요즘 아이들은 텔레비전을 지나치게 많이 봅니다. 한 연구 결과에 따르면, 40퍼센트의 아이들이 하루에 3시간 이상 텔레비전을 시청하는 것으로 나타났습니다. 또, 전체의 3분의 1에 해당하는 아이들은 가족 중 아무도 텔레비전을 보지 않아도 항상 텔레비전이 켜진 환경에서 자라고 있어요. 전체의 4분의 1에 해당하는 아이들은 자기 방에 텔레비전이 있고요.

둘째, 아이가 텔레비전으로 시청하는 내용 대부분이 아이가 보기에 부적절합니다. 부모나 형제자매와 함께 텔레비전을 보기 때문이죠. 많은 연구에 따르면, 생후 10~12개월부터는 텔레비전을 통해 접한 인물들의 영향을 받는다고 합니다. 그렇다면 이에 대한 대책은 없을까요?

- 아이 방에 텔레비전이 있다면 치우세요.
- 아이가 시청할 수 있는 프로그램인지를 꼭 확인하세요. 텔레비전이 보고 싶다면 아이가 잠자리에 든 후에 시청하세요.
- 텔레비전을 아이와 함께 보세요. 아이를 꼭 안아주면서 텔레비전에 무슨 내용이 나오는지를 이야기해주세요.

- 많이 아플 때.
- 엄마 아빠가 큰 중압감과 스트레스에 휩싸인 경우.
- 아이의 이가 날 때.

혼자서는 아무것도 할 수 없는 조그만 아이가 가족에게 미치는 영향은 실로 엄청납니다. 아이가 태어난 뒤로 일어난 일들을 떠올리면 다시금 아찔해질 정도이죠.

아이는 그 존재만으로도 주변 사람들의 정체성과 관계를 변화시킵니다. 그냥 철부지 어른이었던 엄마 아빠는 부모가 되고, 부모님은 할아버지 할머니가 되죠. 이런 식의 관계 변화와 그에 따른 책임감에 익숙해지는 데는 시간이 걸립니다.

그러나 아무리 생각해봐도 아이가 자신이 태어나기도 전에 존재했던 관계들을 매우 의미 있게 바꾼다는 사실이 놀랍기만 합니다. 아이는 가족을 결합시키고, 서로 간의 상처를 치유하거나 새로운 방향으로 가족을 이끌죠. 또한 엄마 아빠의 친구 관계에도 영향을 미치고요. 그럼 각각의 변화를 좀더 자세히 살펴볼까요?

배우자와의 관계 변화

많은 부부들이 아이로 인해 부부 사이가 더 가까워지고 더 견고해질 것으로 기대합니다. 사실 많은 경우에 그렇죠. 그러나 아이가 태어난 뒤로 오히려 사이가 멀어졌다는 부부들도 적지 않습니다. 아이로 인해 그전에는 알지 못했던 상대방의 단점을 발견하기 때문이죠.

그러나 아이가 부부 관계에 미치는 영향은 부정적인 것보다 긍정적인 것이 더 많습니다. 하나씩 생각하며 아이에게 새삼 고마움을 느껴보세요.

- 아이를 통해서 사랑을 듬뿍 주고받는 것이 무엇인지 느끼게 됩니다. 전에는 느껴보지 못한 감정이죠.
- 어떤 면에서 아빠에게 아이는 초등학교 시절의 친구 같아요. 다시는 하지 못할 거라 생각했던 유치한 놀이를 아이와 함께 할 수 있어요.
- 아이로 인해 부부가 결혼 생활에 더 전념하게 됩니다.
- 이렇게 아름다운 존재를 함께 만들었다는 생각에 자부심을 느낍니다.

부모님과의 관계 변화

- 첫째 아이가 태어나면 부모님과 좀더 가까워진 느낌을 받습니다. 특히 아버지와 친해지죠. 아무리 아버지와 사이가 좋지 않았다 하더라도, 아이가 생기면 어쩔 수 없이 한 발짝씩 물러서게 됩니다.
- 아이가 부모님과 함께 있는 모습을 보면, 행복했던 어린 시절의 추억이 떠오릅니다. 부모님이 많이 변했다는 생각도 들죠. 그토록 엄했던 아버지가 손자에게 쩔쩔매는 모습을 보면 가슴이 아리기도 합니다. 불량 식품을 엄격히 규제하던 어머니도 손자에게는 너그러워지죠.

- 아이를 키우는 것이 이토록 엄청난 일이라는 사실을 깨달으며 부모님께 새삼 감사한 마음이 듭니다. 그 노력과 희생에 절로 고개가 숙여지죠.
- 그동안은 부모님의 아들이었지만 이제는 한 아이의 아빠로 대접받습니다.
- 아내의 경우에 시댁 식구들과의 관계가 좋아집니다.

하지만 단점도 있을 수 있어요.
- 아이와 부모님이 함께 있는 모습을 보면서 어린 시절의 좋지 않은 추억이 떠오를 수도 있어요. 손자에게 한없이 너그러운 부모님의 태도에 오히려 반감을 느낄 수도 있죠.
- 부모님이 아이를 키우는 데 비협조적이거나, 아버지로서의 역할을 충분히 존중해주지 않으면 반발심이 들죠.
- 부모님이 아이의 일에 너무 간섭하거나 무관심한 태도를 보이면 불만을 품게 됩니다. 그런데 입장을 바꿔서 생각해보면, 부모로서의 부담감이 없기 때문에 부모님이 아이를 편하게 대하신다고 볼 수도 있어요.
- 양육 방식이 서로 달라 부모님과 충돌할 수 있습니다. "내가 5남매를 키웠는데……." "이제 젖을 끊을 때가 되지 않았니?" 같은 표현을 종종 듣게 되죠.
- 과거에 부모님의 양육 방식에 상처를 받았다면, 똑같은 실수를 아이에게 반복할까 봐 두렵습니다.
- 만약 부모님이 근처에 사신다면 너무 자주 보게 될 거예요. 부모님께

양육을 맡기면 좋을 수도 있지만 부모님이 힘들어하실 수도 있죠.
- 아내와 부모님 사이가 오히려 나빠질 수 있어요.

여기서 잊지 말아야 할 점이 있습니다. 아이와 부모님의 관계는 아이에게나 당신에게 꼭 필요하다는 점이죠.

다른 관계의 변화

잘 느끼지 못할 수도 있지만, 가족이 아닌 사람과의 관계도 이미 변하고 있습니다.

- 전에는 별로 관심이 없었던 비슷한 연령대의 친척 중 아이를 가진 이들과 친해지고 싶어져요. 아이에게 친척을 만들어주고 싶다는 마음이 들거든요.
- 친구를 만날 때도 부부끼리 만나고, 나중에는 아이를 데리고 만나게 되죠.
- 심야 영화나 데이트는 꿈도 못 꿉니다. 친구가 갑자기 집에 방문하는 것도 달갑지 않아요.
- 아이에게 매인 몸이 되면서 다른 독신 친구들과 잘 어울리지 못하게 됩니다. 그러면서 자연스럽게 멀어지게 되죠.
- 그다지 친하지 않더라도 우리 애와 비슷한 또래의 아이가 있는 부부를 집에 초대하게 돼요. 아이에게 자연스레 친구가 생기니까요. 나중에는 아이 친구의 부모들과 어울리는 자신을 발견하게 됩니다.
- 새로운 관계를 맺으면서 미묘한 경쟁 구도가 생겨나요. 내 아이가 다

돌잔치

한 가지는 확실히 짚고 넘어가죠. 돌잔치는 아이보다는 부모에게 더 큰 의미가 있다는 거요. 아이는 손님 목록을 작성하는 것도, 식당을 예약하는 것도, 게임을 준비하는 것도 도와줄 수 없어요. 분명 아이를 위한 날이지만, 사실은 엄마 아빠의 기념일이자 가족 전체에게 중요한 행사이지요. 그럼 아이의 돌잔치는 어떻게 준비해야 할까요?

- 많은 이벤트를 준비하려고 애쓰지 마세요. 이 시기의 아이들은 새로운 것보다는 익숙한 것을 좋아해요. 어른들을 위한 몇 가지 게임과 아이를 위한 이벤트 한두 가지면 충분해요.
- 손님을 너무 많이 초대하지 마세요. 일일이 다 챙기기도 어렵고, 손님들에게 부담만 주게 됩니다.
- 파티가 열리는 공간에 있는 위험한 물건은 치우세요. 우리 아이뿐 아니라 여러 아이들이 모이면 자칫 안전사고가 날 수 있어요.
- 케이크는 적당한 크기로 준비하세요. 잔치가 끝나고 나면 음식이 너무 많이 남는답니다. 팝콘이나 땅콩, 캔디처럼 어린아이들에게 위험한 음식물은 준비하지 마세요.
- 마술 쇼는 세 살 미만의 아이들에겐 재미있기보다 무서워요.
- 잔치 시간은 가능한 짧게 잡는 게 좋아요. 잔치가 길어지면 아이가 짜증을 내거나 피곤해해요.
- 손님들에게 부담을 줄 만큼 너무 많은 비디오물이나 장식을 준비하지 마세요. 자칫 분위기가 지루해질 수 있어요. 나한테는 너무 예쁜 아이지만, 다른 사람들에게도 그럴 거라고 생각하지 마세요.
- 손님들이 데려온 아이들도 잘 챙기세요.

- 형제자매가 있다면 큰애들에게도 선물을 주세요. 어린 동생의 탄생으로 엄마 아빠만 힘들었던 건 아니에요.
- 누가 어떤 선물을 주었는지 기록하고, 나중에 꼭 감사의 마음을 전하세요.

    잔치가 끝나면 꼭 아이와 함께한 지난 1년을 돌아보는 시간을 가지세요. 사진첩 뒷장에 아이의 돌을 맞이하는 소회를 적어도 좋겠죠. 곰곰이 생각해보면 아이와 엄마 아빠는 지난 1년간 엄청난 변화를 겪었습니다. 아이가 태어나기 전에는 어땠는지를 떠올리기조차 쉽지 않죠. 아이는 태어났을 때보다 키는 0.5배, 몸무게는 3배 늘었어요. 처음에는 울고 먹고 싸는 것 말고는 할 줄 아는 게 없었지만, 지금은 손을 사용하고 말도 할 수 있게 됐어요. 제법 걸어다니기도 하고요. 이제 아이는 몸집만 작을 뿐 완벽한 사람이 되었죠.

    아이가 언제 처음 '아빠'라고 했는지 기억하세요? 아이의 사랑을 느낀 것은 언제인가요? 첫 걸음마는 언제 했나요? 이런 소중한 추억을 잊지 않도록 기록해두세요. 여러 사람들의 추억을 모아 정리해서 스크랩북이나 일종의 '타임캡슐'로 만들어두면 나중에 소중한 자료가 됩니다.

    잔치가 끝나면 모든 걸 정리하고 아이까지 재운 뒤에 아내와 함께 와인이라도 한 잔 해야겠죠. 그동안 아이뿐만 아니라 당신이나 아내도 많이 성장했습니다. 아이를 먹이고 씻기고 재우고 돌보느라 둘 다 너무 고생했어요. 일과 가정을 함께 돌보고 다독이는 건 결코 쉽지 않은 일이었죠. 처음에는 어떤 일부터 해야 할지 아무것도 몰랐는데, 이제는 제법 아이 돌보는 일에 능숙해지고 자신감도 생겼죠. 부부의 노고를 서로 치하하며 건배!

른 아이들보다 가장 예쁘고 힘세고 똑똑하길 바라게 되죠. 특히 남자 아이의 경우 더욱 또래들과 경쟁하게 되는데, 이는 자연스러운 일입니다.
- 이미 더 큰 아이를 둔 친구는 양육에 관해 훈수나 조언을 하려 듭니다. 고맙고 도움이 되기도 하지만 때로는 성가시기도 해요.
- 어떤 친구들은 좋은 아빠가 되는 걸 방해하려 들어요. 아이를 키우는 건 엄마 몫이고, 가정에 너무 신경 쓰면 사회생활에서 도태된다고 말이죠.

다음은 가족 및 친구들과의 관계가 변하면서 생기는 문제점을 개선하는 방법입니다.

- 말을 조심하세요. 아이가 없는 사람과 만날 때에는 아무리 아이 이야기를 하고 싶어도 자제해야 합니다. 물론 사람들은 즐겁게 들어주겠지만, 정말로 듣고 싶어서 그러는 게 아닐 가능성이 높아요.
- 변화를 받아들이세요. 슬프지만 몇몇 친구와는 거리가 멀어질 수밖에 없어요. 그 빈자리는 아이가 있는 새 친구들이 채워줄 거예요.
- 다른 사람들이 하는 말을 모두 귀담아 들을 필요는 없어요. 아이를 둔 사람은 누구나 자기가 아이를 키운 '무용담'을 얘기하고 싶어하고, 훈수를 두려 하죠.
- 쓸데없는 경쟁심은 버리세요. 친구의 아이가 우리 아이보다 빨리 걷고 말도 먼저 한다고 해서 그게 뭐 어떤가요? 나한테는 내 아이가 최고잖아요. 친구가 자식 자랑을 늘어놓으면 그러려니 들어주고 잊어버리세요.

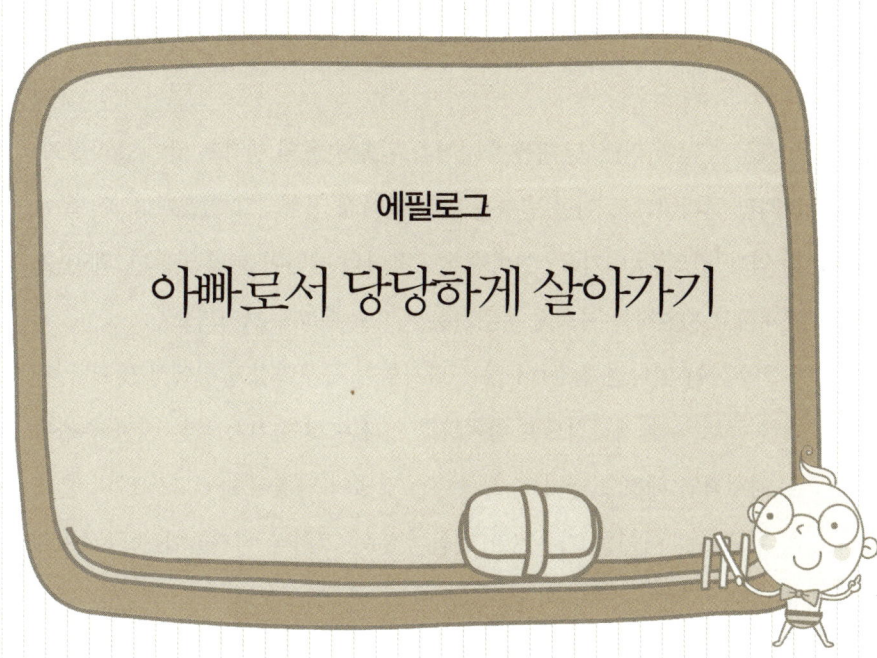

에필로그

아빠로서 당당하게 살아가기

세상은 많이 변했고, 새롭게 아빠가 된 남자들의 생각도 많이 달라졌죠. 하지만 안타깝게도 이런 변화는 너무 더디게 진행되고 있습니다. 왜 육아는 엄마 '만의' 몫인가요? 아빠에게도 육아의 책임이 분명 있는데, 왜 이를 격려하고 지원하는 사회적 분위기는 아직도 부족해 보일까요?

희소식이 있다면 점점 더 많은 남자들이 구시대적 발상에서 벗어나 아이를 돌보는 데 적극적으로 참여하고 있다는 것입니다. 물론 이런 추세에는 경제적인 배경도 있어요. 요즘에는 맞벌이 가정이 늘어나서 엄마 혼자의 힘으로는 아이를 키우기가 힘들어졌죠. 그러나 남자들이 적극적으로 육아에 가담하는 '혁명'이 일어나려면 남자들 자신부터 바뀌어야 합니다.

대부분의 남자들, 특히 어린 시절 아버지와의 정서적·신체적 유대감이 결여된 경우에는 자신의 어린 시절에 무엇이 부족했는지를 압니다. 아버지와의 관계에 어떤 빈틈이 있었는지 알고, 현재 자신과 아이의 관계에서 무엇이 부족한지를 모르지 않습니다. 그러나 아는 것과 실천하는 것 사이에는 큰 차이가 있죠. 따라서 새로운 아빠로 거듭나려면 아빠가 된다는 것, 아빠의 역할이 자신의 인생에 미치는 영향을 진지하게 고민하고 더 나은 쪽으로 이끌려는 노력이 있어야 합니다.

연구 결과에 따르면, 많은 아빠들이 아빠라는 역할을 중요하게 여기고 거기서 충만감을 느낀다고 합니다. 그리고 엄마가 양육을 도맡는 것에 반대합니다. 요즘 아빠들은 부인과 똑같이 부모 노릇을 하려고 한다는 것이죠. 적어도 마음만은 말이에요.

아빠들의 마음뿐 아니라 태도도 변하고 있다는 건 확실해 보입니다. 더디긴 해도 변화는 오고 있습니다. 아이가 신생아일 때부터 병원이나 전문 기관에서 '아빠 수업'을 듣는 남자들도 늘고 있어요. 집에서 가사를 전담하는 남편들의 수도 많아지고, 아빠들의 모임이 활발해지고 있죠. 미국에서는 아이를 데리고 출근하는 아빠의 모습도 심심치 않게 볼 수 있습니다.

그러나 아직도 많은 아빠들이 자신의 역할을 과소평가하는 것은 안타까운 일입니다. 너무 많은 아이들이 아빠와 깊은 관계를 맺지 못하고, 아빠들 역시 아이를 통해 새로운 사랑과 삶의 의미를 배울 기회를 놓치고 있어요.

이제는 이런 악순환을 깨야 합니다. 아빠가 된다는 것이 엄마가 된다는 것과 똑같은 의미를 지니도록 만들어야 해요. 아빠가 엄마와 똑같이 아이를 돌보고 양육하는 사람이라는 걸 널리 알리는 데 동참하세요. 지난 1년 동안 아이를 돌보면서 아버지로서 여러 사회적·정서적·직업적 문제들을 해결해왔습니다. 이제는 한 남자의 남편, 한 아이의 아빠, 부모님의 아들이라는 역할에 비교적 익숙해졌죠. 어렴풋이 느끼겠지만, 이젠 정말 온전한 '가족'을 이루게 된 것입니다.

지난 1년간 아빠 역할을 제대로 했다면, 이제는 밖에서도 자연스럽게 아빠 티를 낼 거예요. 가족과 잘 지내는 것은 물론이고, 이웃과도 좀더 친밀해지고 공공장소에서도 다른 이들을 더 배려하게 되죠. 학교나 주변 환경, 사회 문제에도 관심이 높아지고 해결책 마련에 적극 동참하게 되죠.

의젓하고 책임감 있는 사회 구성원으로 다시 태어나는 것입니다.

　이 말을 기억하세요? "피아노가 생긴다고 해서 피아니스트가 되지 않듯이, 아이가 생긴다고 부모가 되는 것은 아니다." 서문에서 인용했던 레빈의 말입니다. 1년 전과 비교해서 엄청나게 달라지지는 않았더라도 당신은 여전히 아빠이고, 훌륭한 아빠가 되려고 노력해왔다는 사실에는 변함이 없습니다.

| 감사의 말 |

감사할 분들이 너무 많습니다. 그분들이 아니었다면 이 책도 나오지 못했을 것입니다. 많은 조언과 정확한 자료를 허락해주신 분들께 감사를 드리고 싶어요. 초판과 재판이 나오기까지 많은 분들이 도와주셨습니다.

부모님에게도 감사를 드립니다. 아주 오래전 나를 키워주셨던 이야기를 책에 적어도 불편하시지 않고 나를 독려해주셨습니다. 늘 세심한 눈으로 변함없는 지원을 아끼지 않는 훌륭한 영혼의 내 아내 리즈에게도 감사의 마음을 전합니다. 마지막으로 현재 아빠이거나 앞으로 아빠가 될 수많은 남자들에게 깊은 감사의 뜻을 전하고 싶어요. 그들이 각자의 생각이나 감정을 공유해주지 않았다면 이 책도 존재하지 않았을 테니까요.

옮긴이 김세경
단국대학교 영어영문학과를 졸업하고 한양대학교-Oregon University TESOL. 자격 획득. 호주 맥쿼리대학교 통역대학원 영한통역번역학과를 졸업했다. 고려대, 서울시립대, 광운대 등에서 학생들을 가르치며 전문 번역가로 활동하고 있다.

초보아빠 육아스쿨

첫판 1쇄 펴낸날 2011년 9월 10일
첫판 4쇄 펴낸날 2023년 1월 5일

지은이 | 아민 A. 브롯
옮긴이 | 김세경
펴낸이 | 지평님
본문 조판 | 성인기획 (010)2569-9616
종이 공급 | 화인페이퍼 (02)338-2074
인쇄 | 중앙P&L (031)904-3600
제본 | 서정바인텍 (031)942-6006
후가공 | 이지앤비 (031) 932-8755

펴낸곳 | 황소자리 출판사
출판등록 | 2003년 7월 4일 제2003-123호
대표전화 | (02)720-7542 팩시밀리 | (02)723-5467
E-mail | candide1968@hanmail.net

ⓒ 황소자리, 2011

ISBN 979-89-91508-82-8 03370

* 잘못된 책은 구입처에서 바꾸어드립니다.